불교 명상의 기원

The Origin of Buddhist Meditation
by Alexander Wynne

The Origin of
Buddhist
Meditation

불교 명상의 기원

최초 붓다의 가르침을 추적하다

알렉산더 윈
지음

박대용(伊山東光)
옮김

씨아이알

| 일러두기 |

1. 산스끄리뜨어, 빠알리어, 티벳어에 대한 로마나이즈 발음 표기 k/c/p/t는 우리말 경음 ㄲ/ㅉ/ㅃ/ㄸ으로 각기 표기하였다.
2. 역주 앞에는 *기호를 붙이거나 '역주' 표기하였다.
3. 원서에서 이탤릭으로 강조한 표현은 번역문에서 고딕체로 강조했다. 특히 원서에서 산스끄리뜨어나 빠알리어로 표기한 단어는 이탤릭으로 병기해서 영어와 구분되도록 했다.
4. 원문에서 빠알리어 'bodhisatta(보디삿따)'는 정각 이전의 붓다를 가리키는 특정 용어로 사용되었고, 번역문에서는 어쩔 수 없이 '성도 이전 붓다/싯다르타' 또는 '사문 고타마' 등으로 표현하였다. 대승불교의 보살(bodhisattva)과 구별될 필요가 있음에 주의하라. 제2장 역주(21쪽)를 참고하라.

지은이의 말

이 책은 옥스퍼드 대학에서 2003년 수여 받은 박사학위논문과 같은 제명의 교정본이다. 이 책에서 심혈을 기울였던 많은 것들은 박사학위논문 심사위원이셨던 독일 함부르크 대학의 람버트 슈밑하우젠L. Schmitausen 교수와 본교의 조안나 주레비츠J. Jurewicz 교수께 큰 빚을 지고 있다. 그분들은 가치 있고 유익한 제안들을 많이 해 주셨다. 박사논문을 쓰기 시작한 것은 2000년부터이지만, 사실 그 출발점은 브리스틀Bristol 대학 학부 시절로 거슬러 올라간다. 거기서 폴 윌리엄스P. Williams 교수와 루퍼트 게틴R. Gethin 박사로부터 불교의 첫 걸음을 지도받았다. 그러니까 필자의 불교학 연구는 이 두 분께 신세를 진 셈이다. 옥스퍼드에서의 연구는 여러 지인들의 도움이 있었지만, 특히 짐 벤슨J. Benson 박사와 지도교수이신 리처드 곰브리치R. Gombrich 교수께 큰 감사를 드리고 싶다. 곰브리치 교수의 격려와 조언이 없었다면 이 책은 결코 쓰여질 수 없었을 것이다.

약어

AN	Aṇguttara Nikāya (《앙굿따라 니까야》, 증지부)
DN	Dīgha Nikāya (《디가 니까야》, 장부)
KN	Khuddaka Nikāya (《쿳다까 니까야》, 소부)
MN	Majjhimā Nikāya (《맛지마 니까야》, 중부)
SN	Saṃyuttā Nikāya (《상윳따 니까야》, 상응부)
Vin	Vinaya (《율장》)
Mp	Manorathapūraṇī (증지부 주석서)
Ps	Papañcasūdanī (중부 주석서)
Sv	Sumaṅgalavilāsinī (장부 주석서)
Dhp	Dhammapada (『담마빠다』; 법구경)
DhpGĀN	Gāndhārī Dhammapada (간다리본 『담마빠다』)
Iti	Itivuttaka (『이띠붓따까』; 여시어경)
Ja	Jātaka (『자따까』; 본생담)
Stn	Sutta Nipāta (『숫타니파타』; 경집)
PjII	Paramatthajotikā (숫타니파타 주석서)
Th	Theragāthā (『테라가타』; 장로게)
Thī	Therīgāthā (『테리가타』; 장로니게)
UD	Udāna (『우다나』; 감흥어/자설경)
Miln	Milindapañha (『밀린다빵하』; 밀린다왕문경)
Bud	Buddhacarita (『붓다짜리따』; 불소행찬)
AP	Apadāna (『아빠다나』; 비유경)
APS	Ariyapariyesana Sutta (『아리야빠리예사나경』)
Āyār	Āyāraṅga Sutta (『아야랑가경』)
MSS	Mahā-Saccaka Sutta (『마하삿짜까경』)
Mvu	Mahāvastu (『마하바스뚜』; 大事)

Nett	Nettipakaraṇa (『넷띠빠까라나』; 指道論)
NiddII	Cūḷāniddesa (『소의석 小義釋』)
Paṭis	Paṭisambhidhāmagga (『빠띠삼비다막가』; 無碍解道)
BU	Bṛhadāraṇyaka Upaiṣad (『브리핫아란야까 우파니샤드』)
CU	Chāndogya Upaniṣad (『찬도갸 우파니샤드』)
KaU	Kaṭha Upainṣad (『까타 우파니샤드』)
KeU	Kena Upaniṣad (『께나 우파니샤드』)
MaiU	Maitrāyaṇīya Upaniṣad (『마이뜨라야니야 우파니샤드』)
MāU	Māṇḍūkya Upaniṣad (『만듀꺄 우파니샤드』)
Mbh	Mahābhārata (『마하바라따』)
MuU	Muṇḍaka Upaniṣad (『문다까 우파니샤드』)
ṚV	Ṛg Veda (『리그베다』)
ŚU	Śvetāśvatara Upaniṣad (『쉬베따쉬바따라 우파니샤드』)
TU	Taittirīya Upaniṣad (『따잇띠리야 우파니샤드』)
BhG	Bhagavadgītā (『바가바드 기따』)
Apte	V.S. Apte, Practical Sanskrit-English Dictionary(압떼 범영사전)
Be	Burmese edition (미얀마본)
Ne	Nālandā edition (날란다본)
BHS	Buddhist Hybrid Sanskrit (불교혼성범어)
BHSD	Buddhist Hybrid Sanskrit Dictionary (불교혼성범어사전)
BR	Böhtlingek and Roth, Sanskrit-Wörterbuch
CPD	Critical Pāli Dictionary
DOP	Dictionary of Pāli (빠알리어사전)
DPPN	Dictionary of Pāli Proper Names (빠알리 고유명사 사전)
MMW	Monier Monier-Williams, a Sanskrit-English Dictionary (모니에르 범영사전)
PED	Pāli English Dictionary (빠알리 – 영어 사전)
PTS	Pali Text Society (빠알리경전협회)
VRI	Vipassana Research Institute ([미얀마] 위빠사나연구소)

_ 이 책의 목차 ______

제 1 장

서 론

제1장

서 론

1. 불교의 최초기 형태의 문제

불교학의 가장 큰 문제는 붓다가 진실로 무엇을 가르쳤는지 아무도 모른다는 사실에 있다. 그의 가르침을 담고 있다고 주장하는 (빠알리어, 산스끄리뜨어, 티벳어, 한역 등의) 초기 원전의 부재 때문만은 아니다. 오히려 이 문제는 최신 연구에 따르면, 초기 문헌들에는 교리적 차이가 상당수 내포되어 있고,[1] 나아가 붓다의 진설로 추정되는 정형구들조차도 사실은 확실치 않다고 밝히고 있다. 초기불교 부파들의 역사적 주장은 보편적 회의주의scepticism만 더할 뿐이다. 그들은 경전 문헌이 불멸 직후 왕사성Rājagṛha 제1 결집 때 편찬되었다고 주장한다. 그러나 불행히도 제1 결집으로 추정하는 경전의 범위와 분류에 대한 구체적인 면에서조차 다양한 경전들 간의 수많은 차이가 현존한다. 이 때문에 라못

1 상이한 교리적 입장들 중 일부에 대한 논의들은 브롱코스트(Bronkhorst 1985/1993), 곰브리치(Gombrich 1996; 특히 제4장 고전 논쟁의 회고: 빠알리 경전에서 통찰은 어떻게 마음집중을 약화시켰나?), 슈밑하우젠(Schmithausen 1981) 그리고 윈(Wynne 2002)에게서 확인할 수 있다. 명상과 관련한 교리적 차이들 중 일부에 대한 중요한 연구는 라 발레 뿌쌩(La Vallée Poussin 1937)에게서 발견된다.

뜨Lamotte는 "그 모든 경전들이 불교가 출발한 딱 그 시점에서 고정되었다고 주장하는 것은 우매한 일이다."[2]라고 비평한다. 초기불교의 문헌 편찬은 계속 이루어졌던 것으로 보이고, 이로 인해 모든 경전의 텍스트 유물에 관한 의구심이 커진다.

붓다의 가르침을 복원하려는 모든 기회를 갖기 위해서 초기 불전은 연대기적으로 계층화될 필요가 있다. 그러나 가장 오래된 층위에 속하는 초기 텍스트들마저도 붓다에게서 기인한 것이라고 어떻게 귀속할 수 있으며, 그것이 일정 정도 만족스럽게 확인될 수 있을지 또한 분명하지 않다. 이를테면 역사적 붓다와 연결할 수 있는 어떤 텍스트나 사고가 되는 내부 기준(예 그 진위가 분명한 텍스트)이나 외부 기준(예 매우 이른 시기의 비문)이 전혀 보이지 않기 때문이다.[3] 데 용J. W. de Jong은 이것이 만들어내는 문제점을 다음과 같이 요약했다.

> 우리는 가장 오래된 층위의 불교 교리를 반영하고 있다고 생각되는 일부 텍스트들을 선택하거나, 아니면 교리 일부가 시원적이라고 추정되는 경전 글귀 속에서 발전 단계를 역추적하기도 한다. 두 경우의 출발점은 [순전히] 주관적인 판단으로 정해진다.[4]

아무튼 결론적으로 데 용은 "우리는 붓다 자신의 가르침의 내용들을 결코 알 수 없을 것이다."라고 단정 짓는다.[5] 이 같은 주장보다 조금 더 나아가 키스A.

---

2 Lamotte(1998), 129-30.

3 람버트 슈밑하우젠은 이상과 같이 지적했다(Schmithausen 1990: 2): "고차원적 비판 방법들은 문헌 지층들의 상대적 순서(혹은 순서들)와/혹은 교리적 발전 단계들의 순서(혹은 순서들)를 기껏해야 생성할 것이다. 또 어떤 그러한 지층이나 단계(혹은 지층들/단계들)를 추가 기준 없이 확정적인 연대 혹은 심지어 붓다 자신에게 안전하게 귀속시킴은 쉬운 것만은 아니다."

4 De Jong(2000), 171.

5 De Jong(2000), 174-75.

B. Keith는 다음과 같이 단정하였다. 그는 붓다에게 텍스트들을 귀속시키려는 모든 시도는 헛수고일 뿐이라고 말한다. "우리가 할 수 있는 모든 것은, 무엇이 됐든 소용없겠지만, 불교도들이 붓다의 말씀이었을 가능성이 가장 높다고 한 이후 통과시킨 교리들 가운데 어떤 부분을 억측하려는 합법적인 연습에 몰두하는 것이다."[6]

이 회의적 시각이 받아들여진다면, 초기 불전은 모든 만족스러운 연대기적 층위를 부정당하게 되어 그 어느 것도 붓다에게 귀속시킬 수 없게 된다. 따라서 회의주의자들은 초기 문헌이 서로 다른 시기의 문헌과 사상을 특정할 만한 충분한 역사적 정보가 부족하다는 점을 전제로 한다. 그러나 이것은 다소 과장된 주장으로 보인다. 가장 회의적인 평가를 하더라도, 초기 문헌에 담긴 역사적 내용이 전부 결여되어 있다고 할 것 같지 않다. 예로 「대반열반경」Mahāparinibbāna Sutta은 추측컨대 붓다의 생애 가운데 마지막 수개월 동안에 진행된 상당히 신뢰성 있는 다방면의 기록이다. 거기에 수록된 사건 가운데 꾸시나가라Kusinārā에서의 붓다의 입멸[7]과 당시 마지막 유훈[8]은 역사적 사실로 추정된다. 많은 논쟁을 불러일으킬 수 있는 그와 같은 중립적 구절들을 구태여 지어냈을 거라고 생각할 이유가 없기 때문이다. 거의 확실히 붓다에게로 거슬러가는 초기 문헌 구절들을 확인하는 다른 방법이 있다. 리처드 곰브리치Richard Gombrich는 "붓다의 농담은 결집 이전에 작성된 것인가?"[9]라는 자문을 통해서 붓다에게 귀속되는 유머러스한 말들은 아마도 진짜일 거라고 말한 바 있다. 그러나 이것은 역사적

---

6 Keith(1936), 2.

7 DN II.137ff.

8 DN II.156.1-2, "handa hāni bhikkhave, āmantayāmi vo: vayadhammā saṅkhārā, appamādena sampādethā ti."

9 Gombrich(1990), 12.

사실을 정립하기 위한 하나의 방법이지 붓다의 가르침을 확정하는 것은 또 다른 차원의 문제이다. 붓다의 농담이나 입멸에 관한 사실이 그가 팔정도 내지 사성제를 가르쳤는지 [역사적 사실을] 정립해 주지 않는다. 쉽게 말해, (다수의 분명한 사례는 있지 않지만) 현저히 중요한 역사적 구절들을 통해 초기 교리 정형구 가운데 무엇을 어떻게 붓다에게 귀속하는 기준으로 사용할 것인지 검토하기란 쉽지 않다.

그러므로 초기불교 역사가가 직면한 가장 중대한 사안은 초기불교 교리와 역사적 사실의 관계를 정립하는 일이라는 것은 새삼 의심할 필요가 없다. 이 책에서 필자는 이 문제에 대해 재고하면서 새로운 해결책을 모색하고자 한다. 필자는 붓다의 초기 생애에 있는 사실들이 역사적인 사실이어서 그의 가르침 가운데 일부를 초기 문헌에서 확인하는 데 활용할 수 있음을 증명할 것이다. 문제의 역사적 사실은 싯다르타에게 (보살이 되기 위한) 명상을 가르쳤다고 전하는, 베일에 싸인 인물, 알라라 깔라마Āḷāra Kālāma와 웃다까 라마뿟따Uddaka Rāmaputta에 관한 것이다. 필자는 이 이야기가 있는 일차문헌 「성구경」(聖求經, Ariyapariyesana Sutta, M26)이 아마도 초기 불전에서 가장 오래되고 역사적 가치가 있는 전기류라고 주장하는 바이다. 이 경에서 싯다르타가 정말로 이 두 사람한테 명상을 배웠다는 이야기는 꽤 그럴듯하게 보인다. 이 경은 가장 원형 불교의 가르침 내용을 말하고 있지 않지만, 또 다른 측면의 초기불교 사상의 역사적 배경을 제시하기 위해 활용할 것이다. 필자는 두 스승을 소개한 초기 불교 문헌과 초기 브라만 문헌의 철학적 사변이 일치한다는 점을 보여줄 것이다. 이러한 방식으로 두 스승의 명상 수행의 철학적 전제들을 재구성할 것이다. 이는 붓다가 거부했던 가르침에 대한 진일보한 이해로 이끌며, 그리해서 그의 지적 발전에 대한 어떤 사상을 주장할 것이다. 그러한 재구성은 우리에게 절대적 확실성을 갖고 붓다의 가르침을 확정하게 할 기준들을 제공하지는 않는다. 그러나 붓다의 지적 발전에 대한 사실들은 초기 불전의 명상을 새롭게 탐구하도록 돕는다. 이러한 탐구를 통해서 초기 문헌의 역사적 진위를 재고할 수 있게 하는 기준들을 제공한다.

초기불교 문헌에서는 붓다의 스승들과 관련한 명상 상태를 '무색계無色界'라 일컫는다. 이 네 종류의 상태들은 빠알리 경전에 다음과 같이 열거되어 있다.

공무변처空無邊處, ākāsānañcāyatana
식무변처識無邊處, viññāṇacāyatana[10]
무소유처無所有處, ākiñcaññāyatana
비상비비상처非想非非想處, nevasaññānāsaññāyatana

이 명상 상태의 가르침은 수많은 초기 불전에 담겨 있다. 이는 몇몇 역사적 중요성을 갖는다. 붓다가 초기 생애에서 주장하듯 자신의 스승들의 목표—알라라 깔라마의 '무소유처'와 웃다까 라마뿟따의 '비상비비상처'—를 거부했다면, 우리는 이를 포함한 꽤 많은 수행들이 왜 초기 불전에 묘사되었는지 되묻지 않을 수 없다. 거기에는 두 가지 답변이 가능할 듯하다. 붓다가 그의 스승들한테 배웠던 불교 이전의 명상 류類를 그의 제자들에게 수행하도록 허락했다면, 이 경우 그는 틀림없이 수정된 형태의 수행들을 가르쳤어야 한다. 아니면 그가 한낱 자신들의 목표기 아닌 무색계 수행을 거부했다면, 초기 불전에 나타난 저들의 존재는 그의 가르침을 진정으로 반영하지 않았음을 의미할 수 있다. 만일 그렇다면, 무색계에 관한 문헌 연구는 붓다의 진설眞說을 밝히지 못할 것이다. 그렇지만 전자의 가설은 훨씬 흥미진진하고, 이 책에서 필자가 탐구하려는 것

10 이 복합어는 중음(重音) 탈락에 의해 구성되었다. 즉 그 올바른 형태는 viññāṇānañcāyatana(식무변처)이다. 가이거(Geiger 1994: 57)를 참조하라.

도 바로 이것이다. 필자는 붓다가 두 스승들한테 이상의 명상 상태들을 배웠고 이후 그의 제자들에게 그것들을 수행하도록 허락했다는 이론에 근거해서 『숫타니파타』(Suttanipāta, 이하 Stn)를 비롯한 몇몇 고전 불교 텍스트들을 분석할 것이다. 이 텍스트들에서 붓다는 불교 이전의 수행을 수용한 형태를 가르친다. 따라서 필자는 이러한 가르침들이 역사적으로 사실임을 보여주고자 한다.

2. 불교 기원에 대한 연구

이 책의 기본 전제는 초기 불전의 성격이 다르다는 점이다. 그럼에도 불구하고 대체적으로 오늘날 학자들은 초기 불전의 유산과 진위에 대해 회의적으로 보지만, 어떤 과정상 문제로 인해[11] 그 문헌의 역사성을 부인하는지는 알 수 없다. 그레고리 쇼펜Gregory Schopen은 가장 눈에 띄는 근대의 회의적 시각을 다음과 같이 표현했다.

> 우리는, 우리가 보유한—가장 오래된 자료로 통상 인정하는—빠알리 경전이 기원전 1세기 말엽 [스리랑카의] 알루 사원Alu-vihāra에서의 결집 시기, 즉 우리가 그에 대한 일부 지식을 가질 수 있는 가장 이른 결집보다 훨씬 일찍 거슬러 올라갈 수 없다는 것과 함께—비판적 역사 시각에서—그것은 고작 이 시기의 불교 자료만 제공할 수 있다는 것을 얼마 전부터 인식했다. 하지만 이마저도 문제가 있음을 알고 있다. 예컨대 말랄라세께라Malalasekera[12]는 "알루 사원에서 문자화

11 초기 불전 중 일부는 붓다의 역사성으로 활용하는 무엇이든지간에 붓다 당시로 거슬러 갈 가능성에 대해서 방법론적으로 선호되는 것처럼 보인다.

12 역주_구나빨라 삐야세나 말랄라세께라(Gunapala Piyasena Malalasekera, 1899-1973)는 오늘날의 세계불교도우의회(World Fellowship of Buddhists, 약칭 WFB)를 처음으로 제안한 스리랑

된 것이라고 좁혀진 삼장Tipiṭaka과 주석서가 우리에게 전승된 것들과 얼마나 닮았는지는 그 누구도 말할 수 없다."라고 지적했다. 실제로 우리가 [그 빠알리] 경전의 정확한 내용에 대해 명확하게 알 수 있는 것은 붓다고사Buddhaghosa, 담마빨라Dhammapāla 등의 여러 주석가들의 시기—기원후 5~6세기—까지도 미치지 못한다.[13]

현재 이런 시각은 많은 학자들이 해명할 가치조차 느끼지 못할 만큼 지극히 상식적이다. 이것은 '인도불교' 목록의 저자들이 기술한 『종교대백과사전』Encyclopedia of Religion에서도 엿볼 수 있다.

불행히도 붓다의 모국에서조차 불교의 전반적 역사에 대해 신뢰할 만한 자료를 갖고 있지 않다. 특히 붓다의 초기 역사에 대해 참고할 만한 것이 정말로 거의 없다. 문헌 자료들은 불멸 후 적어도 오백년이나 지나서 기록한 후대의 것이다.[14]

그러한 것들은 현대 인도불교학자들이 만든 회의적인 가설들이다. 가장 온전한 자료로서 필사본인 빠알리 경전이 기원후 5세기까지도 거슬러 올라가지 않기 때문에 이 회의주의적인 특정 측면들은 쉽게 납득이 간다. 따라서 이 경전들은 이론적으로(기원후 5세기) 그 주석자들까지나 그 이후 시기로 수정되었을 법하다. 그럼에도 불구하고 이것이 초기 불전의 유산을 거부할 충분한 이유라고 보지 않는다. 쇼펜과 같은 학자들은 우리에게 빠알리 경전이 그 주석가들의 시기까지 이를 불교에 대한 증거, 즉 5세기 저자들에 의해 주석된 텍스트들

카의 대표적 불교학자이다.

13 Schopen(1997), 23-24.

14 『종교대백과사전』 제2권 351쪽.

이 필연적으로 그 주석가 자신들보다 더 오래되지 않음을 함축하는 견해라고 믿게끔 할 수 있다. 그러나 이것은 터무니없다. 그 주석가들의 실존은 어떤 유산의 문헌 전통을 전제로 한다. 그렇다면 그 초기 불전들은 그러한 구절들이 시간이 경과함에 따라 손상되었더라도 상당량의 유산의 구절들을 포함하고 있다고 쉽게 가정할 수 있다. 틀림없이, 회의주의자들은 초창기 텍스트 자료 부족을 근거로 경전 문헌의 매우 오래된 부분들을 확인할 가능성마저도 의심할 수 있다. 그렇지만 진짜 유산의 구절들이 현존하고 있음을 단도직입적으로 부인할 필요는 없다. 필자는 그 반대도 입증될 수 있다고 본다. 고고학과 비문의 증거뿐 아니라 텍스트 자체의 내부 증거는 고전 텍스트들이 시간이 흘러 부식됨에도 불구하고 초기 문헌에서 보존되어 왔음을 보여준다.

빠알리 경전의 전승과 관련한 증거는 다음과 같이 요약할 수 있다. 리즈 데이비스T. W. Rhys Davids가 주목했듯이, 눈여겨 봐야 할 첫 번째 사실은 그 텍스트들이 기원전 3세기 이전 인도 역사기에 속하는 것처럼 보인다는 점이다: 거기에는 아쇼까Aśoka 왕에 대한 언급이 없다. 만일 그의 재세 시에 여전히 펼쳐져 있었다면, 아쇼까 왕에 대한 언급이 없을 리 만무하다.[15] 이러한 증거는 불교가 기원전 3세기 중엽 스리랑카에 전파되었음을 제시하는 비문과 문헌 증거로 뒷받침된다.[16] 더욱이 기원전 3세기 중엽 스리랑카에 도착한 빠알리어는 싱할리어Sinhalese 방언 흔적이 전혀 나타나지 않는 북인도 언어였다.[17] 그 경전의 언어가 싱할리어의 배경에 있음에도 불구하고 변하지 않았다면, 그 내용 역시 변하지

15 Rhys Davids(1903), 174; Wynne(2005), 36.

16 최근에 필자는 불교의 스리랑카 전승이 기원전 250년경 아쇼까 왕의 왕실 특사들과 관련된 불교 전법사들에게서 기인했다는 프라우발너의 가설을 구체화하려고 노력했다. Wynne(2005), 48-59; Frauwallner(1956), 1-24 참조.

17 Norman(1978), 36.

않았다고 추정하는 것이 합리적이다. 이러한 추정은 인도의 타 학파들로부터 스리랑카 불교도들에게 전해진 텍스트들이 빠알리 경전에 포함되지 않았다는 사실에서 알 수 있다. 그렇게 된 합리적인 이유가 있을 때조차[18] 이것은 초기 스리랑카 불교도들이 일부 빠알리 문헌을 성전이라 생각하고 그것을 보수적으로 전승했음을 암시한다. 더 나아가 타 학파에서 전승된 문헌이 빠알리 경전 밖에서 보존되었다면, 빠알리 경전과 타 학파의 경전 텍스트의 일치는 그 학파의 형성보다 앞섬을 의미한다.[19] 그렇다면 그 증거는 기원전 3세기 스리랑카로 전해진 문헌이 도입 이후에 거의 변하지 않았음을 암시한다.

또 다른 회의적 주장에 따르면, 초기 불전이 제아무리 오래되더라도 역사 사건들을 구성하는 데 활용될 수 없다는 것이다. 이 주장의 옹호자들은 종교 문헌이 기술적이라기보다 규범적이어서 유물은 역사성을 보장하지 않는다고 주

---

18 많은 불교 이야기들 중 일부는 상좌부 논서에 포함되어 있어 붓다고사 이전에 스리랑카에 전승되었음에 틀림없다. 노먼은 "최소한 《율장》과 《경장》은 더 이른 시기에 완성되었으므로" 그것들은 경전으로 편입되지 않았다고 생각한다(Norman 1997: 140). 또 그는 『밀린다왕문경』(Milindapañha), 『장석론』(Peṭakopadesa), 『지도론』(Nettipakaraṇa)과 같은 "빠알리 특정 저술들은 북인도에서 기원되었다고 추정되고, 여기에는 성전에서 보이지 않는, 붓다를 비롯한 다양한 장로들에게 귀속되는 수많은 게송들과 색다른 가르침을 포함하고 있다. … 그러한 게송들을 『법구경』이나 『장로게』로 편입시키려는 단순한 문제는 있었지만, 그것들을 성전에 넣으려는 시도는 없었다."고 밝힌다. 빠알리 전통이 서로 다른 부파로부터 텍스트를 전수 받기도 하지만, 올덴베르그는 성전에서 그것이 제외되었다고 앞서 주장한 바 있다(Oldenberg 1879: xlviii): "이 부가물들이 스리랑카 사원에 전혀 알려지지 않았지만 그것들은 주석서(Aṭṭakathā)들이 배치된 곳에 있었고, 따라서 스리랑카에서 보존된 삼장(Tipiṭaka) 속의 그 텍스트는 그것들과는 별개로 남아 있었다." 또 리즈 데이비스에 따르면(1993: 175), "그것들이 스리랑카로 옮겨진 이후 북인도에서 이 책들이 겪을 수 있었던 변화는 그렇다면 무의미할 것으로 보인다."

19 이상의 예로, 빠알리 경전이 불교의 범본 및 한역본들, 그리고 최근 발견된 간다하리 필사본(Salomon 1999/2003 참조) 등과 같은 기타 텍스트들 중 경전 텍스트와 비교할 때 일치를 보이는 것은 부파불교 시기의 텍스트 보급에서 산출되었다는 생각을 반증한다. 여하튼, 부파불교 시기의 텍스트 유포는 고대 세계에서 발생할 수 없는 대규모 조직이 필요하기 때문에 가당치 않은 일이다.

장한다. 더욱이 쇼펜에 따르면,

인도불교 학자들은 후대의 필사본에 상당 부분 보존된 승가 이념에 대한 고전적 승가 규칙들과 공식 문자 기록들을 마치 초기의 인도불교 승려들이 실제로 수행한 종교 생활과 행적을 정확히 반영한 것처럼 여기고 취급했다.[20]

그는 "심지어 가장 꾸밈없는 공식적 서사적 텍스트조차 어떤 목표를 가지고…특히 인도에서 '성전에 입각한' 텍스트에 드러나는 목표는 그 용어에 대해서 우리가 갖는 의미상 전혀 '역사적'이지 않다."라고 말했다.[21] 이렇게 광범위하게 수용되는 시각은 불교 문헌을 역사 문서로 독해하려는 모든 시도가 오류임을 의미한다. 보다 최근의 일부 학자들은 그 성향이 초기 동양학자들이 품은 미심쩍은 정치적 동기에 근거를 둔다는 주장까지 했다. 킹King에 따르면,

서구 학자들은 고전 텍스트에서 '불교'를 규정했고, 불교적 신념과 수행에 대한 권위적[규범적]이고 이념적인 표현들보다는 오히려 '원시불교'에 대한 정확한 기술들로서 무비판적으로 즉각 수용하는 경향이 있었다. 이것은 현대불교라는 종교와 사회에 대한 분명한 폄하와 부패를 강조했던 저들의 설명에 정당성을 부여했다.[22]

이상의 견해를 수용할 수 있다면, 초기불교 문헌에 대한 역사 탐구는 현대의 동양 사회와 문화를 폄하하려는 오리엔탈리즘의 어떤 음모였던 셈이다.[23]

---

20 Schopen(1997), 3.

21 Schopen(1997), 3.

22 King(1999), 148.

23 따라서 할리시는 동양학자들이 이상화한 불교 문헌의 구성은 "그들이 주위에서 보았던 불교

물론 초기 동양학자들의 방법에 대한 이런 종류의 의구심은 "인도와 이집트에 대한 모든 학문적 지식은 거대한 정치적 사실에 의해 가미되고 새겨진 것이다."라는 에드워드 사이드Edward Said의 주장을 발전시킨 것이다.[24] 그러한 오리엔탈리즘에 대한 혹평은 근래에 들어와서 꽤 심각하게 수용되고 있다. 사이드에 따르면 일부 불교학자들은 자신들이 '부적절'하다고 여기는 낡은 문헌 방법을 넘어섰다고 선언했고,[25] 또 혹자들은 초기 동양학자들의 방법론과 결과물로서 문헌학적 접근의 우수성, 즉 '빠알리 문헌 청교도'라고 불린 신봉자들을 개탄했다.[26]

근대 비평가들이 뭐라 말하든 상관없이 필자는 불교 문헌을 연구하는 '동양학자'의 방식이 합리적이지 않다는 증거는 매우 희박한 것처럼 보인다. 초기 동양학자들은 초기 불전이 문헌 비평의 수단을 통해 밝혀질 수 있는 역사적 사실을 내포한다고 가정했다.[27] 이를테면 일부 근대 학자들은 불교 문헌의 역사

를 부패의 오랜 과정의 결과였다는 자신들의 인상을 강화시켰다."라고 주장했다(Hallisey 1995: 36). 또 알몬드는 다음과 같이 말했다(Almond 1988: 37). "또한 동양에서 볼 수 있었던 불교는 서구의 도서관, 대학, 식민지 당국, 선교단체에서 갖고 있던 불교의 이상적 텍스트의 예증과 비우호적으로 비교되었다. 즉 이 결과로서, 불교의 동양적 사례들에 대한 부정적인 평가와 서구에서 텍스트적으로 위치된 불교에 대한 긍정적인 평가를 융합하는 것이 가능해졌다."

24 Said(1995), 11.

25 Reynolds(1976), 38: "그럼에도 더 최근에는 불교철학자들이 순수 신화의 해석 방식과 본질적으로 합리주의적인 역사 해석 방식 양자의 불충분함을 인정하기에 이르렀고, 기초 방법론적 쟁점과 관련해 다소 폭넓게 공유하는 의견 일치에 도달했다." 그는 계속해서, 학자들은 "이용 가능한 텍스트들이 [붓다의] 생애에 대한 상세한 설명과 관련해 매우 적은 진짜 정보를 우리에게 제공하는 것을 가슴 아프게" 생각한다고 말했다(1976: 39).

26 Tambiah(1992), 3. 탐비아는 소위 '빠알리경전협회 정신'을 경멸했다(1984: 7).

27 근대 문헌학자들은 동양학자들의 연구 방식을 긴밀히 따른다. 틸레만스는 "대다수 문헌학자들이 작업하는 중요 접근 방식 형태는 불교의 언어, 역사, 제도를 정말 깊이 있게 이해함으로써 저자가 말하는 맥락과 천착한 것을 더 잘 파악하게 될 뿐 아니라 저자가 처한 환경과 사상적 발전을 이해하고 난 후 그의 세계를 향해 곧장 나아갈 수 있다고 확신한다."(Tillemans 1995: 269)라고 요약했다. 카베존은 이러한 접근법을 '문헌학적 긍정주의'라고 불렀다(Cabezón 1995: 245): "그것의 문헌학적 다양성에서 긍정주의는 기록된 텍스트를 완전하고 온전하다고 여긴

적 가치는 약간 있거나 아니면 전무하다는 반대 입장을 표했다. 그들은 불교 문헌이 권위적이고 이상적이라는 것을 당연시 여기고, 또 이 때문에 역사를 구성하려는 모든 시도에 심각한 오류가 있음을 함의한다. 그러나 이 의견은 종교 문헌이 규범적이고 권위적이라는 선험적인 가설에 기반한다. 그렇지만 그러한 가설이 초기불교 문헌 증거에서 제시되는 것으로 보이지 않는다. 필자가 앞서 언급했듯이, 붓다에게 귀속시키는 농담뿐 아니라 붓다의 죽음 사실마저도 역사적으로 사실일 것이다.[28] 그러한 사실들은 초기 불전이 규범적이라기보다는 전적으로 기술적이라는 것을 정초하지 않고, 다만 그 문헌이 역사적 사건들을 구성하는 데 활용될 수 있는 기술적 요소를 포함하고 있음을 보여준다. 이 밖에도 텍스트로부터 역사 정보를 추출하는 다른 방식이 있다. 필자는 역사적 사실이 그것들에 포함된 정황 증거로부터 추론될 수 있다고 다른 논문에서 주장한 바 있다.[29] 초기 빠알리 문헌의 전승에 대해서 추론할 수 있는 사실은 특별히 다음과 같다. 그것들은 초기 불교도들이 정보를 정확히 보존할 수 있는 형태, 즉 글자 그대로 텍스트를 결집하고 전승하려고 시도했음을 보여주는 듯하다.[30] 예를 들어 『비구바라제목차』(比丘波羅提木叉, Bhikkhu-pātimokkha)에 나타난 규칙 중 하나는 담마dhamma의 가르침을 글자로 일반신도에게 말하는 것을 금지하는 것이다.[31]

다. 학문적으로 텍스트를 탐구하는 목표—여기서 인문학 연구유형으로서 과학의 활용은 항상 상정된다—는 (유일한 최상의 복원본인) 원전을 재구성하는 것, 이를테면 그 저자의 본뜻이 모아질 수 있는 지점까지 원전을 복원하고 역사적 맥락과 연관 짓는 것이라고 주장한다. 카베존은 이러한 접근법을 그가 말하는 '해석주의(interpretivism)'와 대비시킨다(1995: 247-248): "해석주의자들은 저자의 본뜻이 드러나는 유일한 현존 텍스트가 있다는 생각을 하지 않는다. 문헌학적 과정의 모든 이동은 개인적 취향의 사례를 보여주고, 이 취사선택을 통해 자신들의 결과물들을 획득한다."

28 앞의 4-5쪽을 참조하라.

29 Wynne(2004), 섹션 7.

30 Wynne(2004), 섹션 5-6.

31 *Bhikkupātimokkha, suddhāpācittiyā* 4 (Vin IV.14.20), "yo pana bhikkhu anusampannaṃ padaso dhammaṃ vāceyya pācittiyaṃ." 이 게송에 대해서 Wynne(2004), 109 참조.

이 증거로부터 우리는 그런 일들이 전혀 일어나지 않았다고 결론내릴 수 없다: 비구들이 그러한 방식으로 일반인들을 가르쳤더라도 우리는 알지 못하고 또 결코 알 수 없을 것이다. 그럼에도 불구하고 그 가르침이 '말을 위한 말/축자적 padaso'이 되어서는 안 된다고 명시함에 있어 그 규칙은 정식 출가자들에게 담마의 가르침의 전하는 방식을 간접적으로 나타낸다. 이 간접 증거는 유사한 종류의 텍스트적 증거에 의해 한층 뒷받침되고,[32] 따라서 붓다의 가르침, 혹은 그 말씀 가운데 일부는 말 그대로 보존되었을 가능성을 거론하면서, 경전들은 가장 이른 시기조차도 '축자적'으로 전승되었음을 함의한다. 그러한 문헌 전승 방식은 그 텍스트들의 기술적 부분들도 마찬가지로 불교학에 대한 오리엔탈리즘의 근대 비평의 적용이 소박함을 암시한다.

이상에서 주어진 이유들에 대해서 필자는 초기불교 문헌이 역사적 진위성이 있는 구절들을 포함할 가능성을 거부할 이유를 찾을 수 없다. 만일 명확한 역사적 중요성이 있는 소수의 구절들만이라도 확인될 수 있다면, 원시적 불교의 역사적 실재를 문헌 증거를 통해 확정하려는 시도가 이러한 증거의 성질에 대한 그릇된 전제에 기반하지 않는다는 결론에 이른다. 사실상 그 반대가 맞다: 불교 문헌의 역사적(혹은 '동양학적') 연구 비평은 종교 문헌이 전적으로 규범적이라는 그릇된 전제에 기반하고 있다. 그러므로 초기불교에 대한 이번 연구에서 필자는 불교 문헌을 연구하는 데 활용된 '동양학적' 방식의 타당성을 의심할 이유가 전혀 없다. '리즈 데이비스 여사의 유령'이 불교 문헌들의 페이지들을 매만지는 실증 연구에 대해 이야기할 수 있었던 시기가 지나갔다는 점은 희망적이다.[33] 이러한 작업의 차후 비판은 근대 회의주의자들이 '거대한 정치적 사

32 Wynne(2004), 108-112 참조.

33 Collins(1987), 373.

실에 영향을 받아 새겨진' 것이라고 믿는 접근에 바탕을 둔 사실보다는 그것의 주장들을 향해 겨냥될 필요가 있다.

3. 문헌들과 고안물들

이 책에서 빠알리 문헌의 모든 인용은 PTS본의 권, 쪽, 줄 수를 가리킨다. 또한 나란다본과 미얀마 위빠사나연구소본《경장》을 참조했다. 두 판본 모두 제6차 미얀마 결집본Burmese Chaṭṭhasaṅgāyana edition에서 나왔다. 초기 우파니샤드의 인용은 리마예Limaye와 베데까르Vadekar의 공역에서, 또 <해탈법품>의 인용은 뿌나본『마하바라따』에서 가져왔다. 모든 번역들은 별도의 표시가 없으면 필자가 한 것이다.

4. 어원에 관한 주의

'명상meditation'이라는 말은 다양한 의미를 갖고 있어 초기 인도 텍스트에서 기술된 다양한 종류의 종교 수행에 적용될 수 있다. 여기서 고려 중인 특별한 종류의 명상 수행들은 'enstatic(열중하는)'[34]—수행자가 자신의 알아차림을 내

34 미르치아 엘리아데(Mircea Eliade, 1907-1986)는 samādhi(삼매)의 영역으로 'enstasis(엔스타시스)'와 'stasis(스타시스)'라는 단어를 사용했다. 그에게 이 용어는 '연합, 전체성; ~에 몰두, 마음의 완전한 집중; 결합'을 가리킨다(Eliade 1969: 77, n.79). 엘리아데는 이 'enstasis' 단어를 빠딴잘리(Patañjali)의『요가수뜨라』에 등장하는 삼매라는 단어에 의거해 사용하고 있지만, 사실 그는 이 인도 원전의 심일경성(心一境性)으로 특성화된 명상 상태에 그것을 보편적으로 적용시킨 것이었다.

적 대상에 집중함으로써 외부 세계에 대한 알아차림을 중지하는 것을 목적으로 함—이라고 기술될 수 있다. 다양한 토착어들은 이러한 수행을 가리키고, 브라만전통의 결정적인 단어—'yoga'—는《경장》에서 그런 의미로 거의 발견되지 않으며, 다만 이 외 대부분, 이를테면 산스끄리뜨 '삼마디samādhi'와 '드야나(dhyāna; 정려)'는 불교와 브라만교 양자의 텍스트들에서 공히 나타난다.[35] 다양한 산스끄리뜨 및 빠알리 단어들은 하나의 명확한 의미를 갖는 데 비해 영어 번역들은 종종 혼란스럽다. '전념/몰입'과 '내적 마음집중' 용어는 이런 수행의 의미를 떠오르게 한다. 다시 말해 필자는 모든 수행이 고려된다는 가정 하에서 그것들을 보통명사로 사용한다. 불교 수행으로 고려된 것은 대개 '무색정(無色定, formless meditation)'으로 불린다. 왜냐하면 그것들은 무형상 대상에 대한 마음집중이기 때문이다. 따라서 필자는 그것들의 대상을 '무색계(無色界, formless sphere; 혹은 무색처)'라고 명명하는데, 불교 문헌에 의하면 이 대상들은 명상 중인 비구의 관념 밖에서 현존하는 실재의 비물리적 '지평āyatana'이기 때문이다. 필자는 브라만전통적 수행의 입장에서 그것들을 규정하기 위해 'yoga(요가)'라는 단어를 보편적으로 사용할 것이다. 이 단어는 우선『까타 우파니샤드』(Kaṭha Upaniṣad, 이하 KaU) II.12에서 '내적인 마음집중/몰입'의 의미로 사용되지만, 이후 그 주제를 담은 브라만전통 저술 도처에서 발견되고, 또 현재의 영어 사전에서도 통상 발견된다. 필자가 사용하고 있는 의미와 다른 함의를 가질 수도 있다. 하지만 초기의 인도 종교의 철학 문헌에서 그것은 내적인 마음집중/몰입에 대한 '작업'이나 '훈련'을 의미한다.

35 Th 415에 대해서 이하 64쪽을 참조하라.

제 2 장

알라라 깔라마와
웃다까 라마뿟따

제2장

알라라 깔라마와 웃다까 라마뿟따

가장 초기의 일부 불전에서 사문 싯다르타* 는 알라라 깔라마Āḷāra Kālāma와 웃다까 라마뿟따Uddaka Rāmaputta로부터 무소유처와 비상비비상처를 각각 배웠다고 전한다. 이 두 인물은 초기 불전 밖에서 (즉 불교 이외에) 보이지 않음으로 그들의 역사적 진위는 다소 의심스럽다. 그러나 이 두 스승은 초기 전기 말고도 수많은 불교 문헌에서 부수적으로 보이고 있어 그들의 실존에 대한 가설을 뒷받침한다. 이 장에서 필자는 이 모든 구절들이 갖는 역사적 중요성을 탐구할 것이다. 다시 말해 필자는 이 두 스승이 진짜 역사적 인물이어서 거의 확실히 성도 이전의 붓다를 가르쳤다는 사실을 증명할 것이다.

---

* 역주 _ 원문에서 'the Bodhisatta'로 되어 있다. 우리가 흔히 보살(菩薩)이라고 하는 용어와는 차이가 있다. 빠알리어 bodhisatta는 산스끄리뜨어 bodhi-sakta에 해당하는 소유복합어로서 '그가 추구하는 것(sakta)을 깨달음(bodhi)으로 하는 존재'를 의미하는 것으로 봐야 한다. 이 용어가 중세 마가디어에서 불교혼용 산스끄리뜨어로 전환되는 과정에서 bodhisattva, 즉 '그 본성(sattva)으로 완전한 지혜(bodhi)를 갖는 존재'로 이행된 것으로 볼 수 있다. 따라서 bodhisattva는 '이미 완전한 지혜를 얻은 존재'(the enlightened being) 또는 '깨달음을 가지고 있는 존재'로 해석해야 한다. 하지만 한역에서 '菩薩'은 단순한 이 용어의 음차이지만, 대승불교 한역 문헌에서는 흔히 '깨달음을 추구하는 중생'(上求菩提 下化衆生)으로 오인된 채 사용하고 있다. 따라서 역자는 이 용어의 혼란을 막기 위해서 본 번역에서 '성도 이전 붓다', '[수행자] 싯다르타' 등으로 표현한다.

1. 문헌 출처와 그 역사적 문제

두 스승 문하의 싯다르타의 수행 이야기는 「마하삿짜까경」(Mahāsaccaka Sutta, M36) · 「보디왕자경」(Bodhirājakumāra Sutta, M85) · 「상가라와경」(Saṅgārava Sutta, M100)에서 동일한 이야기가 반복되고 있다. 하지만 주요 출처는 「성구경」이다.[1] 또한 설일체유부와 법장부 계열의 한역본[2] 및 대중부 계열의 범본 『대사』(大事, Mahāvastu, 이하 Mvu)와[3] 근본설일체유부의 『파승사』(破僧事, Saṅghabhedavastu, 이하 SBhV)[4]가 있다.

이처럼 몇몇 상이한 부파들의 《율장》과 《경장》에서 성도 직후 붓다가 자신의 교리를 전할 이를 물색할 때, 처음 그 두 사람을 생각했지만 이윽고 그들이 죽었음을 알았다고 하는 대목에서 이 두 사람은 다시 언급된다.[5] 두 스승 하에서의 싯다르타 수련 이야기는 부파불교 이전 전통에 내장되었을 것으로 보인다. 이 이야기들의 역사성에 대한 올바른 이해는 초기불교 명상을 올바르게 이해하는 데 결정적이다.

---

1 이 경은 위빠사나연구소(VRI)본과 제6차 미얀마 결집본에서 「빠사라시숫따」(Pāsarāsi Sutta)으로 불린다. 후자의 싱할리본 제명이 「아리야빠리예사나숫따」(Ariyapariyesana Sutta)임에 주의하라. PTS본 《맛지마 니까야》 주석서 『멸희론소』(滅戱論疏, Papañcasūdanī)는 싱할리본, 미얀마본, 태국본에 저본을 둔다. 그 결론에서 Ariyapariyesana('聖求')는 대체명이라고 말하지만(PST II.193), 그 텍스트는 「빠사라시숫따」(PST II.163)로 불린다.

2 Bareau(1963), 14-16.

3 Mvu II.118.1ff.

4 SBhV I. 97.4ff; 스킬링은 근본설일체유부 계통의 티벳역 『불본행집경』(佛本行集經, Abhiniṣkramaṇa Sūtra)에 보존된 것과 '실제로 동일할' 뿐 아니라 이 SBhV 이야기의 티벳역이 있음도 밝혔다(Skilling 1981-82a: 101).

5 Vin I.7.14ff. 바로에 의하면(Bareau 1963: 145-46), 이 에피소드 역시 화지부(化地部, Mahīśāsaka) 및 법장부 계열의 《율장》, 그리고 (MN I.169.33ff와 동일한 에피소드가 보이는) 「아리야빠리예사나숫따」와 병렬 구문인 설일체유부 계통의 한역 「성구경」에도 나온다. 이 외에도 이 에피소드는 SBhV I.130.26ff에서 보이지만, Mvu에서는 보이지 않는다.

이 이야기의 역사적 진위에 관한 학자적 입장은 갈라진다. 루이스 라 발레 뿌쌩은 그 진위 속에는 약간의 진실이 있다고 인정했던 것으로 보이고,[6] 최근의 지오르고 자피로풀로Ghiorgo Zafiropulo는 그 진실성을 뒷받침하는 많은 주장들을 이끌어냈다.[7] 하지만 앙드레 바로, 요하네스 브롱코스트, 틸만 훼터 같은 학자들에 의하면,[8] "두 스승 하에서 싯다르타 수련 이야기는 하나의 허구fabrication"라고 말한다.[9]

바로를 추종하는 브롱코스트는 화지부(化地部, Mahīśāsaka)의 율장 *《오분율》에서 붓다의 정각 이전에 있었던 많은 일들을 말하고 있지만, 붓다가 두 스승 아래에서 수련했다는 이야기를 전혀 언급하지 않았고, 다만 [정각 직후] 그가 그 두 사람을 최초로 제도하려고 했다는 이야기와 관련된다고 설명한다.[10] 이런 이유로 그는 다음과 같이 결론짓는다. "한 가지 미심쩍은 것은 이 두 사람의 이름이 원래 붓다가 전법 활동을 함께 시작할 수 있는 후보군이라고 생각하는 장

---

6 La Vallée Poussin(1917), 163: "우리 문헌에서는 불교의 몇몇 명상 단계들이 비불교적인 수행자들에게서 수습된 것이라고 명백히 말하고, 또 학자들은 그 수행들이 신비적인 장치들의 공용 창고로부터 실제로 차용되었다고 인정한다."

7 자피로풀로는 두 스승 문하의 수련이 허구라고 입증하고자 했던 바로의 시도에 맞서는 상세한 주장을 펼쳤다(Zafiropulo 1993: 22-29). 구체적 논평을 살펴보면(1993: 23), "Ceci dit, nous affirmerons expressément n'avoir pu trouver aucune donnée de critique historique et textuelle nous permettent de traiter les peronnages *d'ĀRĀḌA KĀLĀMA et d'UDRAKA RĀMAPUTRA* d'une façon différente de celle qu'on applique généralement au cas des 'Six Maîtres Hérétiques' du *SĀMĀNPAPHALAS.* et autre sources. En effet et d'un commun accord, sembletil, l'historicité de tout les six paraît partout acceptê."

8 Vetter(1988), xxii: "더욱이 바로는 붓다가 정각을 성취하기 이전 아라다 깔라마(Ārāḍa Kālāma)와 웃드라까 라마뿌뜨라(Udraka Rāmaputra)의 문하에서 무색처정 계위를 체험했다고 언급된 유명한 이야기는 역사적 사실 근거가 전혀 없다고 제안했다."

9 이러한 회의론적 평가에도 불구하고, 그 스승들과 관련된 명상 상태가 본래부터 비불교적인 것이었다는 발레 뿌쌩의 견해에는 통상 이견이 없어 보인다.

10 Bronkhorst(1993), 86.

면에서만 등장했다는 점이다. 이 이름의 스승들 문하에서 싯다르타 수련이야기는 베일에 싸인 이 이름에 대한 일부 내용을 주려고 추가된 것이다."[11]

《오분율》 자료에 근거한 이러한 주장은 침묵논법argument from silence의 형태이다. 그 주장에 따르면, 원전 속의 정보 부재는 이례적으로 중요하게 여겨진다. 다시 말해 이 경우, 《오분율》에서 두 스승 문하에서의 수련이야기의 부재는 다른 문헌에서 발견되는 이야기가 후대에 꾸며낸 허구라는 반증으로 생각된다. 그렇지만 침묵논법들은 증명하기 난해한 것으로 악명이 높고, 더 신빙성 있는 기타 증거를 바탕으로 한 이론과 맞물려 가장 잘 활용된다. 침묵논법의 이 특정한 형태는 명확한 것과 거리가 먼 《오분율》의 유산을 전제로 하기 때문에 근본적으로 결함이 있다.

2. 《오분율》에 나타난 전기 이야기의 역사적 진위 논란

바로Bareau 등은 두 가지 사실에 근거하여 주장한다. 무엇보다도 우선, 화지부 율장 《오분율》의 성도 이야기는 두 스승 하에서 싯다르타의 수련을 언급하지 않았다는 점이다. 더욱이 성도 직후 이 두 사람을 제도하겠다는 붓다의 첫 결심이 나오는 모든 《오분율》 판본에서는 그들을 성도 이전 싯다르타의 스승이라고 말하지 않았다는 점이다. 바로는 《오분율》에서 그 두 스승 문하에서 수련

11 Bronkhorst(1993), 86. 바로의 견해는 훨씬 더 회의적인데, 그의 짐작은 그 두 스승들이 결코 존재하지 않았다고 생각했던 것으로 보인다(1963: 20-21): "Personnages absents, morts même avant que leurs noms ne soient cités, ils sont probablement fictifs. Plus tard, on s'interrogea sur ces deux mystérieux personnages et l'on en déduisit aisément qu'ils n'avaient pu être que les maîtres auprès desquels le jeune Bodhisattva avait étudié."

했다는 이야기의 부재가 그 유산의 징표라고 믿는다. 따라서 그는 초기 전기 트랙의 편집자들이 [성도 직후] 그 두 사람을 제도하려는 붓다의 결심 이야기로 인해서 그들이 [성도 이전] 붓다의 스승이었다는 사실을 창안했다고 추측했다.

바로가 주장하는 가장 핵심적 대목은 《오분율》에서 두 스승 문하에서 수련을 언급하지 않는다는 명확한 사실이다. 하지만 더 그럴듯한 것은 이 텍스트에서 그 두 스승 하에서 수련을 언급하지 않았던 점은 《오분율》의 고전 암송자들이 싯다르타의 구도 정진에 대한 모든 이야기를 애초부터 제거했기 때문이라는 것이다. 이것은 《오분율》의 전기 서사 구조에서 알 수 있다.[12] 바로에 따르면, 《오분율》은 싯다르타가 *우루벨라Uruvilvā 마을에 도착하자마자 시작하는 데 비해, 나머지 제반 자료들은 그 두 스승 하에서 수련 이후에 벌어진 사건이라고 만장일치로 말한다는 것이다. 그러므로 《오분율》은 그것(*우루벨라) 이전 사건의 자료는 아닌 셈이다. 설상가상으로(「성구경」 및 이것과 동일한 설일체유부 계열의 한역을 제외한) 대다수 자료에 의하면, 싯다르타는 우루벨라 마을에 도착한 시점부터 극렬한 고행을 시작했다고 전한다. 이 내용은 《오분율》에 언급되어 있지 않다. 결과적으로 싯다르타의 상세한 정진 이야기는 거의 누락되어 있다. 왜 이런 내용이 빠져 있었을까?

프라우발너에 따르면, "우리가 배웠던 모든 《율장》들 가운데 화지부의 《율장》은 최악의 전통을 지니고 있다."라고 《오분율》의 변질을 지적한 바 있다.[13] 프라우발너의 판단을 인정한다면, 《오분율》에서 보이는 간략함은 원본의 상당량이 전승 과정에서 소실되었다는 면에서 원인을 찾을 수 있다. 사고든 고의

12 이어지는 논평은 화지부(Mahīśāsaka)의 율장, 즉 《오분율》의 내용에 대한 바로의 목록에 바탕을 두고 있다(1963: 366).

13 Frauwallner(1956), 183.

든 간에 편집자들이 싯다르타의 정진에 관한 전기 자료를 생략했던 것이다. 그렇다면 그것과 나머지 전기들과의 성도 이야기의 차이점은 그것의 유산에서 기인하는 것이 아니라, 대신 그 텍스트 암송자들이 행한 편집의 결과일 가능성이 높다. 실제로《오분율》은 상좌부《율장》에 나타난 전기 이야기와 가장 흡사하고, 후자 역시 싯다르타의 정진에 대한 상세한 설명을 누락한 채 성도와 함께 시작한다.[14] 상좌부《율장》처럼《오분율》도 성도 이전 일어난 전기 사건들에 대한 신뢰할 만한 자료가 아니다. 왜 이러한 전기 자료가 상좌부《율장》에 보존되지 못했는가는 쉽게 알 수 있다. 그 관련 자료는《경장》에서 보존되어왔기 때문이다. 비슷하게도《오분율》에서의 싯다르타의 정진에 관한 어떤 정보의 분명한 누락은 그 관련 자료가 화지부의《경장》에서 보존되었기 때문일 것이다.

《오분율》이 싯다르타의 정진에 관한 신뢰할 만한 자료가 아니라는 것은 자명해 보인다. 이로 인해 바로가 주장하는 첫 번째 대목은 부정된다. 그렇다면 바로의 두 번째 주장은 어떨까? [성도 직후] 그 두 사람을 제도하려는 붓다의 첫 결심 이야기에서 왜 그들이 싯다르타의 스승들이었음을 말하지 않는 것인가? 이에 답하기에 앞서, 바로는 그 두 사람을 제도하려는 붓다의 첫 결심에 대한『파승사』이야기에서 그들이 예전에 싯다르타를 가르쳤던 사실에 대한 언급을 포함한다는 것을 알지 못했음에 주목할 필요가 있다.[15] 이를 통해 우리는 어떤 다른《율장》이나《경장》의 이야기들에서 이 장면을 찾지 못하는 데 비중을 둘 필요가 없음을 알 수 있다. 그럼에도 그 나머지 이야기들에서 그것*[싯다르타가 그 두 스승에게서 명상을 배웠다는 것][16]을 언급하지 않았다는 사실은 매우 단

---

14 Bareau(1963), 365 참조. 자피로풀로도 이 내용에 주목한다(Zafiropulo 1993: 23-24).

15 SBhV I.130.19와 I.131.4에 대해서 Zafiropulo(1993), 27 참조.

16 *[ ] 역주

순한 이유가 있다.

두 스승을 제도하려는 붓다의 첫 결심 이야기가 나타나는 「성구경」(MN I.169.33ff)은 그들 문하에서 수련이 막 몇 페이지 전에(MN I.163.27ff) 보이기 때문에 구태여 재차 언급할 필요가 없었다. 구도 정진과 제도 결심, 이 두 장면은 본래부터 동일 전기 이야기의 일부라서 굳이 반복할 필요가 없으므로 제도 결심이 있는 여러 이야기들에서 그들을 싯다르타의 스승이라고 말하지 않았음을 알 수 있다. 필자는 이러한 해명이 바로가 사용한 침묵논법보다 훨씬 그럴듯하게 보인다. 다시 말해, 부파 이전의 초기불교에서는 붓다의 전법 결심을 설명하고 있는 동일 이야기들에서 앞서 이미 그 두 사람을 싯다르타의 스승으로 소개했기 때문에 재차 언급하지 않았다고 추정할 수 있다. 이 경우 그 정보가 이미 제공되었으므로 반복은 불필요했다.

침묵논법에 호소하지 않고 텍스트를 설명하려는 이러한 논의에서 그 두 스승의 전통은 조심스럽게 다뤄져야 한다. 《오분율》에 근거한 바로의 회의적인 주장을 평가절하한다면, 그 두 스승이 역사적 인물이었다는 사실과 더불어 싯다르타를 가르쳤다는 사실도 전혀 의심할 필요가 없을 듯하다. 초기 불교도들이 무소유처정無所有處定과 비상비비상처정非想非非想處定에 대해서 붓다의 독창적인 발견이었다고 주장하지 않는 것은 확실히 놀랍다. 붓다의 위상을 높였을 그러한 주장은 당연히 신흥 종교 운동[의 탄생]을 예상하게 한다. 이러한 인상은 「성구경」에서 발견되는 수많은 특이점에서 보인다. 이 특이점을 살피기에 앞서 초기 불전에서 보존되어 온 두 스승과 관련한 기타 텍스트들을 검토할 것이다. 선행 학자들이 간과했던 이 자료들은 싯다르타의 스승들의 역사성이 조작되지 않은 채 현존하기에 역사적으로 대단히 중요하다. 우리가 안전하게 추측할 수 있게 어떤 숨겨진 의제 없이 작성되었던 것은 부수적 증거로 확인된다. 이 자료들이 제한적임에도 그 두 사람의 역사적 진실을 어느 정도 말하고 있다.

3. 두 스승에 관한 추가 문헌

「성구경」의 주석서에 따르면, 알라라 깔라마Āḷāra Kālāma의 개인 이름은 알라라이고 그의 종족명은 깔라마였다고 말한다.[17] '깔라마'라는 이름은 《경장》에서 수차례 보인다. 말랄라세께라Malalasekara에 따르면, 깔라마는 씨족 혹은 성씨였다.[18] 꼬살라Kosala의 께사뿟따Kesaputta 마을에서 붓다는 깔라마들을 위해 법문했다고 전해진다.[19] 이 경의 주석서에서는 깔라마들을 *크샤트리아Khattiya로 소개하고 알라라 깔라마와는 관련이 없다고 말한다.[20] 우리는 설령 알라라 깔라마가 그곳 출신이더라도 꼬살라의 께사뿟따의 위치를 알지 못하고, 한편 붓다 당시 *카필라밧투Kapilavatthu가 꼬살라 왕국에 병합되었음은 알고 있다. 이것이 제시하는 증거는 적어도 3가지 단서들이 있다. 《상윳따 니까야》 422에서 붓다는 빔비사라 왕에게 자신의 고향사람들janapado은 히말라야 산맥 기슭에 살고 있고, '꼬살라국들 가운데 하나의 거주지niketino를 차지하고 있는 한 [속국]'이라고 말한다.[21] 「진리에 대한 장엄 경」(Dhammacetiya Sutta, M89)에서 꼬살라국의 빠세나디Pasenadi 왕은 다음과 같이 말했다고 기록되어 있다: "존자는 꼬살라인이고, 나 역시 꼬살라인입니다."[22] 또한 「브하란두깔라마경」Bharaṇḍu-Kālāma

---

17 Ps II.171.3, "yena Āḷāro Kālāmo ti ettha Āḷāro ti tassa nāmaṃ, dīghapiṅgalo kira so. ten' assa Āḷāro ti nāmaṃ ahosi. Kālāmo ti gottaṃ." 달리 말해, 그는 길고 황갈색이었기 때문에 알라라(Āḷāra)로 불리웠다. 『대반열반경』의 주석서는 이것을 반복한다; Sv II.569, "Āḷāro ti tassa nāmaṃ. dīghapiṅgalo kir' eso, ten' assa Āḷāro ti nāmaṃ ahosi."

18 DPPN, s.v. Kālāma.

19 AN I.188ff.(《앙굿따라 니까야》 제3권 <대품> V). 미얀마본에서 마을 이름은 께사뭇따(Kesamutta)이고 판본의 경명(Kesamutti Sutta)으로 설명되어 있다.

20 Mp II.304.25, "Kālāmānaṃ nigamoti Kālāmā nāma khattiyā, tesaṃ nigamo."

21 Stn 422게, "ujuṃ janapado rāja himavantassa passato | dhanaviriyena sampanno Kosalesu niketino ‖ 422 ‖"

22 MN II.124.17, "bhagavā pi kosalako, aham pi kosalako."

Sutta은 다음과 같이 말함으로써 시작한다. "어느 때 존자는 꼬살라국들을 유행하시다가 까삘라밧투에 도착하셨다."[23] 따라서 우리는 까삘라밧투 도시가 붓다 재세 시에 꼬살라 왕국에 편입되었음을 추측할 수 있다. 만일 알라라 깔라마가 꼬살라 왕국의 께사뿟따 마을에 위치한 깔라마 부족 출신이었고 또 까삘라밧투가 붓다 재세 시 꼬살라국의 일부로 편입되었다면, 그 두 도시[마을]들은 서로 인접해 있었으며 알라라 깔라마는 까삘라밧투 근처에 살았을 가능성이 있다. 그러한 가능성은 다른 증거로 뒷받침된다.

「브하란두깔라마경」에서 붓다는 *카필라밧투의 어떤 브하란두 깔라마의 은둔처assama에 머물렀다고 전해진다.[24] 그 텍스트에서 브하란두 깔라마는 예전에 붓다의 동료 포기자들purāṇasabrahmacārī 중 한 명이었다고 우리에게 말한다. 이를 증광한 주석서에서는 브하란두가 알라라 깔라마 재세 시 붓다의 동료였다고 우리에게 말한다. 즉 당시 그는 자신이 여전히 살고 있었던 바로 그 동일한 은둔처에서 살았다.[25] 만일 이 이야기가 사실이라면, 붓다는 브하란두 깔라마의 은둔처에 머묾으로써 자신의 옛 스승인 알라라 깔라마의 은둔처를 방문해서 자신의 오랜 동료인 브하란두와 대화를 나누었던 것으로 보인다. 이 증거는 싯다르타가 출가 후 알라라 깔라마를 찾아갔던 전통에 타당성을 부여한다. 즉 만일 후자가 인근에 살았다면, 그는 아마도 그 인접 지역에서 잘 알려져 있었을 것이다.[26] (그 공동체를 버렸던) 붓다가 아닌 브하란두가 알라라의 아들이거나

---

23 AN I.276.26, "ekaṃ samayaṃ bhagavā Kosalesu cārikaṃ caramāno yena Kapilavatthu tad avasari."

24 「브하란두깔라마경」, AN I.276 (《앙굿따라 니까야》 3권 <꾸시나라품> IV).

25 Mp II.375.3, "purāṇasabrahmacārī ti porāṇako sabrahmacārī. so kira āḷārakālāmakāle tasmiṃ yeva assame ahosi. taṃ sandhāy' evam āha."

26 정반대로 『대사』에서는 아라다 깔라마가 베샬리(Veśālī)에 살았다고 말한다(Mvu II.118.1); 존스턴에 따르면(Johnston 1935-36 Part II: 165), 『보요경』 역시 아라다 깔라마의 거주처가 베샬리에 있었다고 말한다. 또 다른 가능성은 마명(馬鳴, Aśvaghoṣa)에게서 제시되는데, 그는 아라

혹은 정신적 계승자였음도 심지어 가능한 일이다.

한편 알라라 깔라마는 「대반열반경」(Mahāparinibbāna Sutta, D16)에서 붓다의 제자 뿍꾸사 말라뿟따Pukkusa Mallaputta가 붓다에게 회상한 이야기에서도 등장한다.[27] 뿍꾸사는 "예전에 알라라 깔라마는 오백 대의 수레가 곁을 지나갔을 때 그 수레들을 보거나 듣지 못했다."라고 하는 이야기를 전했다. 그가 잠을 자고sutto 있었는지 물었을 때 그는 아니라고 말했으며, 반면 그가 의식하고saññī 있었는지 물었을 때 그는 그렇다고 말했다evam āvuso. 이에 붓다는 자신의 옛 스승으로 추정되는 이를 빗대어 "자신은 어느 때 곁에 있던 두 명의 농부를 급사시킨 천둥 번개를 듣지 못했다."고 응수하며 자찬했다. 가공인물 알라라 깔라마가 창안한 지식이 한참 잊혀진 후 그를 불교 집단에서 불교 이전의 실존 인물로 수용할 때 이 이야기를 만들었을 가능성은 그리 높지 않다. 이것은 청자가 불교도·비불교도인지 상관없이 자신들의 동시대 환경 속의 실존 인물로 여겼을 때만 수용되는 이야기이다. 이러한 증거와 더불어 「브하란두깔라마경」도 역사적 실존

다 깔라마가 빈디야 산속의(Bud VII.54: vindhyakoṣṭha) 바이쉬밤따라(Vaiśvaṃtara) 은둔처에서 살았다고 말한다(Bud XI.73). 비록 성도의 장소인 붓다가야가 빈디야 산맥의 동쪽에서 먼 것처럼 보이지만, 갠지스 강 계곡의 남쪽 가장자리는 빈디야 산맥의 분기점에 있다. 리즈 데이비스에 따르면(Rhys Davids 1870: 33), 왕사성을 둘러싼 동산들은 '빈디야 산맥 최북단의 지맥'이다. 마명은 왕사성 근처의 위치를 염두 해 두었을는지도 모른다. 만일 그렇다면, 마명의 이야기는 아마도 「출가의 경」(Pabbajā Sutta, Stn 405ff게)에서 언급된 전통과 연관된다. 거기에는 성도 이전의 붓다가 출가한지 얼마 안 있어 왕사성으로 유행을 가서 빔비사라(Bimbisāra) 왕과 대화를 나눈 것으로 말해져 있다. 이런 전통에서 묘사된 일련의 사건들을 미뤄보면, 붓다는 왕사성을 떠난 후에 그 두 스승들을 방문했다고 봐야 한다. 하지만 이 역사적 전통의 가치는 의심스럽고, 빔비사라 왕과의 대화 역시 다분히 전설적이다. 필자는 웃다까 라마뿟따가 왕사성에서 살았음을 신뢰할 수 있는 전통을 말하는 29-32쪽의 내용을 논의할 테이지만, 보다 신빙성 있는 것은 마명의 자료나 「출가의 경」이라기보다 차라리 「브하란두깔라마경」의 부수적 자료임을 안다.

27 DN II.130.1ff. 바로에 따르면, 이 이야기는 모든 타 학파들의 『대반열반경』 판본에서 공히 발견된다(Bareau 1970-71: 282).

인물로 알라라 깔라마를 내세우는 데 뒷받침한다.[28]

웃다까 라마뿟따Uddaka Rāmaputta에 대한 추가 정보 또한 있다. 그는 「웃다까경」(Uddaka Sutta, SN IV.83-84)과 「왓사까라경」(Vassakāra Sutta, AN II.180-81)에서 언급된다. 「웃다까경」에는 그가 자신을 향해 '현명하고vedagū', '모든 승리자sabbajī' 라고 하는 해탈을 지칭하는 용어들을 사용한 게송이 보인다. 이에 붓다는 그가 해탈하지 않았음을 보여주려고 그 게송의 용어들을 재해석한다. 「왓사까라경」에는 마가다국의 대신 왓사까라 바라문이 왕사성에 와 있는 붓다를 예방하는 자리에서 엘레야Eleyya 왕이 라마뿟따 사문을 신뢰한다는 말을 전한다. 주석서에는 그 사문이 웃다까 라마뿟따라고 밝히고 있다.[29] 또 왓사까라는 『대반열반경』에서 마가다국의 아자따삿뚜Ajātasattu 왕의 대신으로도 다시 등장한다.[30] 왕사성과 마가다국, 그리고 왓사까라의 연결점은 엘레야 왕이 아마도 왕사성과 인접한 어딘가에 위치한 마가다국의 지방 족장이었음을 암시한다. 그렇다면 웃다까 라마뿟따는 왕사성 안이나 주변에서 거주했을 가능성이 있다. 이러한 내용은 웃라까 라마뿌뜨라Udraka Rāmaputra가 왕사성에 살았다고 말하는 『대사』를 통해 확인된다(Mvu II.119.8). 상좌부와 대중부의 출처와는 상이한 이 증거에 대한 일치는 간과하지 않아야 한다. 웃다까 라마뿟따는 의심할 나위 없이 마가다국의 유명한 현자로서 왕사성에 살았다고 하는 초기의 전형적인 공통의 입장을 시사한다.[31] 두 스승에 관한 이 다양한 정보는 그들이 역사적 인물이었

---

28 이 이야기는 알라라 깔라마가 틀림없이 존재했었음을 보여주지만, 그러나 브롱코스트가 보여주듯이(1993: x), 「감각기능의 수행 경」에서 발견되는 가르침과는 상충된다. 「감각기능의 수행 경」에 대해서 아래 250-251쪽을 참조하라. 앞서 말한 바로(1970-71: 295)는 그 이야기가 외도의 고행에 대한 집중력을 찬탄하는 비불교적 이야기의 불교적 각색이라고 제시했다.

29 Mp III.164.23, "samaṇe Rāmaputte ti Uddake Rāmaputte."

30 DN II.72.9ff. = AN IV.17.11ff. (《앙굿따라 니까야》 제7권 <수면품> XX).

31 '우드라 라마뿟뜨라(Udra Rāmaputtra)'가 왕사성에 머물렀다는 현장(玄奘)의 전설적인 자료

다는 생각을 뒷받침한다. 이 주장은 「성구경」에 나타난 기타 인물들, 다시 말해 이 가운데 가장 주목할 만한 이로써 웃다까 라마뿟따의 부친 또는 정신적 스승인 어떤 라마에 대한 이야기에서 뒷받침된다.

4. 웃다까 라마뿟따와 라마

거의 모든 전기에서 보이는 특이점은 「성구경」에서 붓다가 그 두 스승에게 찾아갔다는 이야기와 비교할 때 두드러진다. 그 두 사람이 역사적 실존 인물이었다는 점은 어떤 합리적 의심의 여지가 없을 듯하다.[32]

알라라 깔라마를 찾아간 이야기는 싯다르타가 세속을 벗어나 이 스승의 은둔처에 들어간 이후 곧바로 시작한다. 처음에 싯다르타는 그 가르침에 대한 지적인 정통을 성취했다고taṃ dhammaṃ pariyāpuniṃ 말하지만, 이후 그는 그것이 "입술을 두드리는 것과 같이 그저 말을 위한 말(just that much striking of the lips, that much talk about talk)"로 이뤄졌다고 곱씹는다.[33] 그때 싯다르타는 알라라 깔라마가 직접적인 깨달음 때문이 아니라 단순한 믿음 때문에 자신의 교리를 선언하지 않았음을 깨달았다고 말한다.[34] 이어서 싯다르타는 그 스승에게 자신의 가르침을 어

인 『서유기』 또한 있다(Beal 1981, Part II: 139ff.).

32 위 주장은 Thomas(1927), 63; Ñāṇamoli & Bodhi(1995), 258, 각주 303; Skilling(1981-82a)에서 행해진 요점에 근거를 두는 바이다.

33 MN I.164.2, "so kho ahaṃ bhikkhave na cirass' eva khippam eva taṃ dhammaṃ pariyāpuṇiṃ. so kho ahaṃ bhikkhave tāvataken' eva oṭṭhapahatamattena lapitalāpanamattena ñāṇavādañ ca theravādañ ca."

34 MN I.164.6, "tassa mayhaṃ bhikkhave etad ahosi: na kho Āḷāro Kālāmo imaṃ dhammaṃ kevalaṃ saddhāmattakena sayaṃ abhiññā sacchikatvā upasampajja viharāmīti pavedeti; addhā Āḷāro Kālāmo imaṃ dhammaṃ jānaṃ passaṃ viharatī ti."

디까지 실현했는가 묻고 '무소유처'까지 성취했다는 답변을 들었다.[35] 이러한 성취는 그 이야기에서 담마dhamma라고 부르고 있다. 싯다르타는 이 담마의 명상 실현을 이루기 위해 고군분투하여 마침내 성취한다.[36] 웃다까 라마뿟따 문하에서 수련 이야기도 거의 대동소이하다. 싯다르타는 '비상비비상'처의 직접적인 실현을 성취하기 전에 그 가르침에 대한 지적 이해를 결국 성취한다. 그러나 그 두 이야기 사이에는 미묘한 차이, 즉 그 스승들이 역사적 인물이었다는 생각에 타당성을 부여하는 차이가 있다. '비상비비상처'를 성취했던 이가 웃다까 라마뿟따가 아니라 그의 부친이거나 혹은 정신적 스승인 라마였음은 꽤 자명하다.

이것은 다음의 장면으로 분명해진다. 싯다르타는 (라마뿟따가 아니라) 라마가 단순한 믿음 때문에 자신의 성취를 선언했던pavedesi 것이 아니라 자신 스스로 그것을 알고 보면서 머물렀기vihāsi 때문에 숙고했다고 전한다.[37] 알라라 깔라마 문하에서의 수련 이야기에서 일치하는 구절은 알라라가 생존해 있었고 라마는 죽었다는 점과 라마뿟따는 라마가 지도했던 담마를 깨닫지 못했다는 점을 가리키는 현재시제와 동일한 동사들pavedeti/viharati을 사용한다. 동일한 현상은 나머지 구절에서도 발견된다. 싯다르타는 라마뿟따에게 질문한다. "어느

---

35 MN I.164.10, "atha khv āhaṃ bhikkhave yena Āḷāro Kālāmo ten' upasaṃkamiṃ. upasaṃkamitvā Āḷāraṃ Kālāmaṃ etad avocaṃ: kittāvatā no āvuso Kālāma imaṃ dhammaṃ sayaṃ abhiññā sacchikatvā upasampajja [VRI: viharāmīti] pavedesī ti? evaṃ vutte bhikkhave Āḷāro Kālāmo ākiñcaññāyatanaṃ pavedesi."

36 MN I.164.22, "yan nūnāhaṃ yaṃ dharmmaṃ Āḷāro Kālāmo sayaṃ abhiññā sacchikatvā upasampajja viharāmī ti pavedeti, tassa dhammassa sacchikiriyāya padeheyyan ti? so kho ahaṃ bhikkhave nacirass' eva khippam eva taṃ dhammaṃ sayaṃ abhiññā sacchikatvā upasampajja vihāsiṃ."

37 MN I.165.27, "na kho Rāmo imaṃ dhammaṃ kevalaṃ saddhāmattakena sayaṃ abhiññā sacchikatvā upasampajja viharāmī ti pavedesi, addhā Rāmo imaṃ dhammaṃ jānaṃ passaṃ vihāsī ti."

정도까지kittāvatā 라마 존자는 선언했습니까pavedesī?" "나는 이러한 담마를 이해하고 깨닫고 성취하는 데 나의 시간을 보냅니다."[38] 물론 그 대답은 '비상비비상처'까지이다. 그때 싯다르타는 "라마에게 믿음, 힘, 마음챙김, 마음집중, 통찰이 있었을 뿐 아니라 자신도 이러한 덕성을 갖추고 있음을 숙고했다."고 말한다. 이 장면 말미에 웃다까 라마뿟따는 '비상비비상처'를 성취한 싯다르타에게 "라마가 알았던aññāsi 담마는 당신도 알고jānāsi, 바꿔 말해 당신이 아는 담마는 라마도 알았다."고 말한다.[39] 이것은 알라라 깔라마가 싯다르타에게 "내가 아는jānāmi 담마는 당신도 알고jānāsi, 바꿔 말해 당신이 아는 담마는 나도 알고 있다."[40] 라고 전한 말과 차이가 있다. 나아가 알라라 깔라마는 싯다르타를 자신과 동등한 자로samasamaṃ 기꺼이 추켜세워 그들이 함께 고행 집단을 인도하자고imaṃ gaṇaṃ pariharāmā ti[41] 권청하는 데 비해, 웃다까 라마뿟따는 싯다르타를 그 자신이 아닌 라마와 동등하다고 인정하면서iti yādiso rāmo ahosi tādiso tuvaṃ 공동체를 홀로 이끌도록 요청한다imaṃ gaṇaṃ pariharā ti.[42]

---

38 MN I.165.32, "kittācatā no āvuso Rāmo imaṃ dhammaṃ sayaṃ abhiññā sacchikatvā upasampajja [VRI: viharāmīti] pavedesī ti?"

39 MN I.166.22, "iti yaṃ dhammaṃ Rāmo aññāsi, taṃ tvaṃ dhammaṃ jānāsi; yaṃ tvaṃ dhammaṃ jānāsi, taṃ dhammaṃ Rāmo aññāsi." 이 문장에서 'dhammaṃ'는 라마와 붓다 둘 모두에 의해 성취된 명상 계위[처]를 가리킨다. 더 초기에는 붓다를 지적인 이해를 지칭하는 것으로 보이는 말인 담마(dhamma)에 정통했다고 말해진다(165.24 = 164.4-5). 따라서 담마라는 말의 의미는 명상의 대상/목표와 마찬가지로 '교설/가르침'을 의미하는 것으로 보인다.

40 MN I.165.3, "iti yāhaṃ dhammaṃ jānāmi, taṃ tvaṃ dhammaṃ jānāsi; yaṃ tvaṃ dhammaṃ jānāsi, tam ahaṃ dhammaṃ jānāmi."

41 MN I.165.5, "iti yādiso ahaṃ tādiso tuvaṃ, yādiso tuvaṃ tādiso ahaṃ, ehi dāni āvuso ubho va santā imaṃ gaṇaṃ pariharāmā ti. iti kho bhikkhave Āḷāro Kālāmo ācariyo me samāno antevāsiṃ maṃ samānaṃ attano samasamaṃ ṭhapesi, uḷārāya ca maṃ pūjāya pūjesi."

42 MN I.166.24, "iti yādiso Rāmo ahosi tādiso tuvaṃ, yādiso tuvaṃ tādiso Rāmo ahosi. ehi dāni āvuso tvaṃ imaṃ gaṇaṃ pariharā ti. iti kho bhikkhave Uddako Rāmaputto sabrahmacārī me samāno ācariyaṭṭhāne ca maṃ ṭhapesi, uḷārāya ca maṃ pūjāya pūjesi."

사문 고타마의 수행 이야기에서 웃다까 라마뿟따와 라마의 구별은 설일체유부, 법장부, 대중부에서도 발견된다.[43] (동일한 티벳역을 비롯해) 『파승사』와 『보요경』(普曜經, Lalitavistara)에서는 라마뿟따와 라마를 구별하지 않는데,[44] 아마 그 [티벳] 전통에서 보인 후대의 난독화難讀化 영향 때문인 것으로 보인다. 상당한 시간이 흐른 후, 그 문헌의 구술 및 필사 전승자들은 그 두 이야기들을 동일시하는 경향이 있었을 것이다. 따라서 [더] 후대로 전승된 이야기에는 웃다까 라마뿟따와 라마의 구별이 [아예] 누락되었을 것이다. [그러나] 이와 정반대의 시나리오, 즉 웃다까 라마뿟따와 라마의 구별이 후대의 많은 문헌에서 창안되었을 가능성이 훨씬 더 크다. 더욱이 PTS본《맛지마 니까야》 영역英譯자 호너(I. B. Horner, 1896-1981)도 정확히 같은 실수를 범했다. 그녀 역시 두 스승의 이름이나 명상 성취의 차이와는 상관없이 두 스승 하에서의 수련 이야기들이 완전히 동일하다고 믿게 하는 반복 구술 형태로 인해 속았던 셈이다.[45] 이것은 범하기 쉬운 실수이다.

선행 연구자들이 웃다까 라마뿟따와 라마의 구별에 주목했지만, 이 사실의 중요성은 아직도 명백히 밝혀지지 않았다. 가끔 인접한 구절들은 정확히 동일한 방식, 즉 하나의 구절이 대개 이전 구절을 글자그대로 반복하여 구성하는 구술 전통에서는 이처럼 상세한 것들로 인해 애 먹을 필요가 없음을 지적할 필요

43 Skilling(1981-82a), 100-102 참조.

44 Skilling(1981-82a), 100.

45 Horner(1954), 209-210을 비롯한 Bodhi & Ñāṇamoli(1995), 1217, 각주 303에도 적시되어 있다. 『대사』의 번역자 존스는 라마와 라마뿌뜨라의 차이를 유지하지만, 그 『대사』에서 라마뿌뜨라가 자신과 대등한 자로서 싯다르타를 추대하지 못했던 점—바꿔 말해 싯다르타를 자신의 스승으로서 추대했다고 말한다(Mvu II.120.15: "ācāryasthāne sthāpaye")—을 주목하는 데 실패한다(Jones 1949-56 vol.18: 117). 존스가 번역하길, "우드라까 라마뿌뜨라는 … 나에게 그 자신과 동등한 위치의 스승으로 추대하려고 했다."(Ibid., 117).

가 있다. 이러한 전기 이야기 암송자들은 알라라 깔라마의 이름 위치에 웃다까 라마뿟따의 이름을 대체해 넣는 것과 별도로 이 두 이야기를 동일하게 다룬 경향이 있었을 것이다. 그 반복 구술형태가 웃다까 라마뿟따와 라마의 구별을 방해하지 않음을 확실히 하려는 어떤 노력은 행해졌다. 만약 라마뿟따와 라마가 두 명의 다른 인물이라면, 그 구별은 쉽게 설명될 수 있고 또 그것을 주장하려고 할 때는 전기 경전을 작성했던 최초의 전통으로 확실히 거슬러 올라가야 한다. 그렇지 않다면, 그것은 정교한 농간—가장 그럴듯한 사태—의 일부이다. 바로는 두 스승 문하에서 수련을 기술한 내용의 일치는 그것들의 인위적(즉 비역사적) 성질을 입증한다고 주장한 바 있다.[46] 하지만 반복은 빠알리 구전 문헌에서 정상적인 일이다. 정상적인 빠알리 반복에도 불구하고 라마뿟따와 라마의 구별이 유지됨으로써 그 트랙이 억지로 꾸며진 것이라는 인상은 풍기지 않는다. 오히려 반대로 그 이야기는 가치 있는 역사적 정보를 지켜왔던 것으로 생각된다. 결론은 그 세 명이 실존 인물이었다는 점이다.[47] 초기불교의 문헌은 인도 고전의 명상 스승들에 관한 가장 오래된 시기의 믿을 만한 정보를 포함하는 것처럼 보인다.

5. 「성구경」에 나타난 다른 특이점

기원전 5세기 북인도에 살았던 알라라 깔라마와 웃다까 라마뿟따라고 불

---

46 Bareau(1963), 20: "Mais le parallélisme avec l'épisode suivant, l'ordre trop logique et le choix trop rationnel des points de doctrine d'Ārāḍa Kālāma et d'Udraka Rāmaputra nous laissent un arrière-goût d'artifice qui nous rend ces récits suspects."

47 자피로풀로는 라마와 라마뿟따 간의 구별을 밝혀지는 않지만, 그 두 스승 문하에서의 수련에 대한 판에 박힌 기술에 대해서 다음과 같이 논평한다(Zafiropulo 1993: 25): "Justement cela nous semblerait plutôt un signe d'ancienneté, caractéristique de la transmission orale primitive par récitations psalmodiées."

렸던 두 명상 스승들의 실존은 거의 의심할 나위 없다. 하지만 실제로 그들이 수행자 싯다르타를 가르쳤을까? 자피로풀로Zafiropulo에 의하면, 역사적으로 가장 진짜일 것 같은 전기 이야기들은 사문 싯다르타의 스승 이름들과 그들의 가르침 등을 담고 있는 것들이다.[48] 이러한 주장을 뒷받침하는 데 있어, 「성구경」은 성도에 관한 가장 오래된 이야기임을 제시하면서 추가적인 특이점들을 포함하고 있다고 볼 수 있다. 이 내용은 그 두 스승이 싯다르타를 가르쳤다는 결정적인 단서를 제공하지 못하지만, 그럼에도 그들은 그 이야기의 역사적 가치를 높인다.

문헌학적 특이점

초기불교 문헌에서 가장 특이한 장면 중 하나는 「성구경」에서 발견된다. 이 이야기는 그 특이점뿐만 아니라 변칙적인 언어 형태도 포함하고 있다. 다시 말해 양자 형태는 이 이야기가 오래된 것임을 보여준다. 붓다의 정각 직후 최초로 만난 사명외도(邪命外道, Ājīvika) 우빠까Upaka에 대한 것이다. 그는 붓다에게 "당신의 스승은 누구입니까(ko vā te satthā_MN I.170.37)?"라고 물었을 때, 붓다는 "나에게는 스승이 없으며 나와 같은 이도 없습니다(na me ācariyo atthi, sadiso me na vijjati_MN I.171.7)."라는 유명한 선언을 했다. 이에 우빠까는 머리를 끄떡이면서 "그럴 것 같군요. 도반이시여!(huveyyapāvuso' ti_MN I.171.16)"라고 화답했다. huveyya 라는 단어는 빠알리 경전에 나타난 변칙 형태이다. 트렌크너(Trenckner, 1824-1891)가 「성구경」에서 주목한 점은, 그 경전 상에서 hupeyya 라는 이체자로 적혀 있는 것이 PTS본《율장》I.8.30에 포함된 이야기뿐만 아니라 VRI에서 주어진 형태도 있다

48 Zafiropulo(1993), 20, "En ce cas, les seuls éléments dont on aurait gardé le souvenir seraient le nom du maître du Bodhisattva et la matière du Bodhisattva et la matière do son enseignement."

는 점이다. 노먼에 따르면, hupeyya 형태는 아마도 '우빠까 대답의 맞는 형태'이고, 반면 huveyya 형태는 아마도 '그것을 빠알리 패턴에 일치시키기 위해서 hupeyya를 표준화한 결과'라는 것이다.[49] 따라서 hupeyya 라는 단어는 보다 일반적인 빠알리 방언 형태인 bhaveyya(√bhū 3인칭 단수 기원법)인 듯하다. 오벨리스Oberlies는 '사명외도 수행자의 촌스러운 속어'라고 기술하고 있다.[50] 아마도 약간 오래된 마가다 방언 '흑수黑水'에서 비롯한 애매한 단어이다.[51] 이 언어적인 변형과 별개로 그 장면 자체가 가장 특이한 것이다. 그것은 억지로 만들어 낸 그런 종류의 이야기가 아니다—초기 불교도들이 막 깨달음을 성취한 붓다에 대해서 자신의 첫 대화 상대를 개종시킬 수 없다거나 혹은 심지어 깊은 인상을 심어주지 못한 인물로 분명 묘사하지 않았을 것이다. [그런 의미에서] 이 이야기는 역사적 사실을 기록한 것임에 틀림없다. 만일 그렇다면, 「성구경」에 포함된 전기 트랙은 어마어마한 역사적인 가치가 있음을 시사한다.

「성구경」의 문헌적인 추가 특이점으로 두 스승 문하에서 수련 이야기의 등장은 눈여겨볼 필요가 있다. 이 이야기는 2인칭 대명사 tuvaṃ 형태가 보존된 유

---

49 Norman(1976), 22.

50 Oberlies(2001), 80.

51 노먼은 아쇼까 왕 비문들이 -v- 대신에 -p-를 취한 과잉 정정(訂定) 형태를 갖는 여러 사례들에 주목하고(Norman 1970: 135-136), 이는 일부 필사자들이 원래의 비문 방언에서 가끔씩 -p- 대신에 모음 간의 -v-를 가짐을 알았음을 보여준다(예로, 인도 중부 루쁘나트(Rūpnāth) 소마애(小磨崖) 법칙 I, 4열에 apaladhiyenā = Hultzsch p.167). 만일 이 방언 변화가 붓다 당시에 통용되었다면, hupeyya 형태는 일부 초기 불전의 기저에 놓인 마가다 쁘라끄리뜨어가 -v- < -p-로 소리 냈음을 알았던 초기 불교도들에 의해 huveyya에 대한 과잉번역이었음을 의미할 수 있다. 그렇지만 huveyya 형태는 bhaveyya로 인정되거나 변화되지 않았을 것 같지 않다. 한편 가이거는 유성 자음 b와 v가 무성음 p로 나타나는 빠알리어의 일련의 사례들을 열거하고서 이것들이 방언의 변형 때문이라고 설명한다(Geiger 1994: 30, §39.6). 이는 hupeyya 형태를 설명할 수 있을 듯 하고, 붓다 재세 시 일부 마가다 방언들에서 모음 간의 -v-는 산발적으로 무성음화되었음을 보여준다.

일한 산문 구절이다. 다른 곳에서 이 형태는 운문에서만 발견된다.[52] 이 '모음삽입svarabhakti'이 동부 방언과 관련된 현상이라면,[53] tuvaṃ 이라는 단어는 그 이야기가 불교의 본고장(마가다)에서 작성되었음을 가리킨다. 산문 구절 속에 보이는 것은 확실히 비정상이다. 의심할 나위 없이 초기불교 문헌의 다른 '마가다 전통들'에서는 초기 구술 형태를 다른 방언으로 번역/변환하는 데 문제가 없었다. 하지만 「성구경」의 변칙 형태는 왜 변화되지 못했을까? 역사적 우연 때문이었을까? 이것도 가능한 이야기이지만, 그것을 고의로 남겨두었다는 것은 아마도 이 이야기가 조작되지 않은 원형으로 회자되었을 수도 있다.[54]

서사적 특이점

붓다의 정각을 다룬 빠알리 문헌 가운데 유독 「성구경」만이 구도 정진이 있는 섹션에서 두 스승을 방문한 싯다르타 이야기를 담고 있다는 점은 특이하다. 더욱이 빠알리 「성구경」은 설일체유부 계통의 한역 경전과 내용상 정확히 일치한다.[55] 이러한 일치는 싯다르타의 정진에 관한 두 가지 원전 텍스트인 빠알리 「성구경」과 설일체유부 계통의 한역 *「라마경」이 그 나머지 정진 이야기들

---

52 MN I.165.5, "iti yādiso ahaṃ tādiso tuvaṃ, yādiso tuvaṃ tādiso ahaṃ." MN I.166.24: "iti yādiso Rāmo ahosi tādiso tuvaṃ, yādiso tuvaṃ tādiso Rāmo ahosi."

53 Norman(1970), 140: "아쇼까 왕 비문의 원(原)쁘라끄리뜨어는 항상 자음군(群)들을 삽입모음의 진화에 의해 분해했다고 추론될 수 있다." 모음 삽입(*svarabhakti)이 마가디어에서 조차도 당시 보편적인 형태였다는 것은 타당한 가정일지라도, 이상은 붓다 당시의 마가다국에서 사용한 방언에 대해서 어떤 것도 말하지 않는다.

54 이체자 tvaṃ은 트렌크너(Trenckner)의 교정 각주에서 기록되고 있다. 트렌크너의 판본은 단지 두 개의 필사본인 싱할리본과 미얀마본에 근거한다. 비록 필사본(MN I.544.8) 증거는 불충분하더라도(MN I.544.8 참조), tuvaṃ은 '더 어려운 독해 우선의 원칙(*lectio potior difficilior*)'상 선호하는 듯 보인다.

55 《대정장》 26. Bareau(1963), 14-15; Chau(1991), 153ff.

을 부파 이전 시기에 이미 닫아버렸을 가능성이 가장 높음을 의미한다.[56] 이것이 가장 특이한 점이다. 그 문헌의 고전 편집자들·교정자들은 부파 이전 「성구경」 버전에서 나머지 정진 트랙을 왜 제외시켰을까? 「성구경」은 왜 《맛지마 니까야》의 나머지 세 종류의 자서전적 텍스트(「마하삿짜까경」(M36)·「보디 왕자경」(M85)·「상가라바경」(M100))에 언급된 사건 순서를 따르지 않는지에 대한 명확한 이유가 없다. 이 경들에서 싯다르타는 두 스승들에게서 벗어나 곧바로 우루벨라에 도착한 후 세 가지 직유直喩를 떠올렸다고 전해진다. 이를테면 여기에서 그의 숨을 참는 명상 수행과 쇠잔해진 원인이 드러난다.[57] 동일한 시점에서의 싯다르타의 고행주의에 대한 위 이야기는 「성구경」에서 무엇 때문에 발견되지 않는가? 「성구경」의 전승 과정에서 일어난 어떤 사고로 말미암아 부파 이전 버전에서 누락되었다는 이 정보는 그럴듯하게 들리지 않는다. 왜냐하면 「마하삿짜까경」 등에 나타나는 전기 이야기들은 이와 대조하는 확인 작업을 거쳤기 때문이다.[58] 그 생략은 교정 과정의 결정에서 기인한 것임에 틀림없다. 어찌된 이유에선지 부파 이전 버전의 「성구경」의 편찬자들·교정자들은 고행 이야

56 전법 사명을 띠고 유래된 까쉬미라/간다하라의 설일체유부와 스리랑카의 상좌부가 아쇼까왕 당시에 발생되었다고 말한다면, 「성구경」과 그것의 설일체유부 계통의 한역본 사이의 유사점은 기원전 250년 보다 앞서야 한다. 불교의 전법 이론은 프라우발너에 의해 어느 정도 상세히 정형화되었다(Frauwallner 1956: 1-23). 이 이론에 대한 보다 최근의 재고와 변론은 알렉산드 윈에게서 보인다(Wynne 2005: 5절). 유사한 붓다의 고행 이야기들은 다른 불교 부파들의 현존 문헌에서 발견된다(Dutoit 1905 참조). 따라서 이 이야기의 필수 사항은 「성구경」에서의 두 스승들을 찾아간 이야기처럼 부파불교 이전의 것이어야 한다는 점이다.

57 MN I.240.29. 『대사』와 『보요경』에서 그 직유법들은 싯다르타가 숨을 참는 명상과 단식을 수행하기 위해 우루벨라에 유행한 이후 가야쉬르사(Gayāśīrṣa)산 정상에 있을 때 그에게서 떠올랐다.

58 나아가 필자는 그 빠알리 경전의 내부 증거는 초기 불전의 축어적인 구술 전승을 다소 담보하기 위해 시도되었다고 생각한다(Wynne 2004). 구술 전승을 상대적으로 자유롭게 했다는 증거는 없지만, 다양한 문헌 지층들의 무작위적인 생략은 필연적으로 있었을 것이다.

기—뒤이은 성도 이야기도 마찬가지로—를 그것에 수록하지 않도록 결정했다. 그들은 왜 이러한 일을 했을까?

한 가지 가능한 해석은 「성구경」의 서사 형식이 구도 정진에 관해 이야기하는 일체의 단순한 첨언도 허용하지 않았다는 것이다. 실제 이와 같은 서사적 고려로 말미암아 《맛지마 니까야》의 다른 두 전기 경전인 「두려움과 공포에 대한 경」(Bhayabharava Sutta, M4)과 「두 갈래 사유의 경」(Dvedhāvitakka Sutta, M19)에서 구도 이야기를 제외하는 데에 일정 정도 역할을 했다. 이 경전들은 성도 이전의 싯다르타의 삶에 나타난 사건들을 기록한 자전적 이야기들이다. 「마하삿짜까경」 등과 마찬가지로 그 경전들은 해탈의 통찰을 구성하는 사선정四禪定과 삼명三明의 성취로 대단원을 마친다.[59] 그럼에도 그것들은 「성구경」 혹은 「마하삿짜까경」 등에서 발견되는 싯다르타의 구도 이야기를 담고 있지 않다. 그러한 이유로는 이상의 텍스트들의 서사 형식으로 인해 싯다르타가 행한 나머지 구도 이야기의 수록을 막았을 수 있다. 「두려움과 공포에 대한 경」은 싯다르타가 황야 생활의 공포를 어떻게 극복했는지 다룬 이야기인 반면, 「두 갈래 사유의 경」은 싯다르타 자신의 유익하고 해로운 생각들에 대한 내적성찰을 다룬 이야기이다. 《맛지마 니까야》에 나타난 싯다르타의 구도에 관한 기타 전기 이야기들과 달리, 이 경전들 가운데 어느 것도 싯다르타의 출가에서 성도에까지 이르는 순차적인 구도 이야기를 다루지 않았다. 이 두 경전의 이야기들은 나머지 구도 이야기들이 그 문헌에 구체적 변화가 있지 않고서는 덧붙일 수 없었던 것들이다. 초기 불전의 고전 교정자들은 이러한 변화를 택하기보다 그 두 경전들을 있는 그대로 남겨두는 쪽으로 선택했던 것 같다.

59 MN I.21.33ff; I.117.6ff.

이와 유사한 서사적 고려로 인해 싯다르타의 나머지 구도 이야기들은 부파 이전의 「성구경」 버전에 수록되지 못했다고 주장할 수 있다. 추측컨대 이러한 「성구경」의 구도들은 싯다르타가 우루벨라에 도착하자마자(MN I.167.9) 곧바로 자신의 성도를 회상하는 특이한 정형구에서 근거한다고 볼 수 있다.

> 비구들이여, 그래서 나에게 이런 생각이 들었다. '땅은 아름답고 숲은 멋지다. 강은 유유히 흐르고 강기슭은 희고 아름답다. 근처에는 걸식할 수 있는 마을이 있다. 참으로 이곳은 용맹정진을 원하는 훌륭한 가문의 아들에게 용맹정진하기에 적합한 곳이다.' 나는 '이 곳은 정진하기에 충분하다.'고 생각하며 거기에 앉았다. (MN I.167.9:) 비구들이여, 그래서 나는 스스로 생겨남에 묶여 있지만 생겨남에 묶여 있는 것의 위험을 알고 생겨남에 묶여 있지 않은 최상의 안온열반安穩涅槃을 구하여, 생겨남이 없는 최상의 안온열반에 도달했다.[60]

위 마지막 문장은 열반의 목표가 늙음, 병듦, 죽음, 슬픔, 오염으로부터 벗어나는 것임을 환기시키기 위해 최소한의 형태로 변형되어 수차례 반복된다.[61] 《경장》에 나타나는 해탈의 표현은 독특하지만, 이와 거의 동일한 형태는 설일체유부 계통 「성구경」의 한역 *「라마경」羅摩經(《중아함》 204)에서도 발견된

---

60 MN I.167.3, "tassa mayhaṃ bhikkhave etad-ahosi: ramaṇīyo vata bho bhūmibhāgo pāsādiko ca vanasaṇḍo, nadī ca sandati setakā sūpatitthā ramaṇīyā, samantā ca gocaragāmo; alaṃ vat'; idaṃ kulaputtassa padhānatthikassa padhānāyāti. so kho ahaṃ bhikkhave tatth'; eva nisīdiṃ: alaṃ idaṃ padhānāyāti. so kho ahaṃ bhikkhave attanā jātidhammo samāno jātidhamme ādīnavaṃ viditvā ajātaṃ anuttaraṃ yogakkhemaṃ nibbānaṃ pariyesamāno ajātaṃ anuttaraṃ yogakkhemaṃ nibbānaṃ ajjhagamaṃ." 이 또한 「성구경」(MN I.173.7)에서 붓다의 최초 다섯 제자들이 해탈을 어떻게 성취했는지 말하는 데 사용한 언어이다. 이것은 「성구경」의 저자들이 다섯 제자들의 깨달음을 붓다의 깨달음과 동일시하였음을 의미한다고 봐야 한다.

61 ajaraṃ, abyādhiṃ, amataṃ, asokaṃ, asaṅkiliṭṭhaṃ.

다.[62] 위 인용문은 또한 「성구경」과 한역 「라마경」에 포함된 일부이다: 수행자 싯다르타가 집을 떠나 출가한 이유를 기술하는 동일한 정형구가 양 텍스트들 앞 부분에서 발견된다.[63] 이 텍스트의 부파 이전의 원전에서 싯다르타의 구도 이야기는 위 정형구를 중심으로 구조화되었음에 틀림없다. 그렇다면 「마하삿짜까경」 등에서 발견되는 고행과 성도에 관한 이야기는 이러한 서사적 구조 때문에 제외되었다고 상상할 수 있다. 왜냐하면 이러한 구조는 고행과 성도에 관한 섹션의 완전한 수록을 상당히 까다롭게 만들기 때문이다(「마하삿짜까경」 등의 MN I.240.29-249.18은 「성구경」의 MN I.167.8에 나타나야만 할 것이다). *완전한 섹션을 수록하려면 두 개의 다른 성도 이야기들의 조합—이상에 인용된 「성구경」에 「마하삿짜까경」 등의 번뇌의 소멸과 사성제의 실현을 더함—을 요청할 것이다. 이 두 가지 다른 성도 이야기들을 병치한다면, 「성구경」의 이야기는 「마하삿짜까경」 등에서 보이는 해탈지견解脫知見의 성취를 요약한 것처럼 독해될 수 있겠지만, 그럼에도 그 최종 결론은 어색하다.

「마하삿짜까경」 MN I.249.4-18, "그런 나는 이와 같이 마음이 집중되고, 청정하

---

62 틱 민 차우는 그것을 다음과 같이 번역한다(Chau 1991: 153): "나는 무병, 최상의 안온열반을 추구했다. … 또한 나는 불로, 불사, 슬픔이 없음, 절망이 없음, 염오가 없음, 최상의 안온열반을 얻었다."(我求無病無上安隱涅槃, 便得無病無上安隱涅槃. 求無老 無死 無愁憂慼 無穢污 無上安隱涅槃). 틱 민 차우의 번역이 옳다고 가정하면, 이 한역본에서 열반을 한정하는 형용사 대부분은 이와 상응하는 빠알리 경전과 일치한다(無老＝ajaraṃ, 無死＝amataṃ, 無愁憂慼＝asokaṃ, 無穢污＝asaṅkiliṭṭhaṃ).

63 MN I.163.18, "yan nūnāhaṃ attanā jātidhammo samāno (jātidhamme … byādhidhamme … maraṇadhamme … sokadhamme … saṅkilesadhamme) ādīnavaṃ viditvā ajātaṃ (ajaraṃ … abyādhiṃ … amataṃ … asokaṃ … asaṅkiliṭṭhaṃ) anuttaraṃ yogakkhemaṃ nibbānaṃ pariyeseyyaṃ?" Chau(1991), 153: "나는 병에 걸리기 쉽고 … 늙음, 죽음, 슬픔, 비통, 절망, 염오도 마찬가지이다. 왜 내가 늙음 … 염오에 걸리기 쉬운 것을 어리석게 추구해야 하는가? 이제 만일 내가 무병 … 불로, 불사, 슬픔이 없음, 절망이 없음, 염오가 없음, 최상의 안온열반을 어떻게 추구할 수 있을까?"

고, 깨끗하고, 흠이 없고, 오염원이 사라지고, 부드럽고, 활발발하고, 안정되고, 흔들림 없는 상태에 이르렀을 때 모든 번뇌를 소멸하는 지혜[漏盡通]로 마음을 향하게 했다. 그런 나는 '이것은 괴로움이다.'라고 있는 그대로 꿰뚫어 알았고, '이것은 괴로움의 일어남이다.'라고 있는 그대로 꿰뚫어 알았고, '이것은 괴로움의 소멸이다.'라고 있는 그대로 꿰뚫어 알았고, '이것은 괴로움의 소멸로 인도하는 길이다.'라고 있는 그대로 꿰뚫어 알았다. 내가 이와 같이 알고 이와 같이 볼 때 감각적 욕망에 기인한 번뇌[慾漏], 존재에 기인한 번뇌[有漏], 그리고 무명에 기인한 번뇌[無明漏]에서 마음이 해탈했다. 해탈했을 때 해탈했다는 지혜가 생겼다. '태어남은 다했다. 청정범행은 성취되었다. 할 일을 다 해 마쳤다. 다시는 어떤 존재로도 돌아오지 않을 것이다.'라고 꿰뚫어 알았다."[64]

「성구경」 MN I.167.9ff., "비구들이여, 그래서 나는 스스로 생겨남에 묶여 있지만 생겨남에 묶여 있는 것의 위험을 알고 생겨남에 묶여 있지 않은 위없는 안온인 열반을 구하여, 생겨남이 없는 위없는 안온인 열반에 도달했다. … 나에게 이와 같이 '나의 해탈은 흔들리지 않는다. 이것이 태어남의 끝이다. 더 이상 윤회는 없다.'라고 앎과 봄이 생겨났다."[65]

---

64 MN I.249.4ff, "so evaṃ samāhite citte parisuddhe pariyodāte anaṅgaṇe vigatūpakkilese mudubhūte kammaniye ṭhite ānejjappatte āsavānaṃ khayañāṇāya cittaṃ abhininnāmesiṃ. so idaṃ dukkhan ti yathābhūtaṃ abbhaññāsiṃ, ayaṃ dukkhasamudayo ti yathābhūtaṃ abbhaññāsiṃ, ayaṃ dukkhanirodho ti yathābhūtaṃ abbaññāsiṃ, ayaṃ dukkhanirodhagāminī paṭipadā ti yathābhūtaṃ abbhaññāsiṃ. ime āsavā ti yathābhūtaṃ abbhāññāsiṃ. ayaṃ āsavasamudayo ti yathābhūtaṃ abbhāññāsiṃ, ayaṃ āsavanirodho ti yathābhūtaṃ abbhaññāsiṃ, ayaṃ āsavanirodhagāminī paṭipadā ti yathābhūtaṃ abbhaññāsiṃ. tassa me evaṃ jānato evaṃ passato kāmāsavā pi cittaṃ vimuccittha bhavāsavā pi cittaṃ vimuccittha avijjāsavā pi cittaṃ vimuccittha. vimuttasmiṃ vimuttam iti ñāṇaṃ ahosi: khīṇā jāti vusitaṃ brahmacariyaṃ kataṃ karaṇīyaṃ nāparaṃ itthattāyāti abbhaññāsiṃ."

65 MN I.167.9ff, "so kho ahaṃ bhikkhave attanā jātidhammo samāno jātidhamme ādīnavaṃ viditvā ajātaṃ anuttaraṃ yogakkhemaṃ nibbānaṃ pariyesamāno ajātaṃ anuttaraṃ yogakkhemaṃ nibbānaṃ ajjhagamaṃ … ñāṇañ ca pana me dassanaṃ udapādi: akuppā me vimutti, ayam antimā jāti, natthi dāni punabbhavo ti."

이 두 이야기를 조합하면, 붓다의 성도에 관한 지식을 기술하는 두 가지 다른 인용문들이 병치되는 어려운 문제가 일어난다. 아마도 이런 이유에서 「성구경」은 「마하삿짜까경」 등에서 보이는 해탈지견에 대한 이야기를 수록하지 않았을 것이다. 하지만 이러한 서사적 고려가 「성구경」에서 싯다르타의 고행을 생략하고 있는 설명으로 충분하지 않다. 확실히 고행 이야기는 「성구경」의 정진과 성도 이야기와 어떤 형태로든 묶여졌을 수도 있다. 이는 싯다르타가 예방한 두 스승 이야기에서 삼명三明에 관한 깨달음을 기술하지 않고 고행과 사선정四禪定을 추가하고 있는 『대사』에서 발견된다.[66] 「성구경」이 이와 유사한 형태를 취하는 것은 하등 이상하지 않다. 다시 말해 「성구경」은 고행 이야기를 사선정과 삼명 의 이야기를 추가하지 않고서도 수록할 수 있다. 우리는 「성구경」의 독특한 서사 구조는 고행의 부재를 설명하지 않는다고 결론을 내리지 않을 수 없다.

무엇이 성도에 대해서 독특하게 기술하는 「성구경」의 특이한 서사 구조에 대한 이유가 될 수 있을까? 살펴본 바와 같이 「성구경」에서 성도에 대한 기술은 초기 불전 중에서도 독특하다. 예를 들면, 정말로 그 구절은 수행자 싯다르타가 '열반을 증득했다.'고 단순히 말한다. '열반을 증득함nibbānam + abhi-√gam'이라는 표현은 「성구경」도 예외적이지 않고,[67] 그리고 성도에 대한 다른 유사한 기술도 있을 수 없다.[68] 이러한 특이점은 「성구경」에서 전기 이야기가 어떤 문헌적

66 Mvu II.133.5-12.

67 이는 《경장》 여기저기에서 발견된다: SN I.146.13, SN II.278.19, AN I.162.35 = AN III.214.19, It 104.17, Stn 204게, Th 1165, Thī 113.

68 「빠리예사띠경」(Pariyesati Sutta)《앙굿따라 니까야》 제4권 <통혜품(通慧品, abhiññāvagga)> 252; AN II.247.17은 「성구경」의 기술과 비슷하지만, 해탈의 성취를 기술하지 않는다. 그것은 자체적으로 텍스트를 갖추기 위해서 「성구경」으로부터 발췌했던 것으로 보인다.

전통의 발전, 즉 성도의 과정을 기술하는 다양한 인용문들이 표준화된 것에 앞선다는 사실에서 기인할 수도 있다. 「성구경」에서 붓다 자신이 말하는 깨달음에 대한 앎을 표현하는 인용문에 대한 사실들은 이러한 가설을 뒷받침한다. 이상에서 주목되듯이 이 인용문은 다음과 같이 읽힌다.

> 나에게 이와 같이 '나의 해탈은 흔들리지 않는다. 이것이 태어남의 끝이다. 더 이상 윤회는 없다.'라고 앎[ñāṇañ/知]과 봄[dassanaṃ/見]이 생겨났다.[69]

이 같은 '해탈에 관한 단문'은 《경장》에서 수차례 더 나오고, 「성구경」보다 명백히 후대의 경전에서도[70] 붓다의 성도를 말할 때 언제나 적용된다.[71] 위 인

---

69 MN I.167.27, "ñāṇañ ca pana me dassanaṃ udapādi: akuppā me vimutti, ayam antimā jāti, natthi dāni punabbhavo ti." 설일체유부 계통의 현존 한역본에 대한 바로의 불어본(Bareau 1963: 72): "Fixées sont les choses (*dharma*) de la classe de la Voie (*mārga*), mes naissances sont épuisées, ma conduite pure (*brahmacarya*) est établie, ma tâche est accomplie, je ne recevrai plus d'autre existence." *[한역 「라마경」(중아함 204): "生知生見定道品法生已盡梵行已立所作已辦不更受有知如真." 이것은 빠알리본의 증광본처럼 보인다.] *[ ] 역주

70 「성구경」(MN I.173.18)에서 다섯 제자들의 해탈에 대해 기술할 때 적용하는 것 이외에도 이 인용문은 MN III.162.24에서도 또한 발견된다: 해탈(vimutti)에 대해 심해탈(心解脫, cetrovimutti)로 읽는다. 해탈을 심해탈로 인용된 곳들은 다음과 같다: SN II.171.1, SN II.172.11, SN III.28.31, SN III.29.29, SN IV.8.1, SN IV.8.25, *SN IV.9.30*, *SN IV.10.21*, *SN V.204.11*, *SN V.206.6*, SN V.423.10 (=Vin I.11.29); *AN I.259.11/31*, AN IV.56.16, AN IV.305.4, AN IV.448.18. (이탤릭체로 된 곳들을 제외한) 각 출처에서 심해탈에 대한 해탈로의 MS 변형들이 있다. 이러한 변형에 주의하지 못한 이유는 아마도 PTS 편집자들에 의해 행해진 실수에서 기인한 듯하다. MN III.162.24, AN IV.305.4, AN IV.448.18을 제외한 모든 곳에서 해탈로 읽는다. 이상에서 언급했듯이, 싯다르타 이외에 이 인용문이 적용된 유일한 인물들은 「성구경」에 나타난 붓다의 다섯 명의 제자인 오비구들이다. 이것은 「성구경」에 나타난 이 에피소드가 아마도 붓다의 해탈을 묘사한 에피소드 만큼이나 오래된 것임을 가리킨다.

71 위 각주의 모든 출처에 있는 인용문은 자서전적인 경전들에서 출현한다. 각 경전은 동일한 패턴을 따르고, 싯다르타의 성도 과정의 내용만 유일한 차이가 보인다. 이 모든 출처들은 전기적인 중요성이 없다. 즉 단순한 해탈 인용문에 대한 활용은 분명히 2차적인 전개들이다. 이 인용

용문이 비구의 해탈을 기술하는《경장》어디에도 활용되지 않음은 꽤 주목할 만하다. 정말로 붓다의 성도에 대한 기술로 위 인용문을 포함하는 몇몇 경전들은 다른 이들sattā(중생)의 해탈을 기술하는 상응 경전들로 이어지고, 이에 상응한 구절들은 위 인용문을 활용하지 않는다.[72] 위 인용문에서 오로지 붓다의 해탈만으로 제한한 것은 의도적인 것으로 보인다. 다시 말해「성구경」을 제외한 다른 데서도 오직 싯다르타에게만 적용했다는 사실은 오직 붓다의 성취만을 기술했던 특별한 종류의 인용문으로 알려졌음을 암시한다.[73] 그렇다면「성구경」

문이 보이는 가장 중요한 경전은「초전법륜경」(Dhammacakkappavattana Sutta, SN V.423.10 = Vin I.11.29)이다. 이 경에서 보이는 붓다의 깨달음 내용에 대해서 슈밀하우젠은 다음과 같이 논평했다: "붓다의 깨달음에 대해서 이렇게 다소 궤변적이고 도식적인 설명은 원래의 것이 아닐 것 같다."(Schmithausen 1981: 203).

72 따라서 이 인용문은 SN II.173.18ff., IV.12.1ff., IV.13.7ff.; AN IV.260.14ff에서 단순히 생략되어 있다.

73 「성구경」에서 다섯 제자들에게 이 인용문이 적용되고 있는 사실을 고려하면, 선뜻 그 정형구가 특별하다고 생각될 수는 없을 것이다. 그 인용문이 붓다에게만 홀로 적용될 수 있는 특별한 정형구로서 비춰지게 된다는 점은 상좌부 율장과『대사』에서의 자서전적 설명에 의해 뒷받침된다. Vin I.11.29 속의 깨달음에 대한 설명에서 전자는 해탈에 대한 간단한 인용문에 활용하지만, 다섯 비구들의 해탈에 대해 그것을 적용하지 않는다. 후자의 사건은 Vin I.14.34에서 기술되고, 거기서 그 제자들은 무아에 관한 설법을 들었을 때 염오들로부터 그들의 마음이 벗어났다고 전해진다("imasmiñ ca pana veyyākaraṇasmiṃ bhaññamāne pañcavaggiyānaṃ bhikkhūnaṃ anupādāya āsavehi cittāni vimucciṃsu"). 이《율장》의 전기는「성구경」에서 다섯 제자들에게 적용된 간단한 해탈 인용문과 비교해 볼 때(46쪽 각주 70) 후대에 작성된 이야기인 듯 보인다. 즉 다섯 제자들의 해탈과 붓다의 해탈을 차별화할 만한 충분한 이유(즉 다섯 비구들을 격하함으로써 붓다의 위상을 격상)가 있지만, 그 둘을 근본적으로 다른 용어로 기술했다는 사실을 바꿀 근거는 미약하다. 간단한 해탈 인용문은『대사』에서 약간 차이를 보인다("jñānaṃ ca me udapādi akopvā ca me cetovimuktiḥ prajñāvimuktiḥ sākṣīkṛtā" Mvu III.333.16). 이것은 분명《경장》에 나타난 인용문과 유사하게 재구성한 것이다. 또 Mvu III.337. 3에서는 다섯 비구들에 관한 인용문이 다르게 나타나는데, 이는 상좌부《율장》에서 보이는 그들의 해탈 이야기를 반영한 것이다("imasmiṃ ca punar vyākaraṇe bhāṣyamāṇe āyuṣamata Ājñātakauṇḍinyasyānupādāyāśravebhyaś cittaṃ vumuktaṃ, caturṇāṃ ca bhikṣūṇāṃ virajaṃ vigatamalaṃ dharmeṣu dharmacakṣu viśuddham").『대사』는 부파 이전의「성구경」판본의 편찬 이후에 이 단순한 해탈 인용문이 붓다에게만 적용되어 나왔다는 생각을 뒷받침한다. SBh V는 I.136.7의 단순한 해탈 인용문을 가지고 있지 않지만, 그 이야기가 빨리어본이나 대중부 이야기보다 후대의 것임에는 의심의 여지가 없다.『보

은 싯다르타의 구도에 한정하는 이야기만이 아니라 붓다의 깨달음과 그에 대한 앎도 기술하는 특이한 정형구를 포함하는 것으로 보인다. 양자의 형태는 그것이 이러한 사건들에 대한 가장 오래된 이야기라는 가설을 뒷받침한다. 그것들은 「성구경」이 전승 과정에서 거의 변하지 않은 고답적인 형태로 보존되었던 초기의 편찬이라고 가정할 수 있는 타당한 사유를 제공한다.[74]

요약하자면, 「성구경」의 이야기는 성도를 기술하는 면에서나 고행 및 사선정을 생략하는 면에서 모두 독특하다. 이러한 생략은 《맛지마 니까야》의 세 가지 상이한 자전적 텍스트들(「마하삿짜까경」 등)이 그런 실수를 막는 데 도움이 되었을 것 같기 때문에 있을 수 없을 것 같지만, 텍스트의 전승 과정 상 실수라는 결론을 내리기에는 충분히 가능하다. 따라서 우리는 그 생략을 텍스트들의 초기 교정자들의 편집의 결과로 봐야한다: 고행과 사선정은 십중팔구 고의로 제외되었다. 그러한 생략은 아마도 부파 이전 버전의 텍스트의 서사 구조에서 기인했을 것이지만, 실제로(구도의 생략이 서사적 근거로 설명할 수 있는 텍스트들인) 「두려움과 공포에 대한 경」(M4), 「두 갈래 사유의 경」(M19)과 달리 「성구경」의 서사는 「마하삿짜까경」 등의 서사와 일치하고, 고행과(사성제의 실현이 아닌) 사선정의 성취는 매우 쉽게 추가되었을 수 있다. 이에 따라 이러한 생략을 설명할 수 있었던 서사적 이유는 전혀 없다. 「성구경」에서 특이한 형태가 보이는 또 다른 원인은 이 경의 성도 이야기가 갖는 단순함과 독특함에 있다. 이 두 가지 특색은 「성구경」이 매우 초기에 편찬되었음을 암시한다. 그렇다면 왜 이 텍스트는 고답적인 형태를 지닌 독특한 형식으로 보존되었을까? 이 텍스트의

요경』(Lalitavistara)은 I.418.16에서 붓다에게 단순한 해탈 인용문을 적용하는 (『대사』의 내용 과거의 일치하는) 형태를 가지고 있지만, 다섯 비구들의 해탈 이야기도 일부 포함하고 있다.

74 이는 Bareau(1963), 72-74에 나타난 견해이다.

특이함에 대해서 달리 설명할 방도가 없다면, 최고층기最古層期의 성도 이야기로 알려져 있어 이른 시기에 닫혔다는 것이 유일하게 가능한 설명이다. 그렇다면 역사적으로 가장 진짜일 것 같은 것은 바로 이 이야기인 셈이다.

논쟁적 특이점

최근 브롱코스트는 두 스승을 예방한 싯다르타의 이야기는 비불교적 수행에 맞서는 논쟁이 있다고 주장한 바 있다.[75] 만일 이것이 사실이고 그 이야기가 이와 같은 숨은 저의를 지니고 있다면, 그 이야기는 역사적 사실을 기록하여 편찬된 것이 아님을 암시하게 된다. 그러나 필자에게 「성구경」의 내용이 논쟁될 만한 명확한 증거는 없는 것처럼 보인다. 그 스승들의 목표가 해탈하는 것이라는 생각은 '무소유'처나 '비상비비상'처에 대한 명상의 성취가 이러한 무색계에 다시 태어나는 것을 초래한다는 이유에서 확실히 거부된다.[76] 그렇지만 붓다는 그 스승들의 명상법에 대해 전적으로 비난하는 것만은 아니다. 대신 이 텍스트에서 붓다는 그의 새로운 가르침을 물려 줄 가장 적합한 인물이 누구인지 찾을 때 그 두 스승을 다소 호의적인 태도로 표현하고 있다.

---

75 브롱코스트는 알라라 깔라마와 웃다까 라마뿟따 문하에서 수련에 대한 기술은 그저 반(反)자이나 선동이었다고 말했다(Bronkhorst 2000: 68): "Wir haben gesehen, wie eine angeblich autobiographische Darstellung des Buddha benutzt wurde, um die Nutzlosigkeit der selbstquälerischen Pratiken der Jainas zu beweisen. Man darf also vermuten, daß auch die Beschreibungen der Schmlerschaft bei *Ārāḍa Kālāma* und bei Udraka, dem Sohne des *Rāma*, propagandistische Elemente enthalten könnten. Dies ist tatsächlich der Fall."

76 예로 MN I.165.10, "nāyaṃ dhammo nibbidāya na virāgāya na nirodhāya na upasamāya na abhiññāya na sambodhāya na nibbānāya saṃvattati, yāvad eva ākiñcaññāyatanūpapattiyā ti."('이 법은[욕망을] 염오해 여읨, 사라짐, 소멸, 적정, 지혜, 바른 깨달음, 열반으로 이끌지 못한다. 단지 무소유처에 다시 태어나게 할 뿐이다.'라고).

'알라라 깔라마는 학식이 있고 유능하고 지혜로운 자여서 오랜 동안 눈에 때가 끼지 않았다, 나는 가장 먼저 알라라 깔라마에게 이 법을 설하면 어떨까? 그는 이 법을 빠르게 이해할 것이다.'[77]

이와 정확히 동일한 문장이 웃다까 라마뿟따에게도 적용된다. 스승들을 향한 이러한 관대한 칭송은 그들에 맞서는 어떤 논쟁을 반영하는 것처럼 보이지 않는다. 만일 이 이야기가 어떤 논쟁을 반영하고 있다면, 우리는 그 스승들의 비불교적 수행을 폄하하는 것—다른 자전적 이야기들에서 그려진 고행에 대한 비판—이 훨씬 쉬울 것이라고 기대할 수 있다. 거기서 싯다르타는 숨을 참는 명상이나 단식을 다음의 말처럼 무용지물이라고 여기고 있다.

과거의 사문이나 바라문이 어떠한 격렬하고 괴롭고 혹독하고 사무치고 호된 느낌을 경험했다 할지라도 이것이 가장 지독한 것이고 이보다 더한 것은 없다. 미래의 사문이나 바라문이 어떠한 격렬하고 괴롭고 혹독하고 사무치고 호된 느낌을 경험한다 할지라도 이것이 가장 지독한 것이고 이보다 더한 것은 없다. 현재의 사문이나 바라문이 어떠한 격렬하고 괴롭고 혹독하고 사무치고 호된 느낌을 경험할지라도 이것이 가장 지독한 것이고 이보다 더한 것은 없다. 그러나 나는 이런 극심한 고행으로도 인간의 현을 초월한 성자들에게 적합한 앎과 봄知見의 특별함을 증득하지 못했다. 깨달음을 성취할 다른 방도가 없을까?[78]

77 MN I.169.34, "ayaṃ kho Āḷāro Kālāmo paṇḍito viyatto medhāvī dīgharattaṃ apparajjhakajātiko, yan nūnāhaṃ Āḷārassa Kālāmassa pañhamaṃ dhammaṃ deseyyaṃ? so imaṃ dhammaṃ khippam eva ājānissatī ti."

78 MN I.246.20, "ye kho keci atītam addhānaṃ samaṇā vā brāhmaṇā vā opakkamikā dukkhā tippā kaṭukā vedanā vedayiṃsu, etāvaparamaṃ na-y-ito bhiyyo. ye pi hi keci anāgatam addhānaṃ samaṇā vā brāhmaṇā vā opakkamikā dukkhā tippā kaṭukā vedanā vedayissanti, etāvaparamaṃ na-y-ito bhiyyo. ye pi hi keci etarahi samaṇā vā brāhmaṇā vā opakkamikā dukkhā tippā kaṭukā

초선初禪은 때때로 인간의 현상을 초월한 성자들에게 적합한 '앎과 봄知見의 특별함'이라고 일컬어진다.[79] 그렇다면 그들이 싯다르타에게 가장 초보적인 명상의 성취에도 이르게 하지 못했다는 점은 그가 고행을 포기하게 한 암묵적인 이유이다.[80] 따라서 위 인용문은 고행에 대한 명백한 비판을 담고 있다. 싯다르타는 고행주의를 통해 인간의 극한까지 몰고 갔음에도 불구하고 어떠한 정신적인 진전도 얻지 못했다고 명시적으로 밝히고 있는 것이다. 다른 한편 「성구경」의 이야기는 붓다가 두 스승의 명상 수행을 폄하하지 않았을 뿐더러 그들의 정신적 역량에 대해서도 의심하지 않았다는 이유만으로 그러한 명상 수행이 해탈을 성취하는 데 일조했다고 단언하고 있지 않다.

만약 그 이야기에서 [스승들에 대한 평가를] 분명 비판적으로 하지 않았다면, 정반대로도 논의해 볼 수 있는데, 이를테면 초기불교 집단이 그 스승들의 비불교적인 수행을 합법화하려고 그들을 긍정적으로 다뤘다고 볼 수도 있다. 이러한 가설로 인해 그 이야기에서 두 스승에 대한 보충 설명이나, 성격을 알 수 없는 논쟁이 [무엇 때문에] 결핍되었는지 확실히 설명된다. 읽는 것처럼 그 텍스트는 스승들의 비불교적 방법들을 불교적 수행으로 합법화하려는 목적으로 제공된 듯하다. 초기 승가 집단saṅgha에서 스승들의 수행이 열반으로 인도하지 않는다고 생각했겠지만 이 텍스트는 그들의 수행이 약간은 유용했을 수도 있다는 인상을 심어 주기에는 충분하다. 그렇다면 그 이야기의 목적은 아마도 외

---

vedanā vediyanti, etāvaparamaṃ na-y-ito bhiyyo. na kho panāhaṃ imāya kaṭukāya dukkarakārikāya adhigacchāmi uttariṃ manussadhammā alamariyañāṇadassanavisesaṃ. siyā nu kho añño maggo bodhāyā ti?" 거의 정확히 동일한 구절이 『대사』에서 보인다(Mvu II.130.7-14).

79 예로 MN I.441.7ff., SN IV.301.11ff., AN III.15ff.

80 따라서 「마하삿짜까경」 등에서 싯다르타는 고행의 수행법을 통해서는 어디에도 도달할 수 없다고 판단한 후 곧바로 그는 유년 시절의 초선(初禪) 체험을 기억하고서(MN I.246.30) 이것이 해탈에로의 길이 아닌가? 라고 생각했다(MN I.246.35, "siyā nu kho eso maggo bodhāya").

도의 수행을 적극적으로 흡수하려는 초기불교 전통의 '포용주의적'[81] 시도라고 볼 수 있다.

그 이야기의 영향으로 두 스승의 선정 수행을 합법화하는 것이 잘 진행되었을 수도 있겠지만 그럼에도 포용주의적 시도가 꼭 있었다고 단언할 수 없다. 포용주의적 이야기는 과도한 비판을 삼가야 하지만, 거기에 보이는 경멸적 요소의 출현은 불교 승가 내에서 외도 수행의 합법성을 약화시켰을 것이기 때문에 분명 비판받아야 한다. 포용주의자들에게 그 스승들의 목표가 열반으로 인도하지 못한다고 하는 [싯다르타의] 부정은 스승들의 선정 수행에 대한 명백한 비난이 아니라는 점에서 수용될 수 있다. 이는 「성구경」의 사례와 같은데, 그 스승들의 목표가 열반으로 인도하지 못한다는 [싯다르타의] 부정은 비불교적 수행에 대한 총체적 비난이 아니다. 하지만 그 이야기 또한 싯다르타가 그들의 가르침이 만족스럽지 못함을 발견하고서analaṅkaritvā '역겨워nibbjja'했기 때문에 스승들을 떠났다고 기록하고 있다.[82] 이는 외도의 선정 기법을 합법화하기 희망했던 포용주의자의 진술이 결코 아니다. 즉 이 이야기가 끼친 영향은 전적으로 부정적이고, 외도 수행에 대한 불교의 수용을 촉진하지 않는다.

포용주의 주장을 반대하는 예는 아마도 미미하지만 대단히 중요하다. 만약 그 이야기의 목적이 비불교적인 수행을 합법화하기 위함이라면, 그 이야기 속에는 그러한 수행이 주는 효과를 명백히 언급하고 있고 부정적인 모습은 없어야 함을 충분히 예상할 수 있을 것이라고 생각한다. 그렇지만 그 이야기에서 외도 수행을 비판적으로 보고 그저 그 효과만을 제시했다는 것은 전혀 사실이 아

81 '포용주의(inclusivism)' 개념은 폴 핵커(P. Hacker)에 의해 독창적으로 정형화되었다. 이 개념에 대해서 Oberhammer(1983), Olivelle(1986), Halbfass(1988), 403-418; (1995), 244-245 참조.

82 MN I.165.13, 166.32, "so kho ahaṃ bhikkhave taṃ dhammaṃ analaṅkaritvā tasmā dhammā nibbijjāpakkamiṃ."

니다. 그러나 포용주의 논쟁에서 외도 수행에 대한 합법성은 [그 이야기 속에서] 함의되었다기보다는 오히려 명백히 가공된 것이라는 가설이 요청된다.

전반적으로, 알라라 깔라마와 웃다까 라마뿟따를 찾아간 이야기는 (싯다르타가 행한 숨을 참는 명상과 단식 이야기처럼) 비불교적 수행들에 대한 논쟁이 명확하지도 않을뿐더러 불교 집단에서도 그것들을 합법화하려는 시도가 (이것이 아마도 전적으로 그 이야기들의 영향이었을지라도) 분명하지 않다는 점에서 애매모호하다고 생각한다. 그러므로 필자는 「성구경」이 논쟁이나 포용주의 의제를 촉발하기 위해 편찬되었다고 의심하는 바이다. 그 이야기는 기형적이다. 그렇다면 그것은 특정 부파의 의도를 갖고 편찬되었다기보다 역사적 사건의 기록이라고 하는 것이 더 옳지 않을까? 필자가 보기에 그 이야기가 편찬된 가장 있을 법한 이유는 싯다르타가 정말로 두 스승에게서 가르침을 사사했다는 역사적 사실에 대한 기록이기 때문이다.

종합하자면, 「성구경」의 문헌학적 · 서사적 · 논쟁적 특이점들은 최고층기最古層期에 해당하는 붓다의 성도 이야기를 담고 있다는 점이다. 「성구경」은 독특하고, 단순하고, 명확한 논쟁적인 목적이 결여된 성도 이야기뿐 아니라 조작될 수 없는 에피소드와 사실들을 포함하고 있다. 「성구경」의 가장 중요한 에피소드 가운데 하나인 알라라 깔라마와 웃다까 라마뿟따가 싯다르타의 스승이었다는 것에 대한 역사적 진위를 부정할 만한 어떤 사유도 눈에 띄지 않는다.

6. 붓다의 성도에 대한 기술로서 「성구경」

여기서 「성구경」 이야기의 단순성에 대해서 부언 설명이 필요하겠다. 단순성이 불교 문헌의 역사적 진위를 따지는 분명한 징표라고 반드시 할 수는 없지만, 이 경우는 예외일 것 같다고 생각한다. 이 이야기의 단순성은 이론, 즉 '논리적, 교리적, 심지어 암묵적인 이유들과 결부한 1차 구술口述의 2차 변형'[83] 이라기보다 해탈의 통찰에 대한 기술, 즉 '실제 체험(의 개념화)에 대한 직접적인 구술'[84] 일 가능성을 제시한다. 1차 체험에 대한 단순한 기술을 이론적으로 정교하게 만든 것은 이해하기 쉽지만, 이론적 이야기를 단순하게 만든 것은 이해하기가 쉽지 않다. 후자의 사건 과정은—움직임은 복잡한 것을 단순화하려는 열의를 갖고 일어날 수 있다—1차 기술로 보이는 것이 '논리적, 교리적, 심지어 암묵적 이유들과 결부된' 2차 이론일 수도 있는 사례라는 점에서 상상할 수 있다. 그러나 우리는 붓다의 성도 이야기가 2차 이론이라기보다 '실제 체험에 대한 직접적인 구술'이었음을 추정할 수 있다. 만약 독창적인 붓다의 성도 이야기를 담고 있는 어떤 부분이 초기불교 자료에서 발견된다면, 우리는 복잡한 이론이 아닌 간단한 기술로서 그것을 발견하기를 기대해야 하고, 그 기술 형태는 간단할수록 더 가치가 있다.

이 모든 점을 감안하면, 「성구경」에 포함된 성도 이야기는 십중팔구 최고층기 내지 붓다 당시까지 거슬러 올라가야 한다. 이 이야기는 확실히 이론이 아니라(그것은 무엇을 교리라고 하겠는가?) 매우 단순한 기술일 뿐이다. 「성구경」은 [붓다의 자내증이라는] 불가언설apophatic language을 사용하는 유일한 성도 이야기이다. 이와 달리 「마하삿짜까경」 등은 극도로 복잡한 이론적인 이야기이다. 「마하삿짜까경」 이야기는 「성구경」에서 발견되는 기술처럼 해탈의 통찰에 대한 훨씬 초기의 기술을 이론적으로 정교하게 만든 것일 가능성이 매우 높다. 그러나 「성구경」 이야기가 「마하삿짜까경」 등의 이야기를 이론적으로 단

---

83 Schmithausen(1981), 200.

84 Schmithausen(1981), 200.

순화했다고 믿을 필요는 없다.

그렇다면 이 이야기의 단순성은 「마하삿짜까경」 등에 포함된 것보다 더 오래된 것이라고 봐도 무방하다. 더 오래되었다는 것은 역사적 가치가 더 크다는 것이다. 이것이 사실이라면, 「마하삿짜까경」 등에서 기술된 전기 에피소드들은 어떻게 설명해야 하는가? 붓다는 정말로 지독한 고행들을 시도했던 것인가? 물론 그럴 수도 있겠지만, 혹여 「성구경」의 저자(들)이 에피소드들의 서사를 광범위하게 이해하고 있었고, 또 그들이 가장 관련 있는 에피소드들이라고 생각했던 것만을 포함시켰다면, 이는 결코 있을 수 없는 일이다. 문제는 그러한 이야기들에서 끌어내는 수행들보다 싯다르타의 해탈 이야기에 해당될 때 훨씬 복잡해진다. 「마하삿짜까경」 등의 복잡한 이야기와 「성구경」의 단순한 이야기의 차이는 설명이 필요하다. (「마하삿짜까경」 등에서 보이는) 사선정四禪定과 삼명三明의 성취가 「성구경」에서 보이는 단순한 기술을 이론적으로 정교화한 것이었다는 사례가 될 것이다. 그렇다면 「성구경」에서 붓다가 발견한 내용은 마치 그 경전들이 인도하는 사선정과 통찰처럼 붓다나 그의 직계 제자들에 의해 정형화되었음을 의미하게 된다. 다른 한편으로 「마하삿짜까경」 등의 복잡한 이야기는 「성구경」과 별도로 초기불교의 교리 발달을 나타낸다고 볼 수 있다.

그 사례가 무엇이든 간에 「성구경」에 포함된 이야기의 단순성은 하나의 기술임을 뜻하고, 「마하삿짜까경」 등에 포함된 이야기에 대해서는 동일하게 적용할 수 없다.

7. 해탈의 호칭으로서 '무소유'와 '비상비비상' 용어

알라라 깔라마와 웃다까 라마뿟따가 자신들의 명상 목표를 칭하는 데 사용한 용어들이 해탈의 별칭이 되었을 것 같다. 빠알리 이야기에서는 이에 대해 명확히 제시하지 않는다. 왜냐하면 싯다르타가 두 스승에게 던진 질문('당신은 이 법을 어느 정도까지 실현하면서 소일했다고 선언합니까?')[85]이 각기 다른 식으로 해석될 여지가 있기 때문이다. 예를 들면 각각의 스승이 명상의 길을 따라 얼마나 멀리 나아갔는지 싯다르타는 알고자 했기 때문이다. 이에 따라 스승들이 열반을 성취했다는 선언이 그 자신들로부터 전혀 없기 때문에, 그들의 답변은 자신들이 각기 해탈이 아닌 '무소유처'와 '비상비비상처'까지 도달했었다고만 가리켰을 것이다. 그렇지만 모든 부파에서는 두 스승을 찾아간 싯다르타 이야기에서 그가 처음부터 자신이 구도하는 명상 목표가 무엇인지 알았다고 말한다.[86] 또 싯다르타가 해탈을 생각하고서 이후 구도하는 중이라면 그 이야기는 의미가 통한다. 그렇다면 그 이야기에서 싯다르타는 스승들의 목표가 해탈이라고 생각했던 것으로 봐야 한다. 마명(馬鳴, Aśvaghoṣa)은 분명 그 스승들이 해탈을 자신들의 목표로 삼았다고 생각했다.[87] 만일 이것이 사실이 아니라면, 싯다르타가 스승들의 목표를 성취하고 난 후 열반으로 인도하지 않음을 알았다는 자각 이야기는 전혀 의미가 통하지 않게 된다. 따라서 그 이야기는 싯다르타가 두 스승의 목표를 해탈로 생각했기 때문에 그들을 찾아간 것이라고 할 때에만 성립한다.[88] 그리고 그의 실망감은 해탈을 향한 구도를 생각했었음을 보여준다. 만일 두 스승이 가르치려고 생각했던 바가 해탈을 향한 길이었다면, 설

---

85 33쪽 각주 35을 참조하라.

86 Bareau(1963), 14-15, 24-25.

87 Bud XII. 63-65.

88 노먼은 다음과 같은 정반대의 결론을 도출했다(Norman 1990: 26): "우리는 이것에서 열반의 성취라는 개념은 비록 (성도 이전) 붓다나 그의 스승들이 그것[열반]을 성취하지 않았더라도 그것[개념]이 존재했었음을 추론할 수 있다."

일체유부의 세밀한 이야기는 사실일 것 같지 않다. 바로Bareau에 따르면,[89] 이 이야기 속에서 웃라까 라마뿌뜨라Udraka Rāmaputra는 '비상비비상처'가 '무소유처'를 출정해 나아가야만 성취된다고 가르쳤다. 우리는 웃다까 라마뿟따가 또 다른 스승의 목표를 초월하기 위해 자신의 가르침을 정형화했다고 상상할 수 있을까? 일견 가능한 듯 보이지만 필자는 그렇지 않다고 본다. 또한 한 종파만의 견해로서, 통상 부파 이전의 전형적인 표현으로는 보이지 않는다. 대신에 불교가 선정 체계를 구체화하기 위해 반영한 것이라고 보는 게 옳다. 초기 텍스트에 나타난 선정의 정형구에서 '무소유처'는 항상 '비상비비상처' 이전에 등장한다. 이건 아마도 초기 불교도들이 웃다까 라마뿟따의 가르침에 대한 사실적인 표현이라기보다 불교 이전의 유산을 어떻게 다뤘는가에 대한 것이었다. 추측컨대 '비상비비상' 상태는 '무소유' 상태를 출정한 후 성취되었다고 쓰는 데(혹은 독송하는 데) 친숙했던 필사자(筆寫者, 혹은 독송자)로 인해서 설일체유부 트랙에 침투했던 것으로 보인다.

또 한 가지 이상한 점은 비록 후대의 견해를 반영하지 않을지라도 법장부 율장인 *《사분율》 이야기에서 발견된다. 거기서 웃라까 라마뿌뜨라의 목표를 비상비비상처naivasaṃjñānāsaṃjñāyatana가 아니라, 비상비비상의 명상 성취naivasaṃjñānāsaṃjñāsamāpatti[90]라고 부르고 있다. āyantana(영역) 단어가 표준이었던 점을 감안하면, 이 samāpatti(성취) 단어는 부파 이전의 전기적 전통의 전문용어였을 것 같지 않고, 다만 일부 부파의 āyantana 단어가 두 스승의 목표에 대한 정형구에서 필수적이지 않다고 생각했었음을 시사한다. 마명은 두 스승의 목표가 단순히 무소유ākiṃcanya 또는 비상비비상asaṃjñānāsaṃjñā 임을 비슷하게 알

89 Bareau(1963), 24.

90 Bareau(1963), 25: "le recueillement sans perception ni absence de perception."

았다.[91] 만일 마명이 다문부(多聞部, 대중부의 한 일파) 소속, 혹은 다문부로부터 파생한 '학파의 계승자'(계윤부 雞胤部?)였다는 존스턴Johnston의 생각이 맞는다면,[92] 우리는 이 전문용어가 대중부 집단 내에서 특별하지 않은 것이라는 가설을 세울 수 있다. 또한 상좌부 자료들에도 동일한 것이 제시된다. 『숫타니파타』 1070 게송에서 붓다는 바라문 출가자에게 무소유ākiñcaññaṃ의 명상 성취를 가르치고 주석에서 무소유처ākiñcaññāyatana라고 확인시킨다.[93] 이상은 두 스승의 명상 목표를 āyatana 라는 단어 없이 지칭하는 것이 초기불교 집단에서 수용할 수 있는 대안이었음을 의미한다.

8. 소결

이 장에서 필자는 싯다르타의 성도에 관한 오리지널 (혹은 적어도 최고의 현존) 전기 이야기는 「성구경」에서 발견된다고 주장했다. 라마뿟따의 스승인 라마처럼, 그러한 증거는 알라라 깔라마와 웃다까 라마뿟따가 역사적 실존 인물이었다는 사실을 알려준다. 싯다르타가 그들에게서 지도받았다는 사실로 인해 제3의 길을 구하지 않았음을 의미하지는 않는다. 그리고 「브하란두깔라마경」에서 알라라 깔라마가 언급되는 것처럼, 그는 꼬살라국의 까삘라밧투 인근에 터를 잡았으며, 싯다르타의 출가 행동은 이 알라라 깔라마의 수행처에 합류하기 위함이었다. 웃다까 라마뿟따는 마가다국을 근거지로 삼아 왕사성 안

---

91 Bud XII.85, "saṃjñāsaṃjñitvayor doṣaṃ jñātvā hi munir Udrakaḥ | ākiṃcayāt paraṃ lebhe 'saṃjñāsaṃjñātmikāṃ gatim."

92 Johnston(1935-36), Part II: xxxv.

93 *Upasīvamāṇavapucchā*에 대해서 제5장을 참조.

이나 인근에 머물렀을 것이다. 이 지정학적 위치에 대한 자료(「브하란두깔라마경」과 「왓사까라경」)는 신뢰할 만하다. 왜냐하면 그 정보는 부차적인 것들이어서 은폐할 의도가 없기 때문이다. 두 스승들은 자신들의 목표—무소유처와 비상비비상처—를 해탈이라고 가르쳤지만, 싯다르타는 부정했다. 만일 이 정황 분석이 맞는다면, 우리는 붓다의 생애 초반부에 나타났던 일부 사건들의 지식을 갖게 됨을 의미한다. 필자는 이어지는 두 장章에서 이러한 역사적 이해를 바탕으로 붓다의 지적 발전에 대한 가설을 구성하고자 한다. 이를 행하기 위해 두 스승의 종교적인 제휴 관계를 정립하는 것이 중요하다.

제 3 장

무색처정과
초기 브라만전통

제3장

무색처정과 초기 브라만전통

무색처정無色處定의 브라만적 기원은 하나의 강력한 사례가 될 수 있다. 가장 신빙성 있는 증거는 두 스승의 목표와 상응하는 다수의 초기 우파니샤드 구문에서 확인된다. 무색처정을 초기 브라만 명상 전통에 연계시키는 증거는 대단히 중요하다. 이 증거는 초기불교 문헌과 브라만 문헌 모두에서 발견되는 요소명상의 체계를 이루고 있다. 초기 브라만 문헌에서 요소명상은 범아일여를 성취하려는 요가수행자가 자신의 명상 수행에서 세계 해체의 과정을 모방해야만 한다는 원리에 바탕을 둔다. 요소명상과 유사한 체계는 초기 불전에서 보이고, 그 일부로써 무색계를 포함하고 있다. 초기 불전에는 이 항목에 대한 교리적 배경이 없으므로 초기 브라만 원전에서 차용해서 왔을 것으로 당연히 생각된다. 두 스승의 목표와 상응하는 초기 우파니샤드 구문은 이러한 브라만전통의 수행 출처가 그 스승들 자신이었음을 암시한다.

1. 『마하바라따』와 초기 불전에 나타난 명상 게송들

초기불교와 브라만교의 명상가들이 이념과 수행을 교류했다는 것은 의심할 여지가 없다. 그들의 초기 문헌에서 발견되는 유사한 명상 게송들로 입증된다. 예를 들면 <해탈법품>과 『장로게』(Theragāthā, 이하 Th) 게송을 비교할 수 있다.

『마하바라따』 XII.180.28,
"taṃ pūrvāpararātreṣu yuñjānaḥ satataṃ budhaḥ ǀ
laghvāhāro viśuddhātmā paśyaty ātmānam ātmani ‖ 28 ‖ "[1]

『장로게』 415게,
"satthā hi vijesi maggam etaṃ saṅgā jātijarābhayā atītaṃ ǀ
pubbāpararattam appamatto anuyuñjassu daḷhaṃ karohi yogaṃ ‖ 415 ‖ "

'yoga'라는 말이 명상의 맥락에서 어떠한 《경장》에서도 발견되지 않는다는 사실에도 불구하고, '초저녁부터 늦은 밤까지'와 동사 "anu + √yuj"에 대한 지시는 모두 이 동사가 명상 수행을 지시함을 가리킨다. 우리는 초저녁부터 늦은 밤까지 명상이 어떤 흔한 수행이었다고 결론내릴 수 있다.[2] 초기불교와 브라만교 수행 사이에 어떤 중대한 연결 고리는 거의 보이지 않지만, 초창기 때 다른 전통들 사이에서 모종의 접촉이 있었다는 점은 부정하기 어렵다. 몇몇 이상의 게송들은 훨씬 동일한 것, 이를테면 『마하바라따』와 『법구경』의 다음의 게송들을 가리킨다.[3]

1 이 게송에 대해서 이하 144-145쪽을 참조하라.
2 Mbh XII.232.13, 238.12, 304.11을 참조하라.
3 홉킨스가 지적한 것도 동일하다(Hopkins 1901b: 35).

『마하바라따』 I.74.2,

"yaḥ samutpatitaṃ krodhaṃ nigṛhṇāti hayaṃ yathā |
sa yantety ucyater sadhhir na yo raśmiṣu lambate ‖ 2 ‖ "

『법구경』 222게,

"yo ve uppatitaṃ kodhaṃ rathaṃ bhantaṃ va dhāraye |
tam ahaṃ sārathiṃ brūmi rasmiggāho itaro jano ‖ 222 ‖ "

이 『법구경』 게송도 간다리어 『법구경』에서 보이고,[4] 나아가 아쇼까왕 이전에 기록되었음을 암시한다는 점에 주목할 필요가 있다.[5] 만약 이 게송이 브라만 명상가들에게서 차용한 것이라면, 차용 시기는 정확히 알 수 없다—아쇼까왕 재위 전후에 있었던 불교 부파 가운데 한 부파에서 발생했을 수 있다. 그러나 불교도가 바라문 집단에게서 차용한 것이라면, 간다리어 『법구경』 뿐 아니라 심지어 빠알리어 『법구경』에도 존재하는 그런 차용은 기원전3세기 아쇼까왕 명으로 형성된 부파 이전에 발생한 것임에 틀림없다. 그렇다면 우리는 불멸 후 5~6 세대 이내의 초기불교와 바라문 집단 사이에서 일부 명상 수행을 공유했다고 가늠해 볼 수 있게 된다. 이 시나리오는 실제로 가능성이 높고, 초기 브라만 문헌에 나타난 마차 비유가 널리 퍼져 생긴 것은 브라만적 기원에 있음을 암시한다. 다시 말해, 초기 브라만 문헌의 마차 비유는 자기 억제의 윤리적 훈계가 아니라 명상 전문가를 향해 통상 적용되는 것이다.

예로, 『마하바라따』 III.202.20-21:

4 간다리어 『법구경』 275게 (Brough 2001: 163), "yo du upadida kodhu radha bhada va dhara'i |
tam aho saradi bromi rasviggaha idara jaṇa ‖ 275 ‖ "

5 10쪽 각주 16를 참조하라.

그 자신 내에 여섯 가지 훈련된 감각들의 '충위들'인 'agitators'을 제어했던 dhārayed 현자—그는 최고의 마부이다paramasārathiḥ. 제어되지 않은 감각들은 길 위의 말들과 같다. …[6]

이상의 마차 비유를 브라만적 기원으로 그럴듯하게 두더라도, 이는 절대적 인 확실성을 갖고서 확립한 것이 아니다. 또 다른 사례가 더 용이하다. <해탈법품>의 초반부 주요 구절에 보면(Mbh XII.188), 불교 관념과 명명법은 불완전한 형태로 보이고 있어 초기 브라만 명상가들이 불교 관념를 차용했다는 것이 일리가 있다. 따라서 『마하바라따』 XII.188.1에서 비슈마Bhīṣma는 위대한 성인들이 열반을 성취한 것을 가지고(게송 2: nirvāṇagatamānasāḥ) 유디슈티라Yudhiṣṭhira에게 '4가지 명상 훈련'(게송 1: dhyānayogaṃ caturvidham)[7]에 대한 가르침을 제공한다. 상세한 일치는 제1 정려(精慮, dhyāna)를 성취한 성인에게 vicāra, vitarka, vivieka가 있다고 설한 게송 15에서 발견된다.[8] 그 목표는 거듭 게송 22에서 열반이라고 불린다. 이 구절은 그 일치하는 관념들(dhyānayogaṃ caturvidham, vicāra, vitarka, viveka 등)이 불교의 사선四禪 체계에서 잘 이행된 사고 일부를 형성하기에 불교적 관념을 차용했던 것으로 보이지만, 역으로는 성립하지 않는다.[9] 이에 비해 『마하바라따』

6 Mbh III.202.20-21ab, "ṣaṇṇām ātmani yuktānām indriyāṇām pramāthinām | yo dhīro dhārayed raśmīn sa syāt paramasārathiḥ ‖ 20 ‖ indriyāṇāṃ prasṛṣṭānāṃ hayānām iva vartmasu … ‖ 21 ‖" 필자는 20a구절의 nityā-를 대신해서 yuktā-로 독해함에 있어 홉킨스(Hopkins 1901b: 35)를 따른다. 마부의 이미지는 KaU III.3-9에서 요가의 가르침을 묘사하기 위해 보다 복잡한 형태로 사용된다. 홉킨스에 따르면(1901a: 354; 38쪽 각주 53을 참조), 전투에 출전할 멍에를 씌운 마차의 이미지는 초기 요가 전통 집단에서 공통적이었다. 마차에 대한 여타 비유에 대해서 SU II.9와 Mbh XII.289.36을 참조하라.

7 Mbh XII.46.2ab, "caturthaṃ dhyānamārgaṃ tvam ālambya puruṣottama | "

8 Mbh XII.188.15, "vicāraś ca vitarkaś ca vivekaś copajāyate | muneḥ samādadhānasya prathamaṃ dhyānam āditaḥ ‖ 15 ‖"

9 색계 4선에 대한 고전적《경장》기록에 대해서《디가 니까야》I.73.20을 보라.

XII.188의 시도는 다만 제1 정려만을 기술하기 위해 행해지고, 그 이후에는 유사성이 보이지 않는다. 즉 제2, 제3 혹은 제4 정려를 기술하려는 시도는 전혀 없다.

2. 요소들과 무색계

무색계는《경장》의 명상 대상 항목에서 땅paṭhavī · 물āpo · 불tejo · 바람vāyo의 물질 요소들과 연관된다. 이것은 「삼매경」Samādhi Sutta에서 다음과 같이 나타난다.

아난다여! 어떤 비구는 땅에 대해서paṭhaviyam 그 땅을 인식하지 않는 그런 종류의 삼매 성취samādhipaṭilābho가 있다고 할 수도 있고, 또한 물에 대해서āpasmiṃ 그는 물을 인식하지 않으며, 불에 대해서tejasmiṃ 그는 그 불을 인식하지 않으며, 바람에 대해서vayasmin 그는 그 바람을 인식하지 않으며, 공무변처에 대해서ākāsānañcāyatane 그는 그 공무변처를 인식하지 않으며, 식무변처에 대해서viññāṇañcāyatane 그는 그 식무변처를 인식하지 않으며, 무소유처에 대해서ākiñcaññāyatane 그는 그 무소유처를 인식하지 않으며, 비상비비상처에 대해서nevasaññānāsaññāyatane 그는 그 비상비비상처를 인식하지 않으며, 이승idhaloke [혹은] 저승에 대해서paraloke 그는 이승 [혹은] 저승을 인식하지 않는다. 그렇지만 그는 여전히 의식하고 있다saññī.[10]

10 AN V.7.19(10집 VI, <승리품>), "siyā Ananda bhikkhuno tathārūpo samādhipaṭilābho yathā neva paṭhaviyaṃ paṭhavisaññī assa, na āpamiṃ āposaññī assa, na tejasmiṃ tejosaññā assa, na vāyasmiṃ vāyosaññī assa, na ākārānañcāyatane ākāsānañcāyatanasaññī assa, na viññāṇañcāyatane viññāṇañcāyatanasaññī assa, na ākiñcaññāyatane ākiñcaññāyatanasaññī assa, na nevasaññānāsaññāyatane vevasaññāsaññāyatanasaññī assa, na idhaloke idhalokasaññī assa, na paraloke paralokasaññī assa, saññī ca pana assā ti."

비구가 인식하지 않는다고 말하는 마지막 항목('이승'과 '저승')은 명상의 적합한 대상이 아니다. 통상 '이승과 저승'에 대한 반론이나 수용은 정견과 사견을 기술하는 일부이다.[11] 그렇다면 이 구절은 명상 대상에 대한 단도직입적인 항목이라기보다 특정한 삼매 상태samādhipaṭilābho에 대한 부정적인apophatic 정의에 해당한다. 이를테면 그 비구는 '이승'과 '저승'마저 언급된 모든 항목에 대해 인식하지 않는 그런 명상 상태를 성취한 것이다. 이 명상 상태는 의식에 대해 해방되거나 해탈한 상태라고 긍정적으로 다음과 같이 정의된다.

> 여기에서, 오! 아난다여, 어떤 비구는 다음과 같이 인식할 수 있다. '이것은 고요하고, 이것은 최고이다. 이름하여 모든 심적 구축들에 대한 고요함, 모든 애착에 대해 포기함, 갈애의 소멸, 즉 염오의 빛바램, 중지, 열반을 일컫는다.'[12]

위 인용문은 《경장》 도처에서 발견된다. 어떤 마음집중의 대상이라는 '관념'이 되는 것도 마찬가지로,[13] 몇 군데서 그것은 해탈의 통찰 내용을 형성한다.[14] 그러나 「사리붓따경」Sāriputta Sutta은[15] 「삼매경」을 거의 축자적으로 반복해 따르지만, 이 인용문은 거듭 보이지 않는다. 대신 (붓다보다는) 사리붓따가

---

11 DN I.55.15ff.(아지따 께사깜발리의 견해), III.264.12, 287.12; MN I.287.14, 401.32, III.22.13, 52.13, 71.27; SN III.206.29, IV.348.24, 351.16, 355.12; AN I.269.1, IV.226.14, V.265.22, 284.7.

12 AN V.8.7, "idh'Ananda bhikkhu evaṃsaññī hoti: etaṃ santaṃ etaṃ paṇītaṃ yadidaṃ sabbasaṅkhārasamatho sabbūpadhipaṭinissaggo taṅhakkhayo virāgo nirodho nibbānan ti."

13 그 인용문은 MN I.436.34 (「마하말룽꺄경」 = AN IV.423.21); AN I.133.1, V.110.23에서 비구의 마음집중의 대상에 관한 것이다. V.319.15, 320.21, 322.15, 354.9, 355.27, 357.1, 358.14에서 그것은 「삼매경」(AN V.8.7)에서와 마찬가지로 정확히 동일한 맥락으로 사용된다. 다만 4요소들과 4무색처로 시작하는 10가지 보다 많은 11가지 대상들 목록이다.

14 DN II.36.8; MN I.167.36 (= MN II.93); SN I.136.15, V.226.6; AN II.118.7, III.164.2.

15 AN V, 10집 VII, <승리품> (AN V.8.23).

어느 때 그는(땅에서 이승/저승까지) 언급된 동일한 9가지 항목에 대해 인식하지 않지만, '형성[됨]의 중지가 열반이고, 형성의 중지가 열반'이라는 관념에 대해 인식한다고 아난다에게 말한다.[16] 마지막 대상[17] 변화는 4대 요소와 4무색처를 구성하는 핵심 항목이 유사하지만 다른 결말로 채택되었다는 사실을 기술한다. '형성의 중지가 열반이다….'라는 인용문이 통상 단일한 명상 대상을 가리키지 않기 때문에 이 마지막 대상은 주목할 만하다.[18] 이는 문제의 항목이 명상의 대상 항목이 아니라는 사고를 뒷받침하는 듯 보인다. 나아가 이 사고 근거는 《앙굿따라 니까야》 11집Ekādasakanipāta VII-X, <의지품依止品>에서 발견되고 동일 순서가 약간의 차이를 갖고서 반복된다.[19] 여기서는 대상 수를 11가지 이상으로 확대하기 위해 비구의 최종적인 비인식 대상을 '마음에 의해 보이고, 들리고, 생각되고, 의식되고, 성취되고, 탐구되고 [그리고] 면밀히 고찰되는 무엇이든지'[20]라고 말한다. 이 항목은 명상의 적합 대상이 아니다. 우리는 이 경들의 경주經主들이 의식에 대해서 해방된/해탈한 상태를 훨씬 더 부정적으로 정의하기 위해서 '10집Dasakanipāta'의 유사 항목을 확대했다는 인상을 풍긴다. 그러한 목록에서 항목은 명상 대상을 필요로 하지 않는다.

16 AN V.9.24, "bhavanirodho nibbānaṃ bhavanirodho nibbānan ti." 「꼬삼비경」(SN, 인연상응編 VII, <대품>)의 SN II.117.14에서 "bhavanirodho nibbānan ti"는 나라다(Nārada)가 아니라 무실라(Musīla)를 위한 해탈의 통찰 대상을 정의한 것이다. 이 경에 대해서 242쪽 각주 34을 참조.

17 '이것은 고요하고, 이것은 최상이다.'에서 '형성의 소멸이 열반이다.'까지.

18 DN III.135.9; SN III.203.12ff., 213.30ff., 214.20, 216.20, IV.73.4; AN II.23.30, 25.21; Ud 8.6; It 121.17. diññhaṃ … sutaṃ … mutaṃ … viññātaṃ … 순서 역시 MN I.3.15ff.에 나타지만, 이는 배우지 못한 일반인들을 위한 알아차림의 대상들을 규정하는 것이다(assutavā puthujjano): 각각의 항목은 명상의 대상을 의미하지 않는다. 또한 Stn 790, 793, 797, 798, 887, 901, 914, 1083게를 참조하라.

19 비록 마지막 인용문은 항상 etaṃ santaṃ … 이다. 각주 13의 AN V의 참고문헌을 살펴보라.

20 AN V.318.21, "yam p'idaṃ diṭṭhaṃ sutaṃ mutaṃ viññātaṃ pattaṃ pariyesitaṃ anuvicaritaṃ manasā."

그럼에도 불구하고 모든 목록들의 필수 항목은 명상 대상인 것처럼 보인다. 이 모든 경經의 요점은 비구가 특정 대상을 인식하지 않는 삼매 상태의 성취 samādhipaṭilābho를 표현하기 위함이다. 그 맥락은 명상이고, 비구의 명상 대상은 대부분 비인식의 대상이며 심지어 일부는 분명하지도 않은 것이라면 우리는 놀라지 않을 수 없다. 실제로 4무색처는 명상의 대상이 아니다. 또 다음 절에서 필자는 4대 요소가 명상 대상으로 나타나는 목록을 검토할 것이다. 10~11가지 항목 목록에 대해 설명할 가능성이 높은 그것들은 '비상비비상처'로 끝나는 명상 순서에 애시당초 바탕을 두었다는 점이다.[21] 아마도 이 목록은 '10가지'와 '11가지'에 대해 《앙굿따라 니까야》 책에 포함될 수 있도록 2~3가지 항목들을 추가하여 상술되었다. 그렇다면 4대 요소명상과 4무색처정은 초기불교 수행, 즉 추측컨대 해탈로 이끈다고 생각되었던 것으로 여겨진다. 우리는 초기불교의 요소명상 수행이 추상적인 의식 상태(무색처정)와 궁극적인 해탈로 이끈다고 여겨졌을 것이라고 결론지을 수 있다.

3. 까시나의 영역kasiṇāyatana

《경장》에 나타난 또 다른 명상 대상 항목은 무색계와 4대 요소를 결합하고 있다. 다음은 10가지 '전체성 영역들kasiṇāyatana-s' 항목이다: 지paṭhavī · 수āpo · 화tejo · 풍vāyo + 청nīla · 황pīta · 적lohita · 백odāta + 허공ākāsa · 의식viññāṇa. 《경장》에서 이 10가지 대상에 대한 표준 기술은 다음과 같다.

21 브롱코스트는 이 항목들이 "명상 대상으로 이용될 수 있지만, 될 필요는 없다."(Bronkhorst 1993: 92)고 하는 이견을 보였다. 필자는 다른 데서 그것들 대부분이 명상 대상으로 나타나고 있음에도 왜 "명상 대상으로 이용될 수 없는지" 그 이유를 도저히 알 수 없다.

10가지 까시나의 영역들: 어떤 이는 불이론적이고advayaṃ 무량한apramāṇaṃ 그 땅의 까시나를paṭhavīkasiṇam 위에서, 아래에서, 가로질러 인식한다.[22]

이상은 (불이론적이고 무량한) 우주적인 명상 대상에 대한 마음집중의 기술이다. 각각의 명상 대상이 불이론적이라고 말하는 측면은 까시나kasiṇa라는 말의 산스끄리뜨 형용사 '끄릿스나'(kṛtsna; MMW에 따르면, '모든, 총체적, 전체적')와 관련이 있다. DOP는 그 말의 BHS 형태가 사실상 '끄릿스나'라고 지적한다.[23] 빠알리 문헌에서도 그것은 형용사와 명사로 나타난다고 말한다. 다시 말해 형용사로는 '모든, 총체적, 전체적'을 의미하고, 중성 명사로는 '총체성, 전체성'을 의미한다.

4대 요소(땅·물·불·바람) 가운데 하나, 혹은 4종의 색깔(청·황·적·백) 가운데 하나, 혹은 허공, 혹은 의식에 대한 앎jhāna으로 이끄는 마음집중 혹은 총체적이고 배타적인 알아차림에 대한 명상수련; 열 가지 대상들이나 장치들(자연스럽거나 혹은 특별히 작위적인 상태, 예를 들어 바다에 있는 물이나 혹은 그릇에 있는 물, 불빛의 제한된 영역이나 혹은 하늘의 영역에 나타난 4대 요소나 4종의 색깔) 가운데 하나에 대해서 총체적이고 배타적인 마음집중은 앎의 성취에 대한 첫 번째 단계, 즉 이러한 수행과 마음집중에 의해 발생되는 명상 상태이다.[24]

---

22 DN III.268.20, "dasa kasiṇāyatanāni: pathavīkasṇam eko sañjānāti, uddhaṃ adho tiriyaṃ advayaṃ appamāṇaṃ. Āpokasiṇam eko sañjānāti ··· pe ··· tejokasiṇam eko sañjānāti ··· vāyokasiṇam eko sañjānāti ··· nīlakasiṇam eko sañjānāti ··· pītakasiṇam eko sañjānāti ··· lohitakasiṇam eko sañjānāti ··· odātakasiṇam eko sañjānāti ··· ākāsakasiṇam eko sañjānāti ··· viññāṇakasiṇam eko sañjānāti, uddhaṃ adho tiriyaṃ advayaṃ appamāṇaṃ." 까시나의 영역들에 대해서 DN III.290.16; MN II.14.3; AN I.41.14에도 같은 표현이 등장한다.

23 그것 역시 산스끄리뜨 kārtsna와 kārtsnya (s.v.)를 가리킨다.

24 DOP s.v. kasiṇa.

이 까시나 정의들은 산스끄리뜨 kṛtsna(끄릿스나)에서 직접 파생된 형용사형과 '명상의 대상', 혹은 이 명상의 대상에 대한 마음집중 수련, 혹은 그러한 수행에 의해 도입되는 명상 상태와 같은 무언가를 의미하는 명사형 사이에서 차이가 있다. 명사로서 까시나의 최종적 정의는 '총체적인 마음집중에 대한 토대 및 원천'이라는 복합어 '까시나의 영역kasiṇāyatana'에 대한 DOP의 정의에서도 발견된다.[25] 까시나라는 단어가 갖는 동일한 의미의 범위는 『빠알리 - 영어사전』(이하 PED)와 『교정 빠알리어사전』(이하 CPD)에서 발견된다. 두 곳에서 산스끄리뜨 kṛtsna에서 파생된 형용사로, 혹은 명상의 대상을 의미하는 중성명사(PED: '신비 명상[bhāvana, jhāna]이 성취될 수 있는 수단으로서 수행인 kamaṭṭhāna를 돕는 것들 중 하나',[26] CPD: '전체성[BHSD에 따르면 kṛtsan]은 10종의 명상주제의 범주를 나타낸다.')라고 정의한다.[27]

그렇지만 이 정의들은 위 구절에 있는 까시나kasiṇa라는 말의 정확한 형태를 밝힐 수 없다. 끄릿스나kṛtsna로부터 어떤 어원은 부정할 수 없다: 까시나는 '모든, 전부의, 전체적'과 같은, 이를테면 불이론적인 무언가를 의미한다. 또 그러한 어원은 무색계와 까시나 영역 사이의 밀접한 관계를 보여준다. 첫 번째 두 무색계는 마지막 두 까시나 영역과 일치하고, 다시 말해 양자는 그 대상이 공무변처空無邊處와 식무변처識無邊處이다. '허공'과 '의식'의 무색계들은 '무변ānañca'이라 말하고 있어 허공과 의식의 까시나들을 동일하다고 기대할 수 있다. 따라서 까시나라는 말이 '무변無邊' 또는 '불이론적不二論的'인 의미를 반드시 지니고 있어서 틀림없이 산스끄리뜨 끄릿스나와 연관이 있다고 본다. 만일 그렇다면, 그

25 DOP s.v. kasiṇāyatana.

26 PED s.v. kasiṇa. PEP 역시 kasiṇa를 산스끄리뜨 kṛtsna로부터 도출해내고, DOP 1에 일치하는 형용사적 의미를 준다.

27 CPD s.v. kasiṇa. CPD 역시 DOP 1에 일치하는 형용사적 의미를 준다.

사전적 정의 가운데 어느 것이 어떻게 이상의 《디가 니까야》로부터 인용된 구절에 나타난 까시나의 발생에 적용하는지 알기란 어렵다. 복합어 '땅의 까시나 pathavīkasiṇa' 등은 동사 '인식하다'의 대상이다. 그렇다면 '모든, 전부의, 전체적'이라는 까시나의 형용사적 정의는 우리가 형용사를 인식할 수 없으므로 이 맥락에서는 맞지 않다. 복합어 '땅의 까시나' 등에서 까시나라는 말은 명사가 될 필요가 있다. 이 맥락에서 보면, 사전에서 제공하는 그 단어의 가장 합당한 정의는 명사인 '명상의 대상'이어야 한다. 그러나 문제의 그 '명상의 대상'은 한낱 어떤 대상이 아니다—그것은 불이론적인 우주의 대상들이다. '명상의 대상'이라는 까시나의 명사적 정의는 이를 설명하기에 역부족이다. 여하튼 까시나라는 말은 산스끄리뜨 끄릿스나와 반드시 연관된다는 인상을 심어주지 못한다. 한편 '모든, 총체적, 전체적'이라는 까시나의 형용사적 정의는 '까시나의 영역'이라는 복합어가 '전체적/총체적(즉 불이론적) 영역들'과 같은 무언가를 확실히 의미하고 있어 그 복합어의 사례에서 수용될 수 있다. 이 복합어 속의 까시나라는 말은 형용사로 간주될 수 있다. 그렇지만 까시나라는 말이 무엇보다도 인접한 동격한정복합어karmadhāraya 속의 동일한 의미로 수용되는 것이 선호됨에도 불구하고, '까시나의 영역'이라는 복합어 속의 형용사와 그런 다음 '땅의 까시나'라는 복합어 속의 명사로 이어지는 정의가 부자연스러워 보인다.

만일 까시나라는 말이 (10가지) 까시나의 영역들kasiṇāyatanāni과 '땅의 까시나' 등이라는 두 복합어들에서 비슷하게 수용되고 산스끄리뜨 끄릿스나kṛtsna와의 관계가 분명해질 수 있다면, 그것은 틀림없이 추상명사로 간주되어야 한다. DOP는 까시나의 정의를 명상에 관한 이상의 구절의 맥락에서가 아니더라도 '총체성, 전체성'의 의미를 사실상 제공한다. 그러나 두 복합어들에서 이러한 정의는 의미가 잘 통한다. (10가지) 까시나의 영역들의 사례에서 '총체성들이라는 (10가지) 영역들'(즉 CPD의 '총제성의 영역'이라는 까시나의 번역)로 번역하고, 또한 땅의 까시나의 사례에서 '땅이라는 총체성'으로 번역한다. 만약 까시나를 추상명사로 인정한다면, 산스끄리뜨 추상명사 kārtsna로부터의 어원이 가장 그럴듯하다.[28] 이러한 가설은 추후 사실로 뒷받침된다.

이상에서 지적한 것처럼, 마지막 두 까시나의 영역인 '허공의 까시나'ākāsakasiṇa와 '의식의 까시나'viññāṇakasiṇa는 첫 번째 두 무색계인 '공무변처'ākāsānañcāyatana와 '식무변처'viññānañcāyatana와 일치한다. 따라서 복합어 허공의 까시나/의식의 까시나 및 공무변처/식무변처는 동일한 명상 개념들을 표현하고 다소 문법적으로 등치임에 틀림없다. 복합어들 간의 유일한 명시적 차이는 허공과 의식의 까시나들이 영역āyatana이라는 말로 끝난다는 점이다. 그러나 까시나 명상에 관한 구절은 10종의 까시나 영역들로 소개되고 있다.[29] 이에 따라 각각의 개별적인 명상 대상은 땅의 까시나처럼 'X-까시나'로 지칭된다. 이는 확실히 각각의 복합어 'X-까시나'가 'X-까시나의 영역'에 대한 축약임을 가리킨다. 그렇다면 가설적 복합어 X-까시나 영역은 복합어 X-무변처에 속한 '무변-'ānañca-이라는 말과 일치한다. '무변'이라는 말은 형용사 '끝없이 무한한ananta'에서 형성된 추상명사이다. 만일 까시나가 문법적으로 병렬적이라면, 그것은 십중팔구 산스끄리뜨 추상명사 '까릇스나kārtsna'에서 파생된 추상명사이다.

'전체성의 영역'의 목록은 다양한 우주적 항목들로 구성된다. 그 목록에서 가장 중요한 항목들은 '허공'과 '의식'을 더한 4대 요소(지·수·화·풍)이다. 색

---

28 MMW와 BR에서 kārtsnya의 추상적 형태 역시 다음과 같이 주어진다. 즉 이는 Apte (s.v.)에서 주어진 kṛtsna의 유일한 추상적 형태이다. 우리는 아마도 kasiṇa를 kārtsna로부터 도출해야 할 것 같다. 왜냐하면 중세 인도의 kārtsnya 변형은 아마도 단어 중간의 권설음(捲舌音) 접속 형태인 ññ, 즉 kaiñña와 같이 무언가가 행해졌을 가능성이 있기 때문이다. Oberlies(2001: 105)와 Geiger(1994: 50) 둘 다 kṛtsna로부터 kasiṇa를 도출한다. 전자는 특히 *kaṣṇa를 거친다.

29 그것들이 어떠한 소개 없이 단순히 열거되는 AN I.41.14와 별개로 그 성취는 parhavīkasiṇaṃ bhāveti … 등으로 기술된다.

들의 중요성은 초기 불전에서 전혀 논의가 없기 때문에 명확하지 않다. 후기 싱할리어 작품인 *The Yogāvacara's Manual of Indian Mysticism as Practised by Buddhists*[30]를 보면 요소명상은 중요하고 각 요소 성취는 다양한 색과 관련된다. 그러나 그 색들은 까시나의 영역에서 열거된 색들과 일치하지 않는다. 만약 일치한다면, 그 텍스트는 후대에 속한 것이고 나아가 초기 빠알리 문헌과 관련이 있는 게 아니다.[31] 『요가따뜨바 우파니샤드』(Yogatattva Upaniṣad)와 『샷-짜끄라니루빠나』(Ṣaṭ-cakranirūpaṇa)와 같은 일부 우파니샤드 및 딴뜨라 텍스트에서 요소명상은 대개 색깔로서 요소에 대한 시각화를 의미한다.[32] 그러나 이 텍스트들은 초기 빠알리 텍스트들보다 상당히 후대의 것이고, 그 색깔들은 '전체성의 영역들' 목록의 요소들과 일치한다는 증거로 간주될 수 없다. 《경장》에서의 다른 증거는 무의미한 것이다. 동일한 색들은 '이해mastery의 영역들abhibhāyatana' 항목에 있는 명상의 8종 대상 가운데 마지막 4종으로 구성된다.[33] 이것은 색에 관한 명상이 몇몇 예시에서 그 요소들과 연관되어 있지 않다고 보이겠지만, 이조차도 의심스럽다. 이러한 항목에 있는 색들의 중요성과 거리가 멀기 때문이다. 그것들이 요소들을 대신한다는 것은 있을 수 있다.

색의 중요성이 어떻든지간에 '공간'과 '의식'을 추가해, 4대 요소를 포함하는 10종의 명상 대상 항목은 더 일찍 연구된 유사한 구상들의 다른 수고에 지나지 않는 듯 보인다(67-70쪽). 모든 구상들 기저에서 그렇듯 땅으로 시작해 '공간'과 '의

---

30 Ed. by T. W. Rhys Davids, London: PTS.

31 엘리아데는 그것이 16~17세기 동안에 편찬되었다는 가설에 염두하고 우드워드(F. L. Woodward)의 번역서 *Manual of a Mystic* (1916: 145)을 참조한다(Eliade 1969: 194). 그는 또한 각 요소에 관한 명상과 연상한 다양한 색깔들을 기술한다(1969: 195-196).

32 Goudriaan(1978), 194-195. 또 Eliade(1969), 130-131 참조.

33 DN II.110.5ff., III.260.8ff.; MN II.14.1ff.; AN IV.305.1ff.; AN V.61.3ff.

식'으로 끝나는 요소들에 대한 교리이다. 이 관점에서 무색계(허공·의식·무소유·비상비비상) 항목은 어떤 면에서 이 여섯 항목들의 목록에 대한 축약처럼 보이고, 또 다른 면에서 그 두 스승의 목표들을 포함하려는 그에 대한 확장처럼 보인다.

4. 요소명상과 초기 브라만전통

초기 브라만 사상과의 밀접한 개념적 연관성은 까시나의 영역들 항목에 반영된다. 까시나는 초기 브라만 문헌에서 종종 '전체/총체'를 의미하고, 일반적으로는 무한적이고(우주) 혹은 불이론적인(자아) 무언가로 묘사된다. 끄릿스나kṛtsna라는 단어는 BU IV.5.13의 "내외부가 없는 그저 전체적인kṛtsno 맛 덩어리에 지나지 않는" 한 조각의 소금을 "내외부가 없는 한갓 전체적인kṛtsno 의식 덩어리에 지나지 않는" 자아에 든 비유에서 처음 출현한다.[34] 『바가바드기따』Bhagavadgītā에서는 세계loka/jagat[35]나 브라흐만brahman[36]을 뜻하는 불이론적인 '총체성'을 가리키거나 다수의 부분들의 '총합'[37]을 가리키기 위해 형용사적으로 사용된다. <해탈법품>에서는 불이론적인 무언가(예, 자아)를 묘사하는 형용사이거나[38] 거대한 공간적 차원(예로, 지구, 세계 혹은 세계들 등)의 무언가의

---

34 BU IV.5.13, "sa yathā saindhavaghano 'nantaro 'bāhyaḥ kṛtsno rasaghana eva | evaṃ vā are 'yam ātmānantaro 'bāhyaḥ kṛtsnaḥ prajñānaghana eva || 13 || "

35 예로 BU I.40: kulaṃ kṛtsam, 전체 가족; IV.18: kṛtsnakarmakṛt, 모든 작용의 행위자; IX.8: bhūtagrāmam imaṃ kṛtsnam, 이 총체적 존재들의 집합.

36 BhG VII.6: kṛtsnasya jagataḥ; X.42: idaṃ kṛtsnam; XI.7, 13: ekasthaṃ jagat kṛtsnaṃ; XIII.33: kṛtsnaṃ lokam imaṃ; … kṣetraṃ kṛtsnaṃ. BhG III.29cd에서 kṛtsna는 '완벽한'과 같은 무언가를 의미하는 것처럼 보인다("tān akṛtsnavido mandān kṛtsnavin na vicālayet").

37 BhG VII.29, "brahma … kṛtsnam."

38 Mbh XII.305.21, "gacchet prāphyākṣayaṃ kṛtsnam ajanma śivam avyayam | śāśvataṃ sthānam

전체 범위를 가리킨다.[39] 초기 빠알리 문헌들에서 요소들에 적용된 까시나는 요소명상이 브라만전통의 비이원성 관념에 바탕을 두었을 가능성을 암시한다.

까시나 영역들의 색깔 항목도 브라만전통의 관념을 반영하는 것으로 보인다. 구드리안Goudriaan은 '청 → 황 → 적 → 백'의 순서가 산스끄리뜨 초기 원전에서 발견됨을 보여 주었다. 『마하바라따』 III.148에서 이 순서는 4종의 세계 수명yuga에서 비슈누Viṣṇu의 색깔에 적용하고, 그 각각은 앞선 것보다 더 퇴행한다. 따라서 비슈누는 끄릿따의 수명kṛta-yuga에서 백색, 뜨레따의 수명tretā-yuga에서 적색, 드바빠라의 수명dvāpara-yuga에서 황색, 그리고 퇴보한 깔리의 수명kali-yuga에서 청색이 된다.[40] 후기 문헌에서 네 가지 색깔은 가끔 다른 것으로 또는 다른 순서로 배열되지만, 구드리안에 따르면 '일반적으로 우리는 그 전통이 일관성 있는 것이라고 말할 수 있고',[41] 그것은 『마하바라따』 III.148의 순서에 따른다. 따라서 그것은 브라만적 마음에 대한 '청 → 황 → 적 → 백'의 순서는 까시나 영역 항목에서 그 정확한 중요성은 명확하지 않더라도 조대한 것에서 미세한 것으로의 전이를 나타낸다고 보인다.

이상의 일치보다 더 중요한 것은 이 장에서 연구된 요소들 항목이 초기 브라만전통의 요소설과 일치한다는 사실이다. 이는 요소들 항목이 초기 불전에 공통된다는 것을 부정하는 것이 아니라, 일반적으로 초기 브라만전통 사상과의 관련성이 매우 적은 것으로 보인다. 《경장》에 나타난 가장 기본적인 '4대 요소

---

acalam duṣprāpam akṛtātmabhiḥ ‖ 21 ‖ "(그는 일반인이 얻기 어려운, 부동의 불멸하는, 전체적인, 불생의, 상서로운, 지속적인, 영겁의 장소를 얻기 위해 가야만 했다).

39 Mbh XII.211.6, 299.4: mahīṃ kṛtsnāṃ; 289.20: kṛtsnāṃ mahīm; 289.21: kṛtsnaṃ jagat; 290.5: kṛtsnān paiśācān viṣayāṃs; 291.19: kṛtsnaṃ trailokyam; 302.1: kṛtsnasya jagatas; 328.52: jagat kṛtsnaṃ; 330.51: kṛtsnā lokāḥ; 335.66: lokān kṛtsnān.

40 Mbh III.148.10-39에 대해서 Goudriaan(1978), 180 참조.

41 Goudriaan(1978), 182.

cattāri mahābhūtāni'는 지·수·화·풍 항목이다.[42] '허공'과/혹은 '의식'은 5~6대 '요소dhātu' 항목을 구성하기 위해 이 기초적인 4대 요소 집합에 더해진 항목도 있다. 요소들이 단순히 나열되거나[43] 혹은 상당한 부언 논평 없이 나열되는[44] 곳과 별개로, 대부분의 곳에서 그것들은 인간의 세밀한 삼매 대상을 형성하는 교설에서 발생한다. 그러한 삼매의 목적은 각 요소의 물질적인 파생물들이 우리의 자아가 아니라는 정견正見을 도출하기 위해서이다.[45] 이런 종류의 가르침은 「마하라훌로바다경」Mahā-Rāhulovāda Sutta에서 보인다. 붓다는 라훌라에게 신체는 특정한 요소로 구성된 부분이라고 대강을 설한 후 그 요소(와 그 파생물들)이 자아로 간주될 수 없다고 다음과 같이 말한다.

> 내적 땅의 요소와 외적 땅의 요소, 그것들 [모두] 단순히 땅의 요소일 뿐이다 paṭhavīdhātur. '이것은 나의 것이 아니다. 나는 이것이 아니다. 이것은 나의 자아가 아니다.'라고 [생각하면서], 우리는 마치 정말로 정혜正慧를 가진 것처럼 그것[땅의 요소]을 보아야 한다. 그렇게 함으로써 우리는 땅의 요소에 대한 환상에서 벗어나게 되며, 우리는 땅의 요소에 대한 집착으로부터 마음이 벗어난다.[46]

위 가르침에서 5~6가지 토대들은 인간의 신체와 외적 실재를 그 구성체의

---

42 MN I.185.12.

43 DN III.247.19, MN III.239.17, AN I.176.1.

44 MN III.62.21, SN III.231.4, SN III.234.12,

45 5가지 토대들은 MN I.421-423에서 언급되어 있다. 6가지는 MN III.31.15, 240.19ff., 260.19; SN II.248.21, 251.17, III.227.19에 나열되어 있다.

46 MN I.421.33, "yā c'eva kho pana ajjhattikā paṭhavīdhātu, yā ca bāhirā paṭhavīdhātu, paṭhavīdhātur ev'esā. taṃ: n'etaṃ mama, n'eso 'ham asmi, na m'eso attā ti. evam etaṃ yathābhūtaṃ sammappaññāya daṭṭhabbaṃ. Evam etaṃ yathābhūtaṃ sammappaññāya disvā paṭhavīdhātuyā nibbindati, paṭhavīdhātuyā cittaṃ virājeti."

부분으로 해체함으로써 그 참 본성을 숙고하기 위한 간편한 출발점을 나타낸다. 이상에서 일체가 이 기초적인 5~6가지 요소들로 해체될 수 있음은 초기불교의 보편적인 가설이었음을 보여준다. 그러나 초기 불교도들은 무엇 때문에 이를 신봉했는가? 5~6가지 요소들로 일체를 해체하는 것이 불교적 혁신이었을까? 아니면 그것이 고대 인도인들이 가진 보편적 이해였던가?

이 질문에 답하기 위해 토대라고 지칭되지 않는 6가지 항목들의 동일한 세트가 요소명상 목록에서 다르게 사용된다는 점에 주목할 필요가 있다(67-76쪽). 명상의 맥락에서 그 초점은 세계를 요소의 부분들로 해체하는 것이 아니다. 대신에 명상의 대상들은 그 요소들의 미현현된 불가분의 상태, 혹은 '본질' 면에서 그 자신들이다. 더욱이 이 명상 체계에서 요소들 목록은 증가하는 정제 수준에 따라서 배열되고, 그럼으로써 명상가는 땅과 물의 상대적인 조대함에서 한층 정화된[* 천상적] 차원의 불, 바람 그리고 허공으로 나아간다. 명상가는 자신의 명상 몰입 속에서 고차원의 우주를 횡단하고 있는 것처럼 보인다. 그렇지만 이 같이 구조화되는 우주 관념은 어떤 불교적인 우주론에 바탕을 둔 것이 아니다. 하지만 그러한 우주론은 『따잇띠리야 우파니샤드』 II.1과 『마하바라따』 XII.195의 우주생성론(자아 → 허공 → 바람 → 불 → 물 → 땅)과 같은 초기 브라만 문헌에 공통되고, 『마하바라따』 XII.224에는 유사한 우주생성론(브라흐만 → 영혼 → 허공 → 바람 → 불/빛 → 물 → 토대)도 발견된다.[47] 불교의 요소 명상 항목은 이런 류의 우주론을 반영한 듯하다. 불교의 명상 대상으로서 필수적 요소 항목인 "땅 → 물 → 불 → 바람 → 허공 → 의식"은 『마하바라따』 XII.224에서 말한 우주생성론을 재배열한 것이나 다름없어 보인다.

---

47 TU II.1, "tasmād vā etasmād ātmana ākāśaḥ saṃbhūtaḥ | ākāśād vāyuḥ | vāyor agniḥ, agner āpaḥ | adbhyaḥ pṛthivī ‖ 1 ‖ " Mbh XII.195, 224에 대해서 81-85쪽과 136-141쪽을 참조.

이러한 관점에서 불교의 요소명상 항목은 아뜨만/브라흐만에 의해 창조되는 브라만식 우주생성론의 요소들을 반영한 것처럼 보인다. 왜 이렇게 보이는가? 불교의 명상 대상 항목이 무엇 때문에 초기 브라만전통의 우주생성론 개념들과 일치하는가? 초기 브라만전통 창조설은 초기불교의 명상 체계 속에서 어떠한 위치를 차지하고 있는가? 두 가지 답변이 가능하겠다. 한편으로 초기 불교도들은—이미 우주론이 명상의 대상이 되었던—초기 브라만전통의 명상 수행을 차용했다. 혹 아니면, 그들은 명상의 목적으로 초기 브라만적 우주론을 스스로 수용했다. 우리는 이 같은 딜레마에 대한 답을 구하기 위해 고전명상가들이 명상의 대상으로서 왜 그 요소들을 사용했는지 물을 필요가 있다. 첫 번째 답변은 그들이 그러한 수행이 해탈로 이끈다고 믿었다는 점이다. 그러나 어떤 명상가들이 이것을 믿었단 말인가? 추측컨대 초기 브라만들만이 믿었을 것이다. 그들은 자신들의 우주생성론을 신봉했고 그 요소들을 통한 승천이 창조의 원천이자 종교적 목표인 브라흐만에게 도달하게 한다고 믿었다. 하지만 상당수의 초기 불교도들이 이와 같은 것을 믿었다는 것은 의심스럽다. 초기 불교도들이 브라만적 우주론과 브라흐만에 이르는 종교적 목표를 수용했다는 증거는 실제 전혀 없다. 환언하자면, 6대 요소들에 관한 우주론적 텍스트들은 빠알리 경전에서 전혀 발견되지 않으며, 경전 이후의 문헌에도 그에 대한 어떠한 증거도 사실상 없다.[48] 그렇다면 이 모든 것을 감안할 때, 우주론과 명상의 관계는 십중팔구 초기 바라문 집단에서 비롯되었고 나아가 그들로부터 초기 불교도들에게 전승되었을 것이다. 왜냐하면 종교적 목표가 우주론적 사변의 시작과 끝이었던 초기 바라문 사상가들은 해탈로 이르는 길을 제공했던 우주론을 신봉했

48 233-237쪽을 참조. 유일한 증거는 산실한 Ṣaḍdhātu Sūtra와 야쇼미뜨라의 『아비달마구사론석』 I.5의 Sphuṭārthāvyākhyā에 나타난 수뜨라 단편이 전부이다.

을 가능성이 가장 높기 때문이다. 더욱이 초기 브라만전통의 문헌들, 심지어 요소명상 자체에 관한 일부 브라만 문헌들조차 명상과 우주론 사이에서 널리 퍼진 합의가 있다. 초기 브라만적 명상 이념은 우주론에 의해 제공되었음을 나타낸다. 만약 그렇다면, 초기 일부 불교도들이 브라만적 우주론을 차용한 후 요소명상을 혁신했다는 생각은 문제가 있다. 왜냐하면 브라만적 이념에 바탕을 두었던 새로운 수행에 대해서 브라만전통의 차용을 차례로 요청하기 때문이다. 하나의 차용론—브라만전통의 출처로부터 초기 불교도들의 요소명상—은 더 간단하고 훨씬 가능성이 높다.

5. 〈해탈법품〉 속의 요소명상

초기 브라만전통의 요소명상 수행의 증거는 <해탈법품>에 나타난다. 비슈마Bhīṣma가 유디슈티라Yudhiṣṭhira에게 "요소들에 대해 제어함으로써 고요한 지성을 지닌 자가 되라!"고 충고하는 『마하바라따』 XII.247.13에서 제시된다.[49] 또 상당히 초반부 <해탈법품>의 구절에도 초기 바라문 집단의 요소명상 수행이 함의되어 있다. 『마하바라따』 XII.195에서 우주 진화 과정—그 순서는 『따잇띠리야 우파니샤드』 II.1: 소리akṣara → 허공kha → 바람vāyu → 불/빛jyotis → 물jala → 땅jagatī과 같이 동일하다—[50]의 개요를 설명한 후 곧바로 마누는 다음과 같이 말한다.

---

49 Mbh XII.247.13d, "bhūtaprabhāvād bhava śāntabuddhiḥ ‖ 13 ‖ "

50 Mbh XII.195.1, "akṣarāt khaṃ tato vāyur vāyor jyotis tato jalam | jalāt prasūtā jagatī jagatyāṃ jāyate jagat ‖ 1 ‖ "

그들의 신체를 갖는 물로 간 후에, 물로부터 [그것들은] 불[로 가고, 그리고 계속해서] 바람과 허공[으로 간다]. 허공으로부터 되돌릴 수 없는 자들nivartanti na bhāvinaḥ, 할 수 있는 자들ye bhāvinaḥ, 그들은 최상을 성취하고, (2) [그것은] 뜨겁거나 차갑지 않고, 부드럽거나 예리하지 않고, 시거나 떨떠름하지 않으며, 달거나 쓰지 않다. 즉 그것은 소리, 냄새 또는 보이는 형상이 아니다. [그것은] 자신의 상태가 궁극인 자이다paramsavabhāvam. (3) [51]

이상은 존재들이 어떻게 해탈을 성취하는지에 대한 언설이다: 그들이 우주적 요소들을 통해 회귀하고 이후 그 현현한 세계로부터 벗어난다. 요가yoga에 대한 언급은 없지만, 그 구절에서 언급된 유일한 해탈의 방법은 다음과 같은 요가이다.

신체는 접촉을, 혀는 맛을, 코는 냄새를, 귀는 소리를, 눈은 형태를 안다. 고차원의 자아를 알지 못하는 사람은 그것들을 초월해 있는 것을 파악하지 못한다. (4)[52]

위 두 게송은 해탈의 길을 묘사하는 두 게송 뒤에 곧바로 나온다. 이 네 게송들의 근접성은 무의미하지 않을 것 같다. 다시 말해 이것들의 병치는 명상과 요소들을 통한 구절 간의 긴밀한 관계를 함의한다. 이것들은 게송 2~3에서 지수화풍의 물질 요소들을 통한 진보가 게송 3-4에서 언급한 명상 수행의 결과였음을 암시하지 않는다. 그러나 이것들은 초기 브라만전통의 명상가들이 그 세계

51 Mbh XII.195.2-3, "ime śarīrair jalam eva gatvā jalāc ca tejaḥ pavano 'ntarikṣam | khād vai nivartanti na bhāvinas te ye bhāvinas te param āpnuvanti || 2 || noṣṇaṃ na śītaṃ mṛdu nāpi tīkṣṇaṃ nāmlaṃ kaṣāyaṃ nadhuraṃ na tiktam | na śabdavan nāpi ca gandhavat tan na rūpavat paramasvabhāvam || 3 || "

52 Mbh XII.195.4-5, "sparśaṃ tanur veda rasaṃ tu juhvā ghrāṇaṃ ca gandhāñ śravaṇe ca śabdān | rūpāṇi cakṣur na ca tatparaṃ yad gṛhṇanty anadhyātmavido manuṣyāḥ || 4 || nivartayitvā rasanaṃ rasebhyo ghrāṇaṃ ca gandhāc chravaṇe ca śabdāt | sparśāti tanuṃ rūpaguṇāt tu cakṣus tataḥ paraṃ paśyati svaṃ svabhāvam || 5 || "

를 벗어날 '수 있기'bhāvin 위해서 요가수행자는 반드시 그 요소들을 통한 진보를 익힌 명상 전문가여야 한다는 결론을 그렸을 가능성을 제시한다. 이러한 요소 명상의 증거는 『마하바라따』 XII.247.13에서 발견된 것보다 더욱 신빙성 있지만, 반론의 여지가 없는 증거는 『마하바라따』 XII.228의 일부 게송에서 발견된다.

말을 삼가고 총체성kṛtsnā에 대한 7가지 몰입dhāraṇāḥ과 그 나머지 '후미에서 양측면에서pṛṣṭhataḥ pārśvataś'[53]의 몰입을 획득한 사람은 될 수 있는 한 많이 존재하고, (13)

순차적으로 땅과 바람 그리고 허공과 물[에 관한 명상을 성취한] 이는 불에 대해 정통aiśvaryaṃ한 것만큼이나 '나'라는 언표ahaṃkārasya와 지성buddhitaḥ에 [정통하고], (14)

그는 적절한 때에 미현현에 대한avyaktasya 정통함을 얻어, 또 이러한 힘을 지님으로써 그는 요가와 부합하는 수행을 한다. (15)[54]

'미현현에 대한 정통함(게송 15: avyaktasya tathaiśvaryaṃ)' 표현은 순서상 마지막 용어이고, 그렇기 때문에 해탈의 성취를 가리켜야만 한다.[55] 이 관념을 뒷받침

---

53 홉킨스는 이 단어들을 다음과 같이 설명한다(Hopkins 1901a: 354). "우리는 전차 수비대, 혹은 그들이 viii.34.45에서 전차와 유사한 또 다른 우화적 표현인 pṛṣṭharakṣas와 paripārśvacaras라고 명명하듯이, pṛṣṭhagopas와 pārśvagopas의 위치도 기억해 둘 필요가 있다. 선봉과 후미 그리고 측면에 대해서 purataḥ와 pṛṣthe 그리고 pārśvayoḥ로 (부사로 쓰여) 전문적으로 사용된다. … 한편 요가는 숙영지 용어를 차용해 말을 마차에 매는 것 또는 마구(馬具)를 연결하는 것이라는 의미로 쓰인다." 또한 전차를 결박하는 것을 요가 수행과 연결한 아래 각주 56의 게송 12를 참조하라.

54 Mbh XII.228.13-15, "sapta yo dhāraṇāḥ kṛtsnā vāgyataḥ pratipadyate | pṛṣṭhataḥ pārśvataś cānyā yāvatyas tāḥ pradhāraṇāḥ || 13 || kramaśaḥ pārthivaṃ yac ca vāyavyaṃ khaṃ tathā payaḥ | jyotiṣo yat tad aiśvaryam ahaṃkārasya buddhitaḥ || 14 || avyaktasya tathaiśvaryaṃ kramaśaḥ pratipadyate | vikramāś cāpi yasyaite tathā yuṅkte sa yogataḥ || 15 || "

55 이는 바안스의 견해로 보인다(Barnes 1976: 67). "그러므로 모든 것은 제1 원리에서 나와서 거기

하는 것은 그 영역이 해탈을 성취하는 방법으로서 게송 12에서 소개되고 있다는 사실이다.

나는 불멸akṣaraṃ로 가려고 하는 사람gantumanasaḥ, 이러한 수레에 화급히 멍에를 씌우려는 사람을 위한 신속한 방도를 설명할 것이다.(12)[56]

미현현avyakta 이라는 단어는 브라흐만에 대한 별칭이지 미현현의 물질을 의미한다고 보이지는 않는다. 이것은 즉각적으로 명확하지 않다. 왜냐하면 25가지 항목tattva이 이 구절(게송 28) 이후에 언급되고, 그것은 그 구절의 이 장이 (25가지) 브라흐만과 별개의 원리로서 (24가지) 미현현의 물질을 앎을 의미해야 하기 때문이다. 하지만 게송 27-32/36ff 부분은 게송 13-15에서 그려진 요가적 구상을 위한 관련성도 없는 후대의 첨언인 것 같다. 게송 27 이후의 부분은 샹캬와 요가 추종자들을 언급하고 또 주체의 변화를 갖는 게송 27에서 소개되고 있다. 비야사Vyāsa와 슈까Śuka 사이에서 대화(Mbh XII.224-247)는 이 이전에 상캬 추종자들이나 25가지 항목들을 언급하지 않고, 이 이후 그 텍스트에는 어떠한 구조도 거의 있지 않다. 더 나아가, '나에게 들어라'(게송 21, 27, 28: me śṛṇuc; 게송 27: nibodha me)와 같은 표현들은 <해탈법품>에서 교훈적인 섹션으로 늘 이끌고, 또 별도의 부분들은 어떤 텍스트에 추가되었던 점을 빈번히 가리킨다. 이때 게송 21 이후의 섹션은 『마하바라따』 XII.228에 대한 첨언이거나 별개의 층인 것으로 보인

로 되돌아가야 한다는 천지창조의 어떤 진화설은 요가의 수행들과 연계되는 것처럼 보일 것이다. … 요가 수행들은 진화의 영역이나 행위체를 따라 단계별로 그들 자신들을 배열하고, 또 그 요가수행자 자신은 일련의 과정을 통해 다른 단계들의 그것들로 들어간다. 그러니까 그는 그 창조 과정을 역순으로 되풀이함으로써 브라흐마(Brahmā)에게로 들어갈 수 있다."

56 Mbh XII.228.12, "atha saṃtvaramāṇasya ratham etaṃ yuyukṣataḥ | akṣaraṃ gantumanaso vidhiṃ vakṣyāmi śīghragam || 12 || "

다. 이전의 텍스트에 나타난 요소명상에 대한 기술은 '미현현avyaktam'이 브라흐만의 명칭이었던 우주론에 기반하고 있다.

마음집중의 대상 순서(땅 → 바람 → 허공 → 물 → 불 → 자아의식 → 지성 → 미현현)는 미현현인 신으로부터의 천지창조설에 바탕을 두고 있음에 틀림없다. 이는 완전히 분명치 않은데, 왜냐하면 그 구절에는 창조설이 없으며, 또 <해탈법품>에 나타난 물질 요소들에 대한 일반적인 우주생성 순서(허공 → 바람 → 불 → 물 → 땅)를 따르지 않기 때문이다. 그러나 이 순서는 <해탈법품>의 몇몇 우주생성론(예 Mbh XII.187.4)에서 발견되고 있어 이러한 특이함은 상대적으로 무의미하다. 초기불교의 요소명상처럼 초기 브라만전통의 요소명상은 해탈로의 길에 대한 명상 '지도'를 제공한다고 여겨졌던 브라만전통의 우주생성론에 기반했다고 보인다. 그렇다면 우리가 이해해야 할 요소명상은 우주창조론을 역으로 하여 해탈을 성취하는 요가수행자의 방식이라고 여겨졌다.

문헌의 증거를 보면 요소명상이 불교 및 바라문 집단 모두에서 수습되었음을 보여준다. 그렇듯이 초기불교와 브라만전통의 수행자들은 해탈이 물질적 요소들을 통한 명상적 향상과 그것들을 초월한 몇몇 고차원적 의식 상태에 의해서 성취된다고 믿었다. 요소명상의 개념 배경은 초기 브라만전통의 우주론 사상에 의해 제공된다. 요소들이 명상의 적합한 대상들로서 단순히 나타나는 초기 불전에서 요소명상에 대한 비슷한 이론 배경은 없다. 더욱이 명상에 관한 사실상 모든 초기 브라만적 트랙에서 우주론은 명상의 이론적 배경을 제공함을 알 수 있다. 만일 그렇다면, 우주론적 사변은 초기 브라만적 명상에 필수적이지만, 요소명상은 한낱 이 일반론적 명상의 한 측면에 지나지 않는 것 같다.

6. 초기 브라만전통의 우주론과 명상

우주론과 명상의 관계는 <해탈법품>에 나타난 모든 상세한 명상의 구성 체계에서 명확해진다. <해탈법품>의 가장 중요한 초반 트랙(Mbh XII.194-199: 마누와 브리하스빠띠 사이의 대화) 중 한 구절인『마하바라따』XII.197에서 명상에 관한 가르침은 다음과 같이 우주론과 밀접하게 관계된다.

> 우리는 물이 고요할 때 물속에 [비친] 형상을 눈을 통해서 볼 수 있는 것처럼, 그렇게 지나치게 고요한 감각 능력을 보유하고 있는 사람은 앎에 의해서jñānena 알려질 수 있는 것을jñeyaṃ 본다. (2)
>
> 마치 [물이] 요동칠 때 형상을 볼 수 없는 것처럼, 마찬가지로 감각 기능이 동요될 때 앎에서 알아야 할 것을 볼 수 없다jñāne na paśyati. (3)
>
> 앎은 악업이 소멸될 때 사람들에게 발생한다. 즉 거울의 표면과 같을 때 자아 속의 자아를 본다paśyaty. (8)
>
> 감각 기능들이 자유롭게 될 때 고통이고duḥkhī, 그것들이 통제될 때 행복이다sukhī. 따라서 자아를 통해서 감각의 대상들로부터indriyarūpebhyo 자아를 통제해야 한다. (9)
>
> 마음은manaḥ 감각들을 초월해 있고, 지성buddhi은 그것을 초월해 있다. 그 지성은 앎jñāna을 초월해 있고, [또] 앎은 최상의 상태를paraṃ 초월해 있다. (10)
>
> 앎이jñānaṃ 미현현으로부터avyaktāt 분출되고, 그로부터 지성이buddhis [분출되고], 그로부터 마음이manaḥ [분출된다]. (11)

소리와 같이 잡다한 감각 대상들, 그러니까 현현하는 모든 것을 포기하는 사람, 그는 모든 형상을 포기한다ākṛtigrāmāṃs. 그가 그것들을 포기한 이후에tān muktvā 그는 불멸을 얻는다. (12)

감각 행위의 대상들로부터 벗어난 지성이 마음속에서 발생할 그때 그것의 발전된 상태에서 브라흐만을 얻는다. (17)

그는 접촉, 들림, 맛, 시야, 냄새, 그리고 사량이 없는avitarkaṃ 최상의 본질로 sattvaṃ paraṃ 들어간다. (18)[57]

목표는 그것의 '위임된 상태'(게송 8: pralayaṃ gataṃ)의 브라흐만이라는 진술은 해탈이 우주의 상태와 합일하는 것, 까르마의 해체를 통해 성취되는 것이라고 여겨졌음을 가리킨다(게송 8). 이는 우주생성론(게송 11: 미현현/para → 앎 jñāna → 지성buddhi → 마음manas → 감관indriya)의 역행이 요가행자에게는 윤회로부터 벗어나는 길임을 함의한다. 실제 이 구성 체계는 『마하바라따』 XII.199.25의 마누Manu와 브리하스빠띠Bṛhaspati 사이의 대화에서 이후 다음과 같이 암시된다.

---

57 Mbh XII.197.2-3, 8-12, 17-18, "yathāmbhasi prasanne tu rūpaṃ paśyati cakṣuṣā | tadvat prasannendriyavāñ jñeyaṃ jñānena paśyati || 2 || sa eva lulite tasmin yathā rūpaṃ na paśyati | tathendriyākulībhāve jñeyaṃ jñāne na paśyati || 3 || jñānam utpadyate puṃsāṃ kṣayāt pāpasya karmaṇaḥ | athādarśatalaprakhye paśyaty ātmānam ātmani || 8 || prasṛtair indriyair duḥkhī tair eva niyataiḥ sukhī | tasmād indriyarūpebhyo yacched ātmānam ātmanā || 9 || indriyebhyo manaḥ pūrvaṃ buddhiḥ paratarā tataḥ | buddheḥ parataraṃ jñānaṃ jñānāt parataraṃ param || 10 || avyaktāt prasṛtaṃ jñānaṃ tato buddhis tato manaḥ | manaḥ śrotrādibhir yuktaṃ śabdādīn sādhu paśyati || 11 || yas tāṃs tyajati śabdādīn sarvāś ca vyaktayas tathā | vimuñcaty ākṛtigrāmāṃs tān muktvāmṛtam aśnute || 12 || buddhiḥ karmaguṇair hīnā yadā manasi vartate | tadā saṃpadyate brahma tatraiva pralayaṃ gatam || 17 || asparśanam aśṛṇvānam anāsvādam adarśanam | aghrāṇam avitarkaṃ ca sattvaṃ praviśate param || 18 || "

해탈지解脫知를 통한jñānena 염오 없는 고차원 의식, 그리하여서 고차원 의식을 통한 [염오 없는] 마음과 그리고 그 마음에 의한 감각 다발을 형성함으로써 그는 무한의 것을 얻는다. (25)[58]

이상의 진행 순서는 마음manas → 지성buddhi → 앎jñāna → 무변ananta이다. 마음manas과 절대자brahman 사이에 두 항목을 갖는 『마하바라따』 XII.197의 구성 체계는 거기서 요소들에 대한 아무런 언급이 없을지라도, 이 구성 체계는 『마하바라따』 XII.228에 그려진 구성 체계와 거의 일치한다. 명상과 우주론 간의 관계에 대한 또 다른 명시적 예는 명상이 25가지 항목tattva의 우주론에 바탕을 둔다는 『마하바라따』 XII.304에서 확인된다.

밤의 초경에 12가지 요가 수행codanā이 가르쳐진다. 숙면하는 중인 이경에, 삼경에도 동일한 12가지 요가 수행이 있다. (11)

따라서 자아는 고요한 이에 의해서upaśāntena 훈련되고, 억제되어야 하며, 적정처寂靜處를 좋아하고, 자아 안에서 희열을 느끼고 [그리고] 일깨워져야 한다. 그에 대해서는 의심의 여지가 없다. (12)

색성향미촉의 오감의 5가지 오류를 회피하면서, (13)

[감각 대상의] 나타남과 사라짐을 억누르고, 총체적 감각 다발을 형성한 것은 그 마음으로 들어가고, (14)

58 Mbh XII.199.25, "jñānena nirmalīkṛtya buddhiṃ buddhyā tathā manaḥ | manasā cendriyagrāmam anantaṃ pratipadyate || 25 || "

또 그리해서 자아의식에서의āhaṃkāre 마음, 고차원 의식에서의 자아의식buddhau, 그리고 원질에서의prakṛtav 고차원 의식을 확립하고서, (15)[59]

이와 같이 두루 헤아린 이후에parisaṃkhyāya, 그는 절대자kevalam에 대해서 염오가 없고, 충분하고, 영속하고, 무한하고, 순수하고 상처가 없다고 하는 점을 명상해야 할 것이다dhyāyeta. (16)[60]

명상의 최종 단계는 마지막으로 절대자kevalam에게 이르기 전에 우주적인 고차원들—자아의식ahaṃkāra · 지성buddhi · 원질prakṛti—에 대한 마음집중으로 구성된다. 명상과 우주론의 유사한 관계는 <해탈법품>에 나타난 명상에 관한 일련의 다른 구절들(예 Mbh XII.198.2-13, 238.3-13, 294.10-19)에서 아주 분명해진다. 따라서 초기 브라만전통의 명상 구절의 가장 기본적 전제는 자아실현을 추구하는 요가수행자에 의한 명상 상태를 통해서 세계의 창조가 역행되어야 하는 것 같다.

<해탈법품>에서 명상과 우주론 간에 이상의 합치가 널리 퍼진 점을 고려하면, 요소명상은 초기 불교도들에 의해 차용된 후 정교해지기 전에 초기 바라문 집단에서 유래되었다는 것은 꽤 설득력이 있다. 어떤 다른 시나리오는 거의 없을 듯하다. 다만 초기 브라만전통의 우주생성론과 일치하는 형태를 지닌 명상

59 여성명사prakṛti는 중성 제7처격으로 있다.

60 Mbh XII.304.11-16, "niśāyāḥ prathame yāme codanā dvādaśa smṛtāḥ | madhye suptvā pare yāme dvādaśaiva tu codanāḥ || 11 || tad evam upaśāntena dāntenaikāntaśīlinā | ātmārāmeṇa buddhena yoktavyo 'tmā na saṃśayaḥ || 12 || pañcānām indriyāṇāṃ tu doṣān ākṣipya pañcadhā | śabdaṃ sparśaṃ tathā rūpaṃ rasaṃ gandhaṃ tathaiva ca || 13 || pratibhām apavargaṃ ca pratisaṃhṛtya maithila | indriyagrāmam akhilaṃ manasy abhiniveśya ha || 14 || manas tathaivāhaṃkāre pratiṣṭhāpya narādhipa | ahaṃkāraṃ tathā buddhau buddhiṃ ca prakṛtāv api || 15 || evaṃ hi parisaṃkhyāya tato dhyāyeta kevalam | virajaskamalaṃ nityam anantaṃ śuddham avraṇam || 16 || "

수행은 초기불교전통에서 유래된 것 같지 않다. 그리고 초기 브라만 사상가들이 그러한 수행을 불교도들로부터 차용해 그 자신들의 우주생성론과/혹은 요가 이론을 구조화했다는 것은 더더욱 그럴 것 같지 않다. 한편 브라만전통 수행들이 초기 불교도들에 의해 차용되어 채택되었음은 쉽게 상상이 간다. 그 과정에서 폐기된 수행들 가운데 독창적 브라만전통 이념을 갖고 있다. 더욱이 초기 브라만 사상의 기본 전제는 사람과 우주 간에 합일이 있다는 점이다. 브레레튼 Breteton이 주목했듯이, 대우주와 소우주 사이의 우파니샤드식의 합일은

> 세계와 그것을 통제하는 힘이 개별적인 것들을 억누르고 위협하는 외부에 있는 것이 아님을 함의한다. 오히려 세계의 부분은 인격의 부분에 상응하기 때문에 인간은 그 자신 안에 일체를 포섭한다.[61]

이와 같은 사고방식이 초기 브라만전통의 명상의 뿌리이다. 이 점에서 명상의 의식 상태가 우주의 미세한 지층과 같다고 생각했던 것은 놀랍지 않다. 이러한 의미에서 모든 초기 브라만전통의 명상, 즉 우주의 기원과 본성을 다루는 브라만식 신념의 실제적인 정교함과 더불어 사람이 세계와 동일하다는 신념의 정교함도 어떤 면에서는 우주생성론이다. 브라만전통의 요소명상 배경은 논쟁의 여지가 없을 듯하고, 불교 문헌에 나타난 요소 항목이 ①브라만 문헌의 항목과 유사할 뿐만 아니라 ②불교 이념보다는 브라만 이념을 따른다는 점에서 독창적이지 않을 수 있다는 결론에 이른다.[62]

61 Brereton(1990), 121-122.

62 이는 브롱코스트의 주장(1993: ix)을 재구성한 것이다: "①불교 문헌 여러 군데서 거부되고, ②다른 데서는 수용되고, 그리고 ③그 당시 일부 비불교적인 종교 운동에는 적어도 맞아떨어진다고 알려진 요소, 그러한 요소가 불교 문헌으로 침투했다는 것은 사실이 아닐 확률이 상당히

요소명상이 초기 브라만교에서 차용한 것이라면, 무색정과 마찬가지임에 틀림없다. 다시 말해 앞에서 서술했듯이(76쪽), 4무색처의 목록은 더 긴 요소 목록을 요약한 것으로 보이는데, 그 첫 두 무색처(공무변/식무변)는 요소명상 목록의 말미에 있는 '공간'과 '의식'과 논리적으로 연관되기 때문이다. 실제 두 영역은 초기 브라만전통의 우주생성론에 쉽게 맞춰질 수 있다. 그렇다면 이 증거는 성도 이전 붓다의 두 스승에 대한 브라만적인 배경을 제시하는 것이다. 초기 우파니샤드들의 다른 인용문들도 이 주장을 뒷받침한다.

7. 두 스승의 목표 : 초기 우파니샤드식 유사성

초기 우파니샤드에서 아뜨만은 '무소유'와 '비상비비상'과 비슷한 용어로 개념화되어 있다. 후자의 가장 분명한 예는 브라흐만—자아의 궁극적 상태—의 제4의 의식이 다음과 같이 묘사되고 있는 『만두꺄 우파니샤드』(Māṇḍūkya Upaniṣad, 이하 MāU)에서 발견된다.

> 내적인 것을 식별하는 지혜도 아니며nāntaḥprajñaṃ, 외적인 것을 식별하는 지혜도 아니고na bahiḥprajñaṃ, 그 둘을 식별하는 것도 아니며, 의식의 덩어리도 아니며na prajñānaghanam, 의식도 아니고 의식이 아닌 것도 아니며na prajñaṃ nāprajñam,

---

높다." 브롱코스트는 Mbh XII.228.113-115와 AN V.324에 나타난 명상의 대상들 간의 유사성에 주목하고서 다음과 같이 논했다(1993: 92): "그럼에도 불구하고 이 양자의 항목들—『마하바라따』의 항목과 《앙굿따라 니까야》의 항목—은 어떤 공통적인 선조로부터 유래한 것이라는 이야기는 여전히 가능성이 있다." 필자는 이 말에 완전히 공감하는 한편, 필자의 추론식이 그 공통적인 선조를 브라만전통의 집단에서 기인한 것이라는 옳은 결론으로 이끌어졌기를 희망한다. 사실상 이절적인 명상 체계를 설명할 여타의 원전 자료는 있지 않다.

보이지 않으며, 초세간적이고, 붙잡을 수 없으며, 특징지을 수 없고, 사량할 수 없으며, 표현할 수 없고, 희론적멸戱論寂滅, prapañcopaśamaṃ이고, 고요하고śāntaṃ, 상스럽고, 불이론적인advaitaṃ 아뜨만을 가진 일자一者로서의 본질이다. 즉 제4의 의식으로 생각된다. 그가 바로 우리가 인식해야 할 아뜨만이다.[63]

따라서 웃다까 라마뿟따의 목표(=비상비비상처)는 『만두꺄 우파니샤드』에서 브라흐만에 대한 기술na prajñaṃ nāprajñam과 실제로 동일하다. 비록 『만두꺄 우파니샤드』는 대부분의 초기불교 문헌에 비해 확실히 후대의 것이지만, 절대적인 실재에 대한 초기 브라만적 기술에서 '이중부정na+a + 부정na' 구성의 사용은 「유무가」와 같은 고전 문헌에서 발견된다(『리그베다』 X.129.1, "nāsad āsīn nó sád āsīt tadānīm"). 만일 그러한 어원이 바로 브라만 철학의 출발점까지 거슬러 올라간다면, 『만두꺄 우파니샤드』는 웃다까 라마뿟따의 목표(=비상비비상)가 사실상 자아에 대한 초기 브라만적 개념화였다고 가정하기에 좋은 충분한 증거가 된다.

초기 불전과 초기 우파니샤드의 추가 증거는 웃다까 라마뿟따의 목표가 브라만적인 어떤 것이었다는 사고를 뒷받침한다. 「빵짜얏따야경」Pañcayattaya Sutta에서 비불교적 고행자들이나 바라문들은 사후에 자아는 '비상비비상非想非非想', 즉 웃다까 라마뿟따의 목표와 동일하다고 주장한다(MN II.228.16ff, "neva saññī nāsaññī attā arogo paraṃmaraṇati"). 그들은 자아는 의식saññā[64]이 있는 것도 아니요 의식이 없

63 MāU 7, "nāntaḥprajñaṃ na bahiṣ prajñaṃ nobhayataḥprajñaṃ na prajñānaghanaṃ na prajñaṃ nāprajñam. adṛṣṭam avyavahāryam agrāhyam alakṣaṇam acintyam avyapadeśyam ekātmapratyayasāraṃ prapañcopaśamaṃ śāntaṃ śivam advaitaṃ; caturthaṃ manyante. sa ātmā, sa vijñeyaḥ."

64 '질병, 종양, 가시 돋친 말'이라고 말해지는 것(MN II.231.16, "saññā rogo saññā gaṇḍo saññā sallaṃ").

는 것asaññā도 아니라고 하며, 후자는 '미혹'이나 '혼침sammoho'[65] 상태로 정의된다고 주장한다. 자야틸레케는 『브리핫아란야까 우파니샤드』(Bṛhadāraṇyaka Upaniṣad, 이하 BU)에서 야즈냐발캬Yājñavalkya와 마이뜨레이Maitreyī가 나눈 유명한 대화 장면에 나타난 이것을 그가 말한 자아의 정의와 일치한다고 밝혔다.[66] 이 구절에서 야즈냐발캬는 죽을 때 '의식saṃjñā'은 없다고 말한다(BU II.4.12, IV.5.13, "na pretya saṃjñāstīy are bravīmi"). 그는 이 상태가 비록 '의식'은 없더라도 '미혹(moha, 즉 당혹, 무의식)'의 상태는 아니라고 주장함으로써 앞선 진술을 명확히 한다.[67] 따라서 불교나 브라만교의 원전 증거가 일치한다는 것을 알 수 있고, 양자의 사례에서 자아는 지각/의식(saññā/saṃjñā)이 아닐뿐더러 비지각/무의식(asaññā = [sam]moha)도 아니라고 생각되었다.

여기에 추가 합치점이 있다. 야즈냐발캬는 자신의 논지를 펴기 위해 논리적 귀결을 끌어낸 후 의식도 아니고 무의식도 아닌 자아는 사후에 자동사적 의식 상태에 있다고 말한다.[68] 이는 같은 대화 속에서 야즈냐발캬는 자아를 단일한 의식 덩어리(BU II.4.12/IV.5.13, "vijñānaghana/prajñānaghana"), 즉 대상을 결여한 의식이라고 정의할 때보다 앞서 제시되어 있다. 불교 자료는 '비상비비상' 상태와 같은 것을 자주 제시한다. 《경장》에서 이 상태의 성취는 2종류의 핵심적인 명상 상태의 항목들인 "팔해탈"(4무색계 + 4해탈 + 상수멸)[69]과 "구차제정"(색계4

65 MN II.231.17.

66 Jayatilleke(1998), 41.

67 BU II.4.13, IV.5.14, "na vā are 'haṃ mohaṃ bravīmi."(내가 그대를 당혹스럽게 하고자 함이 아니요.)

68 na pretya saṃjñāstity에 대한 야즈냐발캬 자신의 설명은 "일정 정도의 이원성이 존재하고 있을 때 … 그는 그 나머지를 인식할 수 있다."(BU II.4.14, IV.5.14, "yatra hi dvaitam iva bhavati … tad itara itara vijānāti.") 이는 야즈냐발캬가 사후의 자아에 대해서 완전히 비의식적이었다고 부정하는 게 아니라, 단지 의식적이었다는 것만을 부정했음을 의미한다.

69 예로 DN II.70.28ff.

선+4무색처정+상수멸정)[70]으로 묘사된다. 양자의 항목들에서 무색계의 처음 세 가지 성취의 표현은 정확히 동일하다. 각 대상에 대한 지속적인 마음집중(*심일경성)(예 ākāsānañcāyatanaṃ upasampajja viharati)은 각 대상이 마음속에서 개념화된 이후에만 오로지 성취된다(예 ananto ākāso ti). 그러한 '비상비비상처'의 성취 표현은 심적 대상으로서 그것보다 선행하는 개념화에 대해서 그 무엇도 말하지 않는다. 그것은 다음과 같이 간단히 말하고 있다.

무소유처를 완전히 초월하면서 우리는 비상비비상처를 성취한다.[71]

이 상태는 인식 대상의 비존재를 의미하고 있음에 틀림없다. 하지만 이는 그 다음의 명상 상태인 '상수멸'의 특징이어서[72] 비상비비상처는 알아차림을 완전히 여윈 것이 아니다. 만일 '비상비비상처'가 인식 대상은 없지만 의식이

---

70 예로 MN I.159.10ff.

71 예로 DN II.71.12, "sabbaso ākiñcaññāyatanaṃ samatikamma nevasaññānāsaññāyatanaṃ upasampajja viharati."

72 이 사실은 「마하웨달라경」(Mahāvedalla Sutta)의 MN. I.296.10ff에서 확실해 진다. 거기서 상수멸의 성취자는 신체와 언어, 그리고 마음의 활동이 중단되었음으로 시체와 같다고 말하고 있다. 그리피스는 '강직증(强硬症) 무아지경'의 상태로 명명했고(Griffiths 1981: 608), 또 발레 뿌상은 그것을 '발작 강직증'과 유사한 것으로 묘사했다(La Vallée Poussion 1937: 212). 브롱코스트에 의하면 "이 '비상비비상처'에서 관념은 존재하지 않는다."(Bronkhorst 1993: 81, n.8). 그는 DN II.69에서 관념 없는 존재들(asaññasattā)이 그 '비상비비상처'를 향유한다고 생각하는 것으로 보고 이러한 결론을 이끌어낸다. 그러나 이는 맞지 않다. DN II.68.25(… dve ca āyatanāni)의 viññāṇaññhiti-s와 āyatana-s에 관한 트랙의 소개에서 알 수 있듯 DN II.69.21에서 '관념 없는 존재들의 영역(asaññasattāyatana)'과 '비상비비상처'는 두 개의 다른 세계이다. 이 참고문헌은 정확히 브롱코스트가 주장하는 바의 정반대, 즉 '비상비비상처'는 *의식 없는 존재들(asaññasattā)에 의해서 향유되지 않는다는 점을 보여준다. 브롱코스트가 주목하듯이 타 불교학파들 가운데 이 이슈에 관한—혹자들은 비상비비상처가 의식을 가지고 있다고 생각하고, 혹자들은 그렇지 않다고 생각하는—의견차는 대상 없는 의식에 대한 비불교적 관념을 다루려는 후대의 학문적 시도라고 보인다.

없는 상태가 아니라고 한다면, 그것은 대상 없는 의식 상태, 즉 야즈냐발캬가 말한 바와 유사한 자동사적 의식 상태이어야 한다는 결론에 도달한다. 이 상태와 야즈냐발캬의 자아 관념 간의 유일한 차이는 전자는 살아 있는 명상 수련자에 의해 성취된다고 말하는 데 비해, 후자는 죽은 후에 실현되는 것이라고 야즈냐발캬가 말했다는 점이다. 하지만 이 차이는 별반 중요하지 않다. 「빵짜얏따야경」에 나타난 비불교의 고행자들과 바라문들은 야즈냐발캬처럼 자아는 사후에 의식이 없는 것도 아니요 그렇다고 의식이 없는 것도 아니라고 생각했다(MN II.231.4, "nevasaññiṃnāsaññiṃ … paraṃmaraṇā"). 또 웃다까 라마뿟따의 명상의 목표 역시 이 방식으로 이해되었을 것 같다.

이처럼 웃다까 라마뿟따는 불교를 비롯한 브라만교의 다양한 출처에서 그려진 불교 이전의 전통에 속했을 가능성이 높다. 아마도 그의 환경은 초기 우파니샤드의 철학적 정형구들이 취해졌던 브라만전통에 있었을 것이다. 또 알라라 깔라마의 목표가 초기 브라만적 개념화에 있었음을 암시하는 초기 우파니샤드 자료도 있다. 예로 『브리핫아란야까 우파니샤드』BU의 최초의 우주생성 신화는 다음과 같이 시작한다: "태초에 여기에 아무 것도 전혀 없었다."(BU I.2.1, "naiveha kiṃcanāgra āsīt"). 초기 바라문 집단에서 절대적 실재(아뜨만/브라흐만)는 'ākiñcanya(무소유)' 용어, 즉 추상명사로 변환된 BU I.2.1의 명제에 의해 알려졌다고 가정하는 것은 이 증거를 근거하면 그럴듯하다.[73] '아무것도 없음(=무소유)'이나 '비존재'의 류(類)로 표현되는 자아에 대한 유사 증거는 또 다른 우파

73 바로는 '알라라 깔라마(Āḷāra Kālāma)'가 브라만전통이 아닌 환경에 속해 있음을 제시하면서 그의 이름이 인도-유럽인의 것이 아니라고 주장했다(Bareau 1963: 16-17). 설사 이것이 참일지라도, 우리는 초기 브라만전통의 요가수행자들과 철학자들이 자신들의 고행 집단에서 바라문이 아닌 이들과 토착민들을 배제했는지 아닌지 전혀 알 길이 없다. 이 점에 대해서 Zafiropulo (1993), 25 참조하라.

니샤드인 『찬도갸 우파니샤드』(Chāndogya Upaniṣad, 이하 CU) VI.12.1에서 발견된다. 여기서 웃다라까 아루니Uddālaka Āruṇi는 쉬베따께뚜Śvetaketu에게 바얀 나무의 열매 씨앗을 잘라서 열 때 무엇을 볼 수 있는가 묻고 있다.

"너는 여기서 무엇이 보이는가?"

"아무 것도 없습니다. →(na kiṃcana), 존자이시여."[74]

이때 웃다라까 아루니는 이 '아무것도 없음'을 자아에 대해 비유하고 있다.[75] 이 증거는 BU I.2 만큼이나 훌륭한 것은 아니다: 웃다라까 아루니의 우주생성론은 결국 "태초에 이 세상은 두 번째가 없이 자기 홀로 존재하는 유일자였다(CU VI.2.1, "sad eva somyedam agra āsīd ekam evādvitīyam")."라는 관념에 바탕을 둔다. 이 트랙에서 창조 이전 상태는 보이는 것처럼 '아무것도 없음'이 아니라 오히려 바로 반대, 즉 '어떤 것', '존재하는 것'이다. 실제로 CU VI.2.2-3에서 웃다라까는 창조 이전 상태가 비존재(asad = 비존재하는 것) 중 하나였다는 혹자의 주장에 반박하고 있다.[76] 그럼에도 불구하고 과일을 쪼개는 이야기는 비록 이 '아무것도 없음'이 '존재하는 것sad'이라고 불릴지라도 상징적인 의미에서 '아무것도 없음'이라고 여겨지는 아뜨만/브라흐만에 대한 증거이다. 또 설령 그렇지 않다 하더라도, 웃다라까의 브라만 대론자들—태초에 비존재asad가 있었다고 주장하는 자들—은 일부 초기 브라만 사상가들이 창조 이전의 상태를 일종의 비존재, '아

74 CU VI.12.1, " … kim atra paśyasīti ? | na kiṃcana bhagava iti || 1 || "

75 CU VI.12.3, "sa ya eṣo 'ṇimaitad ātymam idaṃ sarvaṃ | tat satyam | so ātmā | tat tvam asi Śvetaketo iti || 3 || "

76 CU VI.2.1-2, "sad eva somyedam agra āsīd ekam evādvitīyam | tad dhaika āhur asad evedam agra āsīd ekam evādvitīyam | tasmād asataḥ saj jāyata || 1 || kutas khalu somyaivaṃ syād iti hovāca ? katham asataḥ saj jāyeteti ? sat tv eva somyedam agra āsīd ekam evādvitīyam || 2 || "

무것도 없음'이었다고 믿었음을 보여준다. 추가 증거는 『따잇띠리야 우파니샤드』(Taittirīya Upaniṣad, 이하 TU) II.7.1에서 다음과 같이 발견된다.

> 태초에 세계는 비존재였다; 그것으로부터 존재하는 것이 태어났다.[77]

우리는 TU II.6.1("만일 그가 브라흐만이 비존재한다고 생각한다면, 그는 비존재하게 된다.) 또한 인용할 수 있고,[78] 그것은 브라흐만이 비존재한다고 생각하는 자들을 비판하는 것처럼 보인다. 또 CU III.19.1에서 우주의 미현현 상태가 '비존재'라는 관념은 그것이 현현하게 될 때 우주적 계란으로 전개한다는 사고와 연계하고 있다.

> 태초에 이것은 단순히 비존재asad였고, 존재하는 것은 그것이었다. 그때 그것은 계란으로 전개하여 전환했다.[79]

이는 일부 고전 브라만 사상가들이 브라흐만의 미현현 상태를 일종의 비존재였다고 보는 견해를 주장했음을 의미함에 틀림없다. 알라라 깔라마의 목표(=무소유)는 이 초기 철학 전통의 정형이라고 이해될 수 있다.

8. "보는 중이면서 보지 못한다"라는 경구

웃다까 라마뿟따가 초기 브라만전통의 목표를 가르쳤다는 사고는 초기불

---

77 TU II.7.1, "asad vā idam agra āsīt tato vā sad ajāyata."

78 TU II.6.1, "asann eva sa bhavati asad bhrahmeti veda cet."

79 CU III.19.1, "asad evedam agra āsīt. tat sad āsīd. tat samabhavat. tad aṇḍaṃ niravartata."

교 문헌에서 추가 증거로 뒷받침된다. 「정신경」(淨信經, Pāsādika Suttanta, D29)에서 웃다까 라마뿟따가 말한 경구警句는 유명한 우파니샤드의 아뜨만 정의와 비슷하다. 이 경구는 붓다가 웃다까 라마뿟따의 가르침을 비평할 때 다음과 같이 말해졌다.

쭌다여, 웃다까 라마뿟따는 "보는 중이면서 보지 못한다passan na passati."라고 말하곤 했다. 무슨 까닭으로 "보는 중이면서 보지 못한다."라고 하는가? 잘 벼려진 예리한 칼날을 보면서 그 칼끝[경계]을 보지 못한다. 이것을 "보는 중이면서 보지 못한다."라고 일컫는 것이다. 그러나 이것은 참으로 저열하고 세속적이고 무지하고 이익을 주지 못하는 칼에 관한 말일 뿐이다. 쭌다여, "보는 중이면서 보지 못한다."라고 바르게 말하는 것은 "보는 중이면서 보지 못한다."라고 바로 이렇게 말해야 하는 것이다. 무슨 까닭으로 "보는 중이면서 보지 못한다."라고 하는가? 이렇게 "모든 조건을 구족하고 모든 조건을 완성한 모자라지도 넘치지도 않게 잘 설해져 완성된 범행梵行을 오직 잘 드러내었다."라는 이것이 보는 것이다. 여기 "이것을 제거해야 그것이 청정해지는(그런) 것이 없다."는 이것이 보지 못하는 것이다. 여기 "이것을 더해야 그것이 완성되는 것이 없다."는 이것을 보지 못하는 것이다. 쭌다여, 이것이 "보는 중이면서 보지 못한다."라고 일컫는 것이다.[80]

일부 학자들은 "보는 중이면서 보지 못한다."라는 표현을 웃다까 라마뿟따

---

80 DN III.126.17, "uddako sudaṃ, cunda, rāmaputto evaṃ vācaṃ bhāsati—'passaṃ na passatīti. kiñca passaṃ na passatīti ? khurassa sādhunisitassa talamassa passati, dhārañca kho tassa na passati. idaṃ vuccati cunda—'passaṃ na passatī'ti. yaṃ kho panetaṃ, cunda, udakena rāmaputtena bhāsitaṃ hīnaṃ gammaṃ pothujjanikaṃ anariyaṃ anatthasaṃhitaṃ khurameva sandhāya. yañca taṃ, cunda, sammā vadamāno vadeyya—'passaṃ na passatī'ti, idameva taṃ sammā vadamāno vadeyya—'passaṃ na passatī'ti. kiñca passaṃ na passatīti ? evaṃ sabbākārasampannaṃ sabbākāraparipūraṃ anūnamanadhikaṃ svākkhātaṃ kevalaṃ paripūraṃ brahmacariyaṃ suppakāsitanti, iti hetaṃ passati. idam ettha apakaḍḍheyya, evaṃ taṃ parisuddhataraṃ assāti, iti hetaṃ na passati. idam ettha upakaḍḍheyya, evaṃ taṃ paripūraṃ assāti, iti hetaṃ na passati. idaṃ vuccati—'passaṃ na passatī'ti."

가 말한 것으로 인정했지만 애매한 것이 사실이다.[81] 만일 그것이 특정한 것에 대한 알아차림 없이도('보지 못한다': na passati) 알아차림의 상태('봄': passan)를 가리킨다면, 그것은 '비상비비상nevasaññānāsaññā' 상태, 즉 특정한 것을 갖지 않는 알아차림으로 여겨지는 상태와 동일시될 수 있다. 사실상 부정어와 이중 부정어로 구성된 'nevasaññānāsaññā(비상비비상)' 복합어는 nāsaññā = sañjānāti = passan, nevasaññā = na sañjānāti = na passati 맥락에 따라 단순화될 수 있다. 그렇다면 "보는 중이면서 보지 못한다."라는 경구가 웃다까 라마뿟따가 대상 없는 알아차림에 대한 그의 가르침을 상술하기 위해 사용했다는 점은 상당히 일리가 있다.

그 경구를 설명하기 위해 사용된 직유直喩—칼날이 아니라 칼의 표면에 대한 알아차림—는 대상(칼의 표면)을 갖는 알아차림 상태를 묘사하기 때문에, 그것은 이것을 제시하는 것처럼 보이지 않는다. 하지만 만일 그 직유가 위치를 서로 바꿈으로써 칼의 표면이 아닌 칼날에 대한 알아차림을 묘사했다면, 즉 그것은 너무나 미묘해서 만질 수 있는 대상을 갖지 않는 알아차림 상태(지각할 수 없는 칼날을 보는 것—passan)를 나타낼 것이고, 동시에 그것은 형체 있는 대상이 지각되지 않기 때문에 일종의 '보지 못하는 것'(칼날의 표면을 보지 못함—na passati)이라고 묘사될 수 있다. 만일 "보는 중이면서 보지 못한다."라는 경구가 이 직유를 통해 묘사된 것이라면, 그것은 '비상비비상' 상태와 대개 일치할

81 나카무라는 이 에피소드를 언급하면서 다음과 같이 논평했다(Nakamura 1979: 276): "이 사례에서 웃다까의 말과 표현은 석가모니의 사상에 맞게 다듬어졌다. '보는 중이면서 보지 못한다.'라는 그런 표현은 극도로 특이해서 일반적인 불교 경전에는 보이지 않는다. 바꿔 말해 우리는 웃다까가 실제로 그러한 방식으로 설교했다고 추정할 수 있다." 리즈 데이비스는 웃다까 라마뿟따의 '신비한 언사'라고 표현한다(Rhys Davis 1908: 34). 그 경구는 또한 KaU III.14cd, "kṣurasya dhārā niśitā duratyayā durgaṃ pathas tat kavayo vadanti ‖ 14 ‖ "(예리한 칼날의 표면은 지나가기 어렵다—시인들은 *[진리를 깨치는] 길의 어려움에 *[빗대어] 말한다.)에서 초기 우파니샤드식 요가 표현을 상기시킨다. *[ ] 역주

것이고, 또 웃다까 라마뿟따의 말이라고 의심할 이유가 전혀 없게 될 것이다. 우리는 이를 그 사례였다고 믿을 만한 어떤 이유가 있을까? 칼날보다 오히려 칼날의 표면을 보는 것에 대한 그 직유가 자동사적 알아차림에 대한 가르침과 독창적으로 연계된 어떤 직유의 도치倒置였을까?

이는 그렇다고 믿을 만한 타당한 근거가 있다. 첫 번째 주목하는 것은 빠알리 텍스트의 표현이다. 칼과 칼날에 대한 직유는 웃다까 라마뿟따의 표현이 아니라 붓다가 한 말이다. "보는 중이면서 보지 못한다passan na passatīti."라는 경구만 오로지 웃다까 라마뿟따에게서 유래된 것이다. 이는 빠알리 텍스트에서 언급된 직유가 그 경구와 독창적으로 관련되지 않았을 가능성이 제기된다. 더 나아가 그 직유는 붓다의 의도와 더 잘 들어맞는다. 붓다는 자신의 주장을 관철하기 위해서 어떤 이가 (어떤 다른 점에서 승가saṅgha의 가설적인 상태에 비교되는) 추상적이고 만질 수 없는 것을 보지 못하는 것이 아니라; (승가의 현 상태에 비교되는) 만질 수 있고 현행하는 것을 본다는 점에서 직유를 필요로 한다. 만일 누군가가 만질 수 있는 것(칼날의 표면)이 아니라 만질 수 없는 것(칼날)을 본다고 말하는 설명과 대비될 수 있다면, "보는 중이면서 보지 못한다."에 대한 붓다의 설명은 맞지 않을 것이다. 붓다가 설명한 "보는 중이면서 보지 못한다."라는 말은 만질 수 있는 대상에 대한 의식을 가리키고 있는 직유와 대비되고 있음에 틀림없다.

그 독창적 직유가 교묘한 속임수로 대치되었다는 것은 상당히 타당하다. 리처드 곰브리치는 붓다가 그의 유명한 '방편'을 실행함으로써 대론자들의 견해를 어떻게 '비틀었는지'에 대해서 썼다.[82] 예로, 「악가냐경」Aggañña Sutta에서 붓

---

82 Gombrich(1996), 17-21 참조.

다는 ajjhāyaka('베다의 암송자') 단어가 a-jhāyaka('비非명상가')를 의미하는 것으로 설명한다.[83] 이 스타일로 재해석한 어원은 아마도 "보는 중이면서 보지 못한다"를 설명하려고 사용된 직유 대치에 의한 방식 부류를 설명한다. 붓다는 자신의 가르침이 옹호자들에 의해 분명히 드러나 실천되었다는 사실을 적시하기 위해서 익히 알려진, 대상 없는 인식 상태의 사례를 보여주는 직유를 통하는 발상의 전환을 시도했을 가능성이 있다.[84] 이런 종류의 어원 비틀기는 「악갸냐경」에서 보이는 것보다 약간 더 복잡하다. 하지만 독창적인 직유를 알고 있는 청중에게는 잘 알려진 그러한 경구 해석은 낡은 관념을 쳐부수는 비판으로 보였을 것이다.

필자의 주장은 다음과 같이 인용될 수 있다. 웃다까 라마뿟따가 말한 "보는 중이면서 보지 못한다"와 '비상비비상처'라는 표현에 나타난 명상 상태들은 동일하다고 가정하는 것이 합당하다. 비록 "보는 중이면서 보지 못한다"의 사례를 보여주려고 사용된 직유—칼끝이 아니라 칼날을 보는 것—가 이것을 반증하는 것처럼 보이지만, 그 방점은 직유를 직접적으로 웃다까 라마뿟따가 말한 바가 아님을 보여준다. 대론자들의 어원을 비틀고 있는 초기 빠알리 문헌에 나타난 다른 에피소드들도 마찬가지로 직유를 대치시키기 위한 불교적 동기 역시 있다. 따라서 필자는 "보는 중이면서 보지 못한다"와 '비상비비상'의 표현들이 동일한 명상 상태이고 또 전자의 사례를 들려고 사용한 직유를 가리키는 것은 설령 그것이 빠알리 문헌에서 발견된 것(아마도 잘못된 방향의 동일한 직유)과 유사했을지라도, 웃다까 라마뿟따만이 독창적으로 사용한 것이 아님을 암시한다. 만일 그 경구가 대상 없는 인식을 가리키기 위한 의미로 수용된 것이라

83 DN III.94.24; Gombrich(1992), 163 참조.

84 만일 참이라면, 그것은 붓다가 대상 없는 의식에 대한 사고를 묵살했음을 의미할 수도 있다.

면, 그것은 초기의 주요 우파니샤드의 자아 개념과 정확히 일치하는 것이다. 『브리핫아란야까 우파니샤드』(BU IV.3.23)에서 숙면 속의 자아의 불이론적 인식 상태는 "보는 중이면서 보지 못한다"와 거의 같은 언어로 다음과 같이 기술된다.[85]

> 실로 그가 [눈으로] 보지 못하지만, 실로 그는 보는 중입니다paśyan vai. 다만 그는 ([항상] 보여 지는) 것을 보지 못합니다tan na paśyati;[86] 왜냐하면 보는 자의 봄의 그침이 없는데, *[그것은] [보는 자] 자신의 영원불멸성 때문입니다. 그렇지만 그가 볼 수 있는 것은 그 자신 이외에 분리된 제2의 무언가는 없습니다.[87]
>
> *역주

이상에서 가장 중요한 대목은 "실로 그는 보는 중이면서(=보면서) 보지 못합니다paśyan vai tan na paśyati."라는 표현이다. 올리베르Olivelle는 'paśyan vai'를 "그가 보는 것을 잘 할 수 있다."라고 번역하지만,[88] 그가 왜 '~하는 중doing' 보다는 '~할 수 있는 중capable of doing' 이라는 능동형 현재분사로 번역하는지는 확실하지 않다. 우리는 'paśyan vai'의 주체가 숙면 상태에 있어서, '능력'의 의미를 이 맥락에 적용함으로써 무언가를 본다고 말할 수 없다는 것을 추정할 수 있다. 냄새, 맛, 말하기, 듣기, 사량, 접촉, 지각에 대해서 같은 추론이 적용될 것이다—왜냐하면 그 주체가 설령 각각의 앎에 대해 여전히 '~할 수 있는 중'이더라도 숙면 상태에 있기 때문에 그것들은 활동적이라고 말할 수 없다. 그러나 이 해석은

85 흄의 번역(1931: 137).

86 Hume(1931), 137. 그는 깐와(kāṇva)본을 따르고, 마디얀디나(Mādhyandina)본은 깐와본에서 발견되는 tan na를 대신해 tad draṣṭavyaṃ로 있음에 주목한다.

87 BU IV.3.23, "yad vai tan na paśyati paśyan vai tan na paśyati. na hi draṣṭur 'dṛṣṭer viparilopo vidyate 'vināśitvāt. na tu tad dvitīyam asti tato 'nyad vibhaktaṃ yat paśyet."

88 Olivelle(1998), 115.

설령 그의 감각 기능들의 작동이 멈추었더라도 그 주체는 계속해서 의식하고 있다는 중대한 [차이] 점이 [발생하고] 있어 애매하다. 지각 동사는 그 주체에 비유적으로 다음과 같이 적용된다. 그가 "실로 보는 중paśyan vai"이라는 표현은 특별히 무언가를 '보지' 않더라도 그가 여전히 의식하고 있음을 가리킨다. 능동형 현재분사는 문자 그대로의 의미는 아니지만 인식이 완전히 사라지지 않았다는 측면을 강조한다. 따라서 "실로 보는 중"과 같은 표현은 여전히 인식이 있음, 다시 말해 그것은 어떤 대상의 비존재 속에서 그 지각자에게 전체적으로 나타나지 않지만na … viparilopo vidyate, 지각할 수 있는 대상에 대한 앎을 정상적으로 허용할 수 있는 인식을 의미한다.

"실로 그것을 보는 중이면서 보지 못한다paśyan vai tan na paśyati."라는 표현은 "보면서 보지 못한다passan na passati."라는 빠알리 경구와 의미론적이고 구문론적으로 가깝다. 이 독창적 산스끄리뜨 경구는 BU IV.3.23에서 차용되었으며, 이후 명상에 전념하는 집단에서 대상 없는 인식의 목표를 나타내기 위해서 사용되었을 가능성이 높다. 그런 시나리오는 "그는 하나의 바다, 두 번째가 없는 보는 자가 된다(BU IV.3.32, "salila eko draṣṭā 'dvaito bhavanti")."라는 표현이 담긴 후반 구절에서 제시된다. 여기서 동사 √dṛś는 단독적인 시각적 알아차림이라기보다 보편적인 알아차림을 지정하기 위해서 사용된다.[89] 이러한 가르침을 요약하는 데 있어 모든 감각 활동을 총괄하기 위해 사용된 단일 동사가 √dṛś이였을 가능성이 상당히 농후하다. 따라서 "실로 그가 보는 중이면서 보지 못한다."라는 구

89 초기 우파니샤드에서 보편적인 알아차림을 지정하기 위한 √dṛś의 용례는 자야틸레케에 의해 다음과 같이 밝혀졌다(Jayatilleke 1998: 58): "√dṛś 동사 형태가 인지나 감각적 지각의 다른 형태를 언급함이 없이 사용되는 곳은 한낱 시각적 인지 작용이나 시각적 지각만을 지시하는 하지 않고, 보편적인 지각을 지시하는 것으로 봐야 한다."

절은 초기 브라만전통에서 자동사적 의식 상태의 전형을 보여주는 것으로 사용되었을 개연성이 있다. <해탈법품>의 "비록 보는 중이면서 보지 못한다paśan api na paśyati."라는 구절과 비슷한 맥락에서 이를 확인해 주는 것은 다음과 같다.

> 우리는 마음과 연결된 눈에 의해 보이는dṛśyaṃ 모든 것을 본다. 그러나 우리가 그것을 보더라도 마음이 방해받을 때tad dhi paśyann api, 우리는 보지 못한다na paśyate. (16)
>
> 잠의 힘 아래에 있는 사람은 말하고, 듣고, 냄새 맡거나, 감촉 또는 맛을 알거나 혹은 보지 못한다. (17)[90]

이 <해탈법품> 구절의 저자는 잠자고 있어 대상을 인식하지 못하는 상태na paśyati를 여전히 일반적으로 의식하고 있을지라도tad dhi paśyann api, 미혹해 있어 대상을 인식하지 못하는 상태에 빗댄다. 이러한 인식론은 BU IV.3.23의 구절을 염두에 두고 구성했을 것 같고, 반면 숙면 중인 자아 상태에 대해 독창적으로 창안된 경구는 앎에 대한 유사점을 만들기 위해 수용되었을 것으로 보인다. 그것은 『브리핫아란야 우파니샤드』에 나타난 독창적 문맥에서 인용되어 독립적으로 사용되었다. 우선 이런 식의 인용은 초기 명상 수행자들이 자동사적 의식의 명상 상태에 대한 자신들의 신념을 기술하기 위해 사용되었을 가능성이 높다. 초기 브라만전통의 명상에 대한 가르침은 확실히 초기 우파니샤드식 불이론不二論의 철학에 의존했었다. 초기 우파니샤드와 <해탈법품> 중 일부에 나타난 요가의 수행 목표는 숙면과 다르지 않는 의식 상태, 즉 그것을 성취한 이가 '마치

90 『마하바라따』 XII.180.16-17, "sarvaṃ paśyati yad dṛśyaṃ manoyuktena cakṣuṣā | manasi vyākule tad dhi paśyann api na paśyati || 16 || na paśyati na ca brūte na śṛṇoti na jighrati | na ca sparśarasau vetti nidrāvaśagataḥ punaḥ || 17 ||"

나무토막 같다.'고 말해질 정도로 상당히 약화된 의식 상태를 성취하기 위함이다.[91] 동사 √dṛś는 이 <해탈법품> 구절들 속 도처에서 발견된다. "실로 그는 보는 중이면서 보지 못한다."라는 경구는 단순화되어, 이후 브라만적 불이론의 영향을 받았던 초기 요가 집단에서 사용되었다는 점은 쉽게 상상이 간다. 비록 『마하바라따』 XII.180에서 비슷한 사고의 출현이 연상되지만, 그것은 <해탈법품>의 요가 구절에서 보이지 않는다. 빠알리어와 유사한 중세 인도-아리안 방언에서 "실로 그는 보는 중이면서 보지 못한다."라는 "passaṃ ve taṃ na passati."와 같은 어떤 것처럼 나타났을 수도 있다. 그것은 "보는 중이면서 보지 못한다."라는 경구처럼 쉽게 단순화되었을 것이다.

이 고찰들은 그 빠알리 경구의 브라만적 기원을 암시하고, 또 웃다까 라마뿟따가 『브리핫아란야 우파니샤드』의 불이론적 가르침에 익숙한 요가 환경에서 활동했음을 함의한다.

9. 3장의 결론

요소명상은 초기 빠알리 문헌에서, 두 세트의 대상들이 묶여져 있는 항목에서(67-70쪽), 그리고 첫 두 무색계들과 일치하는 '공간'과 '의식' 까시나들과 관련된 4대 요소들이 있는 까시나의 영역 항목에서(70-76쪽) 무색처정과 관련된다. 양자 항목에 대한 교리 배경은 6대 '요소'(dhātu: 땅 · 물 · 불 · 바람 · 허공 · 의

91 예로 Mbh XII.294.17ab, "na cābhimanyate kiṃcin na ca budhyati kāṣṭhavat | "(그는 마치 나무토막처럼 어떤 것을 생각하거나 인식하지 않는다). 또 참조 Mbh XII.294.14, "mano buddhyā sthiraṃ kṛtvā pāṣāṇa iva niścalaḥ | sthāṇuvac cāpy akampaḥ syād girivac cāpi niścalaḥ ‖ 14 ‖ "(지성에 의해 마음을 확립하면서 돌처럼 움직임이 없고, 산처럼 움직임 없는 부동의 나무 그루터기처럼 또한 될지니). 또 Mbh XII.188.5, "kāṣṭhavan muniḥ."

식) 항목, 즉 TU II.1/『마하바라따』 XII.195(자아 → 허공 → 바람 → 불 → 물 → 땅), 그리고 『마하바라따』 XII.224(브라흐만 → 마음 → 허공 → 바람 → 불 → 물 → 땅)에 나타난 우주생성론과 같은 초기 브라만전통의 우주론 관념에 근거한 듯 보이는 항목에 의해 제공된다. 초기불교 문헌에 나타난 요소들 항목에 대한 유사한 교리 배경은 있지 않다. 더욱이 초기 브라만적 우주론은 초기 브라만전통 명상에 대한 교리 배경을 제공하고, 나아가 초기 브라만 문헌에서 요소명상에 대한 증거조차 있다. 명상에 대한 이 모든 구상의 기본 전제는 사람과 우주의 브라만적 합일(=범아일여)에 있다. 이는 요소명상과 무색처정이 초기 바라문 집단에서 유래되었고, 어떤 사실은 그 두 스승들의 목표와 나란히 하는 일련의 우파니샤드 구문들에 의해 뒷받침되었음을 시사한다. 이 증거에 대한 가장 단순한 설명은 붓다의 두 스승들 중 한 명은(혹은 둘 다) 자아실현의 길로서 요소명상의 구상을 가르쳤다는 점이다.

이 장에서 개요를 그린 주장을 다음과 같이 정형화할 수 있다.

(1) 4무색계(허공·의식·무소유·비상비비상)의 불교적 항목은 붓다의 두 스승들에게서 비롯되었다.
(2) 무색처정은 요소명상과 관련이 있다.
(3) 그러므로 요소명상은 무색처정이 있었던 동일한 비불교적 출처, 즉 두 스승들의 환경(x)에서 차용되었다.
(4) 요소명상과 무색처정에 대한 교리 배경은 6가지 '토대dhātu'들 항목에 의해 제공된다.
(5) 6가지 '토대'들 항목은 초기 브라만적 우주생성론에 바탕을 둔다.
(6) 브라만적 우주생성론은 초기 브라만전통의 명상에 대한 교리 배경을 제공하고, 그것의 가장 기본적인 전제는 사람과 우주의 초기 브라만적 합일(=범아일여)에 있다.

(7) 그러므로 요소명상과 무색처정은 명상이 우주론적 사변의 실질적 상대였던 어떤 브라만적 출처에서 차용되었다.

(8) 브라만적 출처는 아마도 두 스승들이고, 그 스승들의 목표('무소유'와 '비상비비상')에 대한 우파니샤드의 일치에 의해 제시된 사실이다.

제 4 장

초기 브라만전통의 요가철학

제4장

초기 브라만전통의 요가철학

앞 장에서 무색처정의 브라만적 기원에 대한 강력한 주장을 살펴보았다. 필자가 보기에, 두 스승의 목표를 나타내는 우파니샤드적 병렬문들은 가장 큰 신뢰감을 준다. 그럼에도 이 이론에 항변하는 일부 반론이 제기되기도 한다. 우선, 불교 이전 초기 브라만 텍스트에 나타난 명상에 대한 신뢰성이 전혀 없으며, 나아가 결정적으로 어떤 종류의 요소명상에 대한 불교 이전의 증거가 전혀 없다는 점이다.[1] 브라만 텍스트인『마하바라따』XII.228은 요소명상의 구상이 그려져 있는 유일한 문헌이고, 초기불교 시기까지 거의 확실히 거슬러 올라간다. 또 어떤 경우에 초기 불전에 나타난 요소들 항목과 상응하지 않는다. 더욱이 불교의 요소명상에 대한 증거는 초기 브라만 문헌에 포함된 것보다 앞서고 훨씬 더 풍부하다. 그렇다면 그 수행이 초기 브라만전통에서 차용해 왔다는 주장은 비논리적이지 않을까? 필자는 그렇지 않다고 생각한다. 필자는 마지막 장에서 요소명상이 브라만 사상을 반영하고 브라만적 기원설을 뒷받침한다고 주장할

1 명상은 BU IV.4.23에서 제시된 것처럼 보인다. 하지만 브롱코스트는 이 구절이 '불교의 태동보다 더 이후'라고 생각한다(Bronkhorst 1993: 112). 어쨌든 그것은 어떤 종류의 '우주론적' 명상을 위한 증거가 아니다.

것이다. 이 장에서 이런 가설을 향상시킬 것이다. 필자는 초기 브라만 문헌에 나타난 몇몇 중요한 우주생성론을 연구함으로써 명상과 우주론 간의 관계가 브라만적 혁신에 있었다는 필자의 주장을 강화할 것이다. 또한 필자는 이러한 향상이 후기 리그Ṛg 베다 시기까지 회귀하는 사변에 근거를 둔다고 주장할 것이다. 실제 이 사변 전통의 초기 문헌 일부는 초기불교 문헌에 나타난 요소명상 종류를 설명하는 것처럼 보인다.

이 장은 세 부분으로 구성된다. 무엇보다 우선, 『마하바라따』 XII.228에서 보이는 요소명상의 구상에 대한 우주생성론 배경을 연구함으로써 초기 브라만적 명상 철학을 면밀히 탐구할 것이다. 이는 이 명상 구상에 상응하는 우주생성론 원리가 불교보다 앞섬을 보여줄 것이다. 이것이 불교 이전 시기 브라만전통의 명상 류의 존재를 입증하지는 않지만, 이 문헌들이 속한 사변 전통은 『리그베다』 X.129의 「유무가」 Nāsadīyasūkta까지 거슬러 올라갈 수 있다. 따라서 필자가 전개할 두 번째 주장 부분에서 이 「유무가」 가 후기 리그베다기에 속한 명상 전통에 대한 증거를 내포하고 있음을 보여주고자 한다. 최종적으로 필자는 불교 이전의 요소명상의 형태가 이 사변 전통의 초기 문헌들로부터 재구성될 수 있고, 이 재구성이 초기불교 문헌에 그려진 요소명상과 무색처정의 형태를 설명한다고 주장할 것이다.

1. 바시슈타와 까랄라자나까 왕의 대화(Mbh XII.291)에 나타난 우주생성론

<해탈법품>의 가장 중요한 철학적인 구절(Vasiṣṭha-Karālajanakasaṃvāda, Mbh XII.291-296) 중 한 군데서 보이는 자세한 우주생성론은 『마하바라따』 XII.228에

포함된 요소명상의 구성 체계와 일치한다. 상세한 천지창조설 이후 세상 수령에 관한 게송(291.14, yugadharma)은 다음과 같이 시작한다.

1겁kalpaṃ은 네 겹의caturguṇaṃ 12,000 유가들yuga-s[로 구성됨을] 알라. 브라흐만의 하루는 천 겁 동안 계속되고, 하룻밤도 이 길이다. 그 끝에서 [브라흐만은] 깨어난다pratibudhyate. (14)

샴부Śambhu, 본성상 무형상의 미세함aṇimā과 가벼움laghimā으로 스스로 존재하는 자는 형상을 지닌 자, 무량한 작용의 위대한 존재, 태초에 태어난 자: 세상viśvaṃ, 창조주īśānaṃ, 불멸의 빛을 분출한다sṛjati. (15)[2]

일체의 세상을 뒤덮고서 어디에서나 눈, 머리, 입을 가지고, 어디에서나 귀를 가지고 도처에서 손과 발에 의해 경계 지어진 그[최초의 창조자]는 상주한다. (16)

이 황금알을 지닌 자, 축복받은 자는 전통적으로 지성buddhir으로 알려져 있다. 요가 추종자들 가운데 그는 위대한 자mahān 혹은 브라흐마Viriñca라고 알려져 있다. (17)

샹캬 논서에서, 다양한 형상을 지닌 자는 [많은] 이름으로 알려져 있다: 전통에

---

2 게송 15d구절의 prāptir 독해는 불분명하다(아래 각주 3 참조). 이 게송은 무형의 절대자가 어떻게 최초 창조를 발하는지를 묘사하고, 하지만 주격 안의 몇몇 형용사들은 목적격의 이체자들(예, śambhuṃ, svayambhuvaṃ)을 갖고, 또한 그 목적격의 일부 형용사들은 주격의 이체자들(예, viśvaḥ, īśāno, avyayaḥ)을 갖는다. 더욱이 남성 목적격 형용사 mahāntaṃ은 항상 중성인 bhūtaṃ과 일치한다. 이 이체자들은 아마도 창조주와 최초 창조의 위상에 관한 견해가 달랐음을 가리킨다. aṇimām, laghimāṃ, jyotim과 같은 다른 이체자들은 그 게송을 단순히 오해하고 있었음을 보여준다. 비록 신학적인 화제들은 아닐지라도 적어도 그 창조 과정은 충분히 명확하다.

따르면, '형상이 변화무쌍한 자', '자신이 일체인 자', '불멸의 유일자.' (18)

완전히 다양한 삼세를 뒤덮는 자아naikātmakaṃ는 단지 다양한 형상을 가진 그의 상태 때문에 전통적으로 '형상이 일체인 자'라고 알려져 있다. (19)

이 유일자는 전변에 이르게 되고vikriyāpannaḥ, 그는 자신에 의해서 자신을 ātmānam ātmanā 방사한다sṛjati. 거대한 광채의 일자는 '나'라고 말함ahaṃkāra, 즉 쁘라자빠띠Prajāpati, '나'[라는 말]에 의해ahaṃkṛtaṃ 형성된 자를 [방사한다]. (20)

미현현으로부터avyaktād 현현자가 일어났다; 그들은 그것을 앎의 창조물 vidyāsargaṃ이라고 부른다. 자아의식ahaṃkāram, 다른 한편으로, 위대한 자는 mahāntaṃ 오직 무지의 창조avidyāsargaṃ이다. (21)

앎과 무지는vidyāvidye 유일자로부터tathaikataḥ [함께] 일어난samutpannau 베다와 논서의 의미를 제식 규칙을 초월한 것avidhiś과 제식 규칙인 것vidhiś을 숙고하는 자들에 의해 말해진다. (22)

세 번째 [창조], 요소들의 창조bhūtasargam는 자아의식으로부터ahaṃkārat 임을 알라. 오, 빠르티바Pārthiva여! 네 번째 [창조]는 자아의식에서ahaṃkeṣu 일어났던 요소들로부터 변양된 것vaikṛtaṃ 임을 알라. (23)

[조대(粗大) 요소는] 지 · 수 · 화 · 풍 · 허공[이고, 이로부터 파생된 감각 대상은] 색 · 성 · 향 · 미 · 촉[이다]. (24)

이어서evaṃ 10가지 부류가 동시에 일어나고, 이 점에 의심의 여지가 없다; 이것은 물질적인bhautikaṃ 실재로 가득 찬arthavat 다섯 번째 창조라고 알라. (25)

안·이·비·설·신 이 다섯 가지에 더해 말·손·발·항문·남근. (26)

이것들은 마음 부수에 따라서 동시에 일어난 인식기능buddhīndriyāṇi과 행위기능karmendriyāṇi이다. 오, 빠르티바여! (27)

이 24가지 원리들tattvacaturviṃśā은 진리를 추구하는 사제들이 애통해하지 않음을 알면서 모든 형태들로 존재한다. (28)[3]

위 창조설은 상캬와 요가 추종자 모두의 이론적 이해 요소가 되는 듯 보인다(게송 17-18). 그것은 24가지 원리에 기반하고, 창조 행위자로서 절대적인 브라흐만은 게송 21에서 '미현현자'라고 불린다. 창조는 브라흐만이 깨어나면서 개

---

3 Mbh XII.291.14-28, "yugaṃ dvādaśasāhasraṃ kalpaṃ viddhi caturguṇam | daśakalpaśatāvṛttaṃ tad ahar brāhmam ucyate | rātriś caitāvatī rājan yasyānte pratibudhyate || 14 || sṛjaty anantakarmāṇaṃ mahāntaṃ bhūtam agrajam, mūrtimantam amūrtātmā viśvaṃ śaṃbhuḥ svayaṃbhuvaḥ | aṇimā laghimā praptir īśānaṃ jyotir avyayam || 15 || sarvataḥpāṇipādāntaṃ sarvatokṣiśiromukham | sarvataḥśrutimal loke sarvam āvṛtya tiṣṭhati || 16 || hiraṇyagarbho bhagavān eṣa buddhir iti smṛtaḥ | mahān iti ca yogeṣu viriñca iti cāpy uta || 17 || sāṃkhye ca paṭhyate śāstre nāmabhir bahudhātmakaḥ | vicitrarūpo viśvātmā ekākṣara iti smṛtaḥ || 18 || vṛtaṃ naikātmakaṃ yena kṛtsnaṃ trailokyam ātmanā | tathaiva bahurūpatvād viśvarūpa iti smṛtaḥ || 19 || eṣa vai vikriyāpannaḥ sṛjaty ātmānam ātmanā | ahaṃkāraṃ mahātejāḥ prajāpatim ahaṃkṛtam || 20 || avyaktād vyaktam utpannaṃ vidyāsargaṃ vadanti tam | mahāntaṃ cāpy ahaṃkāram avidyāsargam eva ca || 21 || avidhiś ca vidhiś caiva samutpannau tathaikataḥ | vidyāvidyeti vikhyāte śrutiśāstrārthacintakaiḥ || 22 || bhūtasargam ahaṃkārāt tṛtīyaṃ viddhi pārthiva | ahaṃkāreṣu bhūteṣu caturthaṃ viddhi vaikṛtam || 23 || vāyur jyotir athākāśam āpo 'tha pṛthivī tathā | śabdaḥ sparśaś ca rūpaṃ ca raso gandhas tathaiva ca || 24 || evaṃ yugapad utpannaṃ daśavargam asaṃśayam | pañcamaṃ viddhi rājendra bhautikaṃ sargam arthavat || 25 || śrotraṃ tvak cakṣuṣī jihvā ghrāṇam eva ca pañcamam | vāk ca hastau ca pādau ca pāyur meḍhraṃ tathaiva ca || 26 || buddhīndriyāṇi caitāni tathā karmendriyāṇi ca | saṃbhūtānīha yugapan manasā saha pārthiva || 27 || eṣā tattvacaturviṃśā sarvākṛtiṣu vartate | yāṃ jñātvā nābhiśocanti brāhmaṇās tattvadarśinaḥ || 28 || "

시되고(게송 14), 그 첫 번째 창조물은 황금알hiraṇyagarbha, 지성buddhi, 대아mahān 등으로 명명된다(게송 15-19). 두 번째 창조는 게송 20에서 황금알/지성에 의한 자아의식ahaṃkāra/prajāpati이라고 그려진다. 이 과정은 첫 번째와 두 번째 창조가 각기 앎vidyā과 무지avidyā의 창조물, 이를테면 지성은 앎이고 자아의식은 무지라고 언급되는 게송 21에서 요약된다. 세 번째 창조는 게송 23에서 bhūtasargam으로 명명되고, 비록 에저턴Edgerton은 bhūta-를 '존재해 있는 것(=유정물)'으로 번역하지만, 5대 요소들mahābhūta-s, '조대한'(즉 대우주적) 요소들의 집합체를 의미한다는 점은 자명하다.[4] 게송 23cd에서 네 번째 창조를 언급하는 "ahaṃkāreṣu bhūteṣu … vaikṛtaṃ" 표현은 단순히 그 네 번째 창조—상이한 감각 대상들의 창조—가 조대 요소들, 즉 자아의식ahaṃkāra로부터 창조된 그들 자신의 변양물이라는 사실을 가리킨다.[5] 필자는 '이어서evaṃ 10종류가 동시에 일어나고…'(게송 25ab) 구절 내의 evaṃ이 게송 24에서 명명된 10종류(5대 요소들과 파생물)가 두 개의 연이은 창조(세 번째와 네 번째)에 관한 구절을 차지한 게송 23에서 말해지기 때문에 뒤쪽이라기보다 앞을 향해 지적하는 것이라고 생각한다. 더욱이 다섯 번째 창조로 구성된 10종 항목, 즉 게송 26에서 명명된 10종 감각 기능들은[6] 마음 부수와 동시에 일어난 것이라고 게송 27에서 말한

---

4 에저턴은 이 게송을 이해 못하는 것으로 보인다(Edgerton 1965: 302). 한편 반 부이테넨은 "아함까라(ahaṃkāra; 자아의식)가 생겨난 존재들(bhūta-s)은 대아(大我, mahābhūta-s)들이라는 것으로 모여질 수 있을 것이다."라고 논평한다(van Buitenen 1957a: 24).

5 필자는 ahaṃkāreṣu를 한정형용사 bhūteṣu로 간주하는 것 이외에 다른 선택지를 알지 못한다. 비록 M5에서 포착된 이체자(ahaṃkārāc ca)는 동일한 의미를 갖지만 말이다. 에저턴은 다음과 같이 번역한다(Edgerton 1965: 302): "나-능력들을 구성하는 (혹은 나-능력으로부터 파생된) 현존재들에서 이미 변경된 (물질의 신개선(伸開線)들)의 변양(變樣)." 이것은 뜻이 전혀 통하지 않는다.

6 에저턴은 게송 25ab를 다음과 같이 번역하면서 그것을 다르게 받아들인다(Edgerton 1965: 302): "그리해서 (네 번째 창조라고 방금 명명된) 10가지 그룹은 모두 단박에 창조되었다." 그

다.[7] 이것들은 게송25ab에서 동시에 일어난 것이라고 말해진 10종류를 형성하고 있음에 틀림없다.

그 인용문은 비교적 단도직입적인 창조의 구절임에도 불구하고 에저턴의 번역은 명확하지 않고, 무슨 까닭인지 그저 게송21에서 시작한다.[8] 창조주와 (성격이) 다른 미현현(未顯現, avyakta)의 원질(原質, prakṛti)에 대한 원리가 없다는 점은 명확하다: 게송21a의 'avyaktād(미현현으로부터)'는 그 신을 가리켜야 한다. 이 사실은 그 구절의 주어가 게송29에서 변할 때 모호해지고, 그 우주 속에 있는 상이한 부류들을 열거하는 광범위한 영역을 가리키면서 "삼세 속의 '신체'라 불리는 것"이라는 구문과 함께 도입된다.[9] 이 구절은 초기 우주생성론과 아무 관련이 없고, 다만 그 이후에 추가된 별개의 트랙이다. 쉽게 말해, 동일한<해탈법품> 구절에서 상이한 트랙들의 병렬 배치가 전혀 드문 것은 아니다. 자세한 계층은 상이한 우주생성론 이해가(25가지 원리를 지닌 유일자)로 언급되고 있는『마하바라따』XII.291의 종반부 무렵에 발견된다.[10] 그러나 이 25가지 원리

러므로 그는 게송25ab에서의 evaṃ은 게송24를 도로 지적한다고 생각한다. 물질적 요소들이 동시에 창조된다고 하는 가정이 틀린 것이 아니라 할지라도, 이는 잘못된 것임에 틀림없는데, 즉 그 다섯 가지 물질적 대상들은 동시에 창조되었다기보다는 차라리 그것들로부터 파생된 것이라고 해야 맞다.

7 MMW에 따르면, √vac와 √śru를 지닌 복합어에서 evam은 "이어지는 것뿐만 아니라 선행하는 것도 지시한다."(MMW s.v.)

8 에저턴은 adhyāya의 게송들이 포함된 게 불필요하거나 혹은 왜곡되거나 혹은 이해하기 어려운 경우에 종종 생략하곤 한다. 그가 Mbh XII.291에 나타난 이 원리를 따르지 않았다는 점은 불행하다. 왜냐하면 게송21 이전의 게송들은 이해하기 쉽고 필수적이어서 그것들의 생략은 우주생성론의 트랙이 이상에서 필자가 지적하듯이 어떤 별개의 트랙인 게송29ff와 함께 독해된다는 인상을 풍기기 때문이다.

9 Mbh XII.291.29, "etad dehaṃ samākhyātaṃ trailokye sarvadehiṣu | veditavyaṃ naraśreṣṭha sadevanaradānave ‖ 29 ‖"

10 25번째는 파괴(kṣara)와 정반대에 있는 비슈누(Viṣṇu)이다. 그는 원리가 아니라 그 원리들을 위한 의지처이다(tattvasaṃśraya; 게송37, "pañcaviṃśatimo viṣṇur nistattvas tattvasaṃjñakaḥ |

의 교리는 시종일관 하나의 통일체unity를 형성하는 게송 28가지의 구절을 간섭하지 않는다.[11] 그 목표는 '24번째' 미현현의 브라흐만에 있다.

이 트랙의 기본 원리는 브라흐만이 그의 장대한 수면에서 깨어날 때 천지창조가 일어난다는 것이다. 이 사건은 천지창조의 수직적[순차적] 패턴에 의해 뒤따르고, 각 항목은 그것 이전에 창조된 항목에서부터 창조된다.

이 수직 패턴은 샴부Śambhu · 브라흐만brahman → 지성buddhi · 황금알hiraṇyagarbha → 자아의식ahaṃkāra · 창조주prajāpati 구절에 적용된다. 이 이후의 패턴은 수직적(즉 순차적)이고 수평적(즉 집합적)인 패턴을 가진다. 다시 말해 5대 요소 집합의 창조는 5가지 감각 대상, 그리고 (10가지 감각 기능에 마음을 더해서) 11가지 감각들이 집합적으로 창조되는 2개의 연속 단계에 적용된다. 이 우주생성론의 가장 강력한 특색은 천지 창조를 브라흐만의 깨어남에서 개시한다는 점이다. 그 태초 창조를 지성buddhi이라 일컫고, 나머지 일들 가운데서 브라흐만의 깨어남과 창조의 첫 단계 사이의 긴밀한 연관성을 의미한다. √budh 동사는 '깨어남', '앎', '이해함' 등의 작용을 표현함으로써 지성은 브라흐만이 깨어나자마자의 의식 상태를 물화物化—심지어 브라흐마(Viriñca/Brahmā로서)의 의인화—한

---

tattvasaṃśrayaṇād etat tattvam āhur manīṣiṇaḥ"). 만일 그 adhyāya의 이 부분(게송 37ff.) 역시 하나의 내삽법(內插法)이라면, 아마도 구식의 견해를 최근 것으로 옮기려고 시도한 편집자에 의해서 거기에 두게 되어졌던 것이다. 이러한 계층은 실체적인 면에서 초기 우주생성론 트랙과 상이하지 않다: 우주적 행위자를 창조자와 해탈론적 목적으로 모두 수용한다.

11 서턴은 이를 주목하지 않았다(Sutton 2000: 400). 그는 게송 28 이전에 언급된 24가지 원리들이 현현자를 형성한다고 생각한다: "이 24가지 원리가 모든 생명체들의 서로 다른 신체들을 구성한다. 이것들은 현현된 것이라고 알려진 것이고 그것들은 날마다 소멸하기 때문에 파괴될 것들이라고 불린다." 그러나 24가지 원리는 한낱 게송 28 이전의 트랙에서만 언급되고 있다: 게송 21에서 명명된 미현현자는 샴부(Śambhu)와 동일하다. 반 부이테넨이 생각하는 창조설은 브라흐만 → 대아 → 자아의식 순서임에 확실하고 원질(prakṛti)이나 미현현된 것(avyakta)으로 불리는 계위(階位)는 있지 않다(van Buitenen 1957a: 24).

것에 불과한 것으로 본다. 게송 20에서 다음 단계 창조는 아함까라('나 라는 말') 또는 창조주로 불린다. 자아의식과 창조주는 지성 및 황금알과 '조대粗大한 요소들'mahābhūta-s과 같은 대우주적임(게송 17: mahān)을 가리키는 형용사 mahāntaṃ(게송 21)으로 한정되지만, 후자 용어(=prajāpati)는 의인화된 이해를 암시하는 듯 보인다. 현출 트랙 이전에 위치한 세상 연대기에 관한 게송은 의인화된 것임에도 불구하고, 그 현출 트랙 자체는 훨씬 더 비非의인화된 이해를 제시하는 특질들을 내포하는 듯하다. 창조 작용(게송 20: vikriyāpannaḥ sṛjaty ātmānam ātmanā; 게송 21: avyaktād vyaktam utpannaṃ; 게송 22: samutpannau)뿐만 아니라, 게송 14에서 절대자의 깨어남pratibudhyate을 묘사하는 아뜨마네빠다(ātmanepada; *爲自態)의 활용도 심지어 창조자의 신성한 의지가 없는 창조를 암시할지도 모르겠다. 이와 반대로 게송 15와 게송 20에서의 동사 √sṛj의 빠라스마이빠다(parasmaipada; *爲他態) 형태들은 그 반대를 가리킬 수도 있다. 그 인용문의 편찬자들의 정확한 이해가 다음과 같다고 결정하기란 어렵다: 게송 20에서 동사 sṛjati는 수동형 복합어 vikriyāpannaḥ와 함께 발생한다. 이것은 그 동사들의 태態에 대해서 특별히 중요한 것은 아무 것도 없음을 암시한다. 고전 베단따 사상가들은 의인화 창조설과 비의인화 창조설 사이의 구분을 엄격하게 고찰하지 않았던 것으로 보인다.[12]

신의 깨어남은 자아의식ahaṃkāra의 방사放射[분출]와 밀접하게 연계되어 있다. 이 용어는 의미가 깊은데, 절대자가 깨어나자마자 한 첫 말이 천지창조를 위한 토대라는 구식 관념에 회부되기 때문이다. 천지창조가 '나'라는 언표에 기인한다는 이 사고는 따라서 말의 명칭nāma과 형상rūpa 간의 불가분이라는 구식 브

12 핵커에 따르면(Hacker 1961: 83), 그렇지만 이 초기 방사(放射) 트랙들에서 위타태(爲他態) 동사와 위자태(爲自態) 동사 간의 차이는 중요하다. *[의인화 창조설은 신을 인간의 모형으로 조성한 '신인동형론(神人同型論, anthropomorphism)'을 말하는 것이다.] *[ ] 역주

라만전통 관념과 긴밀히 연계된다. 반 부이테넨van Buitenen에 의하면, 명명하기에 의해 창조된다는 사고는 고대 신화에서 창조주Prajāpati가 세상을 창조하려고 '말vāc'을 토해낸다고 표현되어 있고,[13] 이것은 심지어 초기 우파니샤드 시기에도 낡은 생각이었다.[14] "공식과 창조 사이에서 우리가 느끼는 분명한 차이는 이러한 사고 속에는 있지 않다: 공식은 형식이다; 명칭과 형상은 분리할 수 없다."[15] 비록 반 부이테넨에 의해 언급된 고대의 창조 신화가 <해탈법품> 속의 자아의식ahaṃkāra 용어가 생성된 것보다 더 오래었을지라도 그는 그 둘이 연결되어 있음을 다음과 같이 알고 있다.

> 그러나 신화 속에서 자아의식ahaṃkāra이 다시 일어나기 시작할 때 그것이 브라만전통 관념을 데려 오고 신화적이나 유일신적인 연상들을 옮긴다는 사실을 고려하면, 필자는 그것이 우파니샤드 교리를 계발한 집단에서 처음에 그들의 견해들이 지나치게 널리 공포하지 않고서 결코 잃어버리지 않았다고 보는 것이 한층 더 가능성 있게 여겨진다.[16]

반 부이테넨은 아함까라(ahaṃkāra; 자아의식)[17] 라는 말을 '나aham 하고 터져 나

---

13 Tāṇḍya Mahābrāhmaṇa 20.14.2; van Buitenen(1957a), 18.

14 van Buitenen(1957a), 17-18: "명명하기에—의한—창조에 관한 사변들은 그 시절에 이미 낡은 것이자 전환기에 있었다."

15 van Buitenen(1957a), 19.

16 van Buitenen(1957a), 22.

17 반 부이테넨에 따르면, 아함까라(ahaṃkāra) 용어는 <해탈법품>에서 심리학적인 맥락이라기보다 우주생성론적인 맥락에서 항상 언급된다(1957a: 17): "우리는 다수의 이질적 환경과 학파들로부터 무작위로 수집된 이 텍스트들에 대한 관심이 개별적 정신 내의 아함까라의 심리학적 기능에 관한 것이 아니라, 천지창조의 과정 속에서 그것의 진화론적 기능에 집중되어 있음을 본다." 이는 그 문제를 다소간 과장했을 수 있다. 다시 말해 필자는 <해탈법품>의 아함까라 용어가 우주생성론 항목을 언급하는 횟수만큼이나 많이 심리학적 항목을 언급하고 있는 것으

온 비명 혹은 외침'이라고 해석하면서 『브리핫아란야까 우파니샤드』(BU I.4.1) 속의 중요한 우주생성론 트랙과 결부시키고, 거기서 창조의 첫 단계로 자아는 자기인지이고 그 후 '나다!' 라고 다음과 같이 외친다.[18]

> 태초에 이 세상은 인간의 형태로 자아 혼자였다ātmaivedam. 그는 주위를 둘러보았고'nuvīkṣya 그 자신을 제외한 아무것도 보이지 않았다'paśyat. 태초에 그는 "나다!'ham asmī" 라고 말했다. 그로부터 '나'라는 명칭은 존재하게 되었다.[19]

위 인용문에서 천지창조의 과정은 자아의 자기인지'paśyat와 함께 시작하는데, 이 사건은 『마하바라따』 XII.291에서의 신의 깨어남에 비견된다. 이는 『마하바라따』 XII.291에서 자아의식ahaṃkāra의 분출과 비견되는 사건인 "나다!" 라는 말 직후에 계속된다. 따라서 『마하바라따』 XII.291의 우주생성론은 BU I.4.1의 창조 신화가 세련되게 발전한 것처럼 보이고, 그것은 훨씬 더 오래된 신화 개념들을 재공식화한 자체이다. 우리의 목적을 위해서, 『마하바라따』 XII.291이 『마하바라따』 XII.228.13-15에서 발견된 요가의 구성 체계에 대한 철학적인 배경을 제공한다는 점을 주목할 필요가 있다. 그 명상의 구성 체계인 땅pṛthivī → 바람vāyu → 허공kha → 물payas → 불/빛jyotis → 자아의식ahaṃkāra → 지성buddhi → 미현현avyakta(Mbh XII.228.13-15)은 『마하바라따』 XII.291(브라흐만 → 지성 → 자아의식 → 5대 요소 등)에서 그려진 우주생성론을 뒤바꾼 것이다. 유일한 차이는 요소들이 『마하바라따』 XII.228에서 특정한 순서로 열

로 보인다.

18 van Buitenen(1957a), 17.

19 BU I.4.1, "ātmaivedam agra āsīt puruṣavidhaḥ | so 'nuvīkṣya nānyad ātmano 'paśyat | so 'ham asmīty agre vyāharat | tato 'haṃnāmābhavat | "

거되는 반면, 『마하바라따』 XII.291은 그것들의 집합의 기원에 대해서만 알 수 있다는 점이다. 그러나 이는 비교적 무의미한 일탈일 뿐이다.

『마하바라따』 XII.291의 우주생성론은 어떠한 외적인 영향도 받지 않았다. 우리가 보아왔듯이, 그것은 고전적 브라만식 사고의 논리적 발전일 뿐이다. 『마하바라따』 XII.228에서 그려진 요소명상의 구성 체계도 마찬가지라고 말할 수 있다. 『마하바라따』 XII.291에 상응하는 명상 역시도 천지창조에 대한 초기 브라만전통의 논리적 발전인 것이다. 그리고 마지막 장에서 검토된 불교의 요소명상 구성 체계는 초기 브라만전통의 우주생성론의 일부 근본 사고들을 전제한다고 볼 수 있다. 이 구성 체계에서 '지성buddhi'에 대한 명상은 천지창조가 절대자인 브라흐만의 깨어남/자기인지에 의해 촉발되었다는 브라만식 전통 사고를 반영하고 있다. 초기 브라만식 전통 사고에 의하면, 해탈의 열쇠는 명상의 몰입 과정에서 이 시원적 의식 상태가 실현될 때까지 그것의 계기繼起 단계를 통한 우주 창조에 역주행하는 것이다. 이 신념은 까시나의 영역kasiṇāyatana들과 무색계 항목에서 공무변처에서 식무변처로 나아감을 설명한다.

초기 브라만전통의 명상에 대한 철학적 배경을 제공하는 사변 전통이 불교보다 앞선다는 점은 명확해 보인다. 또 이것은 초기 브라만전통의 명상조차 불교보다 반드시 선행한다는 점을 의미하지 않는다. 그 문헌 기록—불교 이전의 명상에 관한 문헌이 아니라, 그저 불교 이전의 문헌에서 회부될 수 있는 우주생성론 관념—은 초기 브라만전통의 사변 전통이 단지 후대의 마음집중 전통만을 발전시켰음을 암시하기도 한다. 아마 고전 인도의 일부 다른 고행 전통에서 유래되었고 우주생성론 명상 부류로 정교화되었던 명상은 후대의 <해탈법품>에 그려졌음을 알 수 있다. 만일 그렇다면, 그 우주생성론 명상 부류는 초기 브라만전통의 사변 집단 내에서 유래되었을 확률이 높다. 그렇지만 또 다른 가능성은 초기 브라만전통의 우주생성론의 특이한 성질로 인해 제시된다. 세계가 자신의 창조를 어떤 의식의 상태로 돌리는 개념—브라흐만이 깨어나자마자의 의식 상태—은 특이하고, 그리고 정확히는 명상가들에 의해 정형화되어 왔을 것 같은 그런 류의 이론이다. 당연히 의식의 창조적 상태에 대한 관념은 어떤 신비적이거나 마음집중의 성향을 전혀 갖고 있지 않았던 사고자들에 의해 정형화되었다. 그러나 그러한 이론은 마음집중의 경험을 토대로 한 초기의 어떤 명상/사변 전통에서 정형화되었을 가능성이 훨씬 높다. 일부 초기 증거자료는 이러한 주장을 뒷받침한다. 초기 브라만전통 문헌에서 가장 이르고 가장 중요한 우주생성론 구문들 가운데 하나인 「유무가」Nāsadīyasūkta는 초기 브라만적 마음집중 전통과 밀접하게 관련되었음을 제시하는 증거를 담고 있다. 이 텍스트를 꼼꼼히 독해하면 초기 브라만전통의 마음집중과 밀접하게 연관되었음을 알 수 있다. 이 시는 명상가들에 의해 편찬되었을 테지만, 그렇지 않더라도 인도 사상에서 마음 집중/명상 트랜드의 출발 기점으로 삼을 수 있는 주장이 될 수 있다. 만일 그렇다면, 초기 브라만전통에서 명상의 뿌리는 불교 이전 시기로 훨씬 거슬러가야 할 것이다.

2. 「유무가」에 나타난 우주생성론

「유무가」는 단지 7개 게송들로 이루어져 있고, 이 안에 담긴 정보는 압축적이고 모호하다. 이에 대해 브레레튼Brereton은 다음과 같이 번역했다.[20]

비존재는 존재하지 않았을 뿐더러 존재하는 것 또한 존재하지 않았다.

---

20 Brereton(1999).

중간계中間界뿐 아니라 초월적 천상계天上界도 존재하지 않았다.
무엇이 휘저었던가?
어디로부터 그리고 누구의 보호에서?
심연의 물은 존재했던가? (1)

죽음은 존재하지 않았고 이후 불사성不死性 또한 있지 않았다.
밤이라는 증상뿐 아니라 낮도 있지 않았다.
그분은 자신의 타고난 힘을 통해서 바람 없이 숨을 마셨다.
그 이를 초월하는 그 밖의 어떤 것도 있지 않았다. (2)

태초에 암흑에 숨겨졌던 어둠이 존재했다.
이 모든 것은 무형상의 바다였다.
생성되고 있는 사물은 공허함에 의해 은폐되었을 바로 그때
유일자는 열의 힘에 의해 태어났다. (3)

이어서 태초에 욕망을 발전시켰던 사고로부터,
근원적인 정액으로 존재했다.
시인들은 자신들의 마음속에서 영감을 받은 생각을 통해
탐구하면서, 비존재 속에서 존재하는 것의 연결점을 발견했다. (4)

그것들의 줄은 쭉 뻗어 있었다:
어떤 것이 그것 아래에 존재했는가? 어떤 것이 위에 존재했는가?
정액의 금모래가 있었고 힘들이 있었다.
위를 제공하면서 아래로는 타고난 힘이 있었다. (5)

누가 진정으로 아는가? 누가 여기에서 그것을 선언할까?

그것은 어디로부터 태어났으며, 어디로부터 이 창조는 온 것인가?
신들은 이 세상의 창조의 이 측면 위에 있다.
그렇다면 있게 되었던 곳으로부터 누가 아는가? (6)

이러한 창조—그것이 있게 되었던 곳으로부터,
만일 그것이 발생되었거나 혹은 그렇지 않다면—
최상의 천상에서 이 세상의 감독관인 그는,
그는 확실히 안다. 또는 만일 그가 알지 못 한다 … ? (7)[21]

이 찬가는 세상의 기원을 가장 모호한 방식으로 기술한다. 신비한 태초에서 풀리지 않는 종말까지 그것은 거의 고전 베다 시대의 시인들에 의해 제기된 수수께끼처럼 보인다. 올바른 음절수가 부족한[22] 마지막 게송은 세상 기원에 대한 해답을 알 수 없음을 암시한다. 게송1-4는 그 수수께끼에 대한 어떤 해답을 제시할지도 모를 대강의 내용을 포함하지만, 그 [게송]들은 애매모호하다. 그것들은 창조 과정을 묘사하지만, 그 창조 과정이 정확한 시간 순서로 정형화될 수 없음을 가리키는, 부사적으로 사용된 명사들(게송 3-4: ágre)뿐 아니라

21 『리그베다』 X.129, "nâsad āsīn nó sád āsīt tadânīṃ | nâsīd rájo nó víomā paró yát || kím âvarīvaḥ kúha kásya śármann | ámbhaḥ kím āsīd gáhanaṃ gabhīrám || 1 || ná mṛtyúr āsīd amṛ́taṃ ná tárhi | ná râtriyā áhna āsīt praketáḥ || ânīd avātáṃ svadháyā tád ékaṃ | tásmād dhānyán ná paráḥ kíṃ canâsa || 2 || táma āsīt támasā gūhá̄ḷam ágre | apraketáṃ saliláṃ sárvam ā idám || tuchyénābhú ápihitaṃ yád âsīt | tápasas tán mahinâjāyataíkam || 3 || kâmas tád ágre sám avartatâdhi | mánaso rétaḥ prathamáṃ yád âsīt || sató bándhum ásati nír avindan | hṛdí pratî̄ṣyā kaváyo manīṣâ || 4 || tiraścî̄no vítato raśmír eṣām | adháḥ svid āsî̄d upári svid āsīt || retodhâ āsan mahimâna āsan | svadhâ avástāt práyatiḥ parástāt || 5 || kó addhâ veda ká ihá prá vocat | kúta âjātā kúta iyáṃ vísṛṣṭiḥ || arvâg devâ asyá visárjanena | áthā kó veda yáta ābabhûva || 6 || iyáṃ vísṛṣṭir yáta ābabhûva | yádi vā dadhé yádi vā ná || yó asyâdhyakṣaḥ paramé víoman | só aṅgá veda yádi vā ná véda || 7 || "
22 브레레튼이 지적하듯 (b)구절은 두 음절이 부족하다(Brereton 1999: 249).

tadānīṃ(게송 1) 및 tárhi(게송 2)와 같은 부사들도 전부 포함하고 있다. 겉보기에 시간은 천지창조와 함께 연이어 오는 어떤 것이고 그 시작점을 가늠할 수 없을 것이다. 우리가 '그분', 즉 불이론적인 근원으로 불리는 창조의 주체는 게송 2 이전 게송 1에서 형용사 'sad'(존재하는, 有)와 'asad'(비존재하는, 非有)로 기술될 수도 없었고 명명되지도 않는다. 주레비츠Jurewicz가 지적했듯이, "그러한 상태는 창조 이전의 상태가 아니라 실재라고 최초로 명명할 수 있는 형상을—주목될 필요가 있는 것처럼—늘 상징화하는 물에 비교할 수 없을 정도로 상당히 애매한 무언가이다."[23]

게송 2에서 그'분'은 죽음도 없고 또한 불사성不死性마저 없으며, 낮뿐 아니라 밤도 없다는 표현을 포함한 부정[신학]의apophatic 형식을 게송 2에서 이어간다. 브레레튼Brereton이 지적하듯이 (게송 2a에서) 죽음도 없고 불사성도 없다는 부정은 (게송 1a에서) 비존재 및 존재의 부정을 흉내 낸 반면, (게송 2b에서) 밤낮이 없다는 부정은 그것들이 존재해 있는 공간 범주들, (게송 1b의) "중간계"와 "천상계"를 대체한다.[24] 브레레튼에 따르면, 그 찬가에서 어떤 진보도 아직 있지 않았다: "유일한 실제 운동은 무엇이 있지 않다는 더욱 자세하고 견고한 지식, 그 찬가에 의해 창조된 이미지 속에서 존재한다. 유일한 실제 변화는 창조의 상태 속에서가 아니라 그 찬가를 듣는 이들의 생각 속에 있다."[25]

'그분'의 존재론적 위상은 브레레튼에 따르면 게송 1c에서 제기된 질문("무엇이 휘저었던가?")에 대한 대답인 게송 2c에서 변한다. 즉 우리는 자신의 타고난 힘을 통해서 바람 없이도 호흡했던 이가 '그분'이었음을 안다.[26] 주레비츠에

23 Jurewicz(1995), 142.
24 Brereton(1999), 251.
25 Brereton(1999), 251.
26 브레레튼은 동사 'āvarīvaḥ'와 'ānīd' 간의 일치를 주목한다(Brereton 1999: 251).

의하면, "그분은 자신의 힘을 통해서svadhā 내적으로 모순되는 행위를 실행한다. 나에게 비춰지는 그분의 힘이란 가능성뿐만 아니라 자유를 누리는 능력이라고 생각된다."[27] 달리 말해, 게송 2c에서 유일자는 잠재적이고 능동적이지만 현현 세계의 법칙들에 의해 정의될 수 없는 것처럼 보인다. 그렇지만 게송 3 서두에서 창조 과정은 일체가 아직 '하나의 무형의 바다'(게송 3b)였을 때 여전히 '태초에'(게송 3a: ágre, 즉 시간 이전에) 있다고 전한다. 그럼에도 어떤 존재론적 변화가 구문ⓐ와ⓒ에서 제시되고 그것은 일정 정도의 원초적인 이원성의 형성을 암시한다. 구문ⓐ에서 '암흑에 의해 감춰진… 어둠'이 있었다, 즉 '생겨나는 사물이 공허함에 의해 은폐되었다.'(c 구절)라고 전한다. 주레비츠에 따르면, 이것은 "그 밖의 어떤 것도 있지 않음을 초월하는 그분이 스스로 행동을 개시할 때의 어떤 상황을 묘사한다. 이 최초 창조의 본질적 변화는 동질적 실재의 두 영역—은폐의 영역과 은폐된 영역—에 대한 기능적 차별화로 구성된다."[28] 이 애매한 상황은 게송 3c에서 부정사 ābhú에 의해 비춰진다. 브레레튼에 의하면, 이 단어는 '되지 않다'의 의미 a + √bhū에서 파생될 수 있거나 혹은 '태어나다/생성되다'의 의미 ā + √bhū에서 유래될 수도 있다. 그가 논평하길, "따라서 ābhú에 대해서 '태어나는' 무언가와 '공허한' 무언가로 번역할 수 있을 가능성은 그 게송이 묘사하는 애매한 상황을 구체화하는 단어, 즉 존재와 비존재 사이에서 평형을 이루는 상태인 이것을 만든다."[29] 브레레튼은 다음과 같이 계속 말한다.

27 Jurewicz(1995), 143.

28 Jurewicz(1995), 144.

29 Brereton(1999), 253.

게송 3a와 게송 3c에서 묘사된, 이 중핵과 그 덮개는 게송 1c에서 또 다른 이미지를 훨씬 더 상기시킨다. 시인이 '어떤 이의 보호 속에서'를 묻는 곳은 미확인된 주체에 있다. 여기 거듭 그 이미지는 그 이외의 무언가로 둘러싸여 있거나 혹은 덮인 무언가에 대해서이다. 초반 이 세 게송들을 지나서, 이어서 찬가는 중핵과 덮개의 형태가(게송 1c에서) 하나의 가능성으로 처음으로 거론되는 궤도를 창조하고, 다음으로(게송 3a '암흑에 의해서 감춰진 어둠'에서) 안팎이 구별될 수 없는 형상으로서 역설적으로 묘사되고, 마침내(게송 3c에서) 덮개는 지각할 수 없지만 그 중핵은 존재를 위한 잠세력을 전달할 수 있는 형상으로 애매하게 표현된다. 팀Thieme이 제대로 지적했듯이, 이 중핵과 덮개의 형태는 알의 형상으로 묘사된다.[30]

게송 3a-c는 유일자의 근원적 변화를 기술하는 듯 보인다: 주레비츠가 주목하듯, "그분은 스스로 작용했음"에 틀림없다. 이후의 변화는 게송 3d에서 제시된다. 이것은 게송 3cd에서 관계절 yád/tán에 의해서 나타난다. 브레레튼은 게송 3d에서 tán을 상관부사 'then(그때)'으로, 게송 3c에서 yád를 관계부사 'when(할 때)'으로 간주한다. 이에 따라 그는 게송 3cd를 다음과 같이 번역한다: "생성되고 있는 사물이 공허함에 의해 은폐되었을 바로 그때 유일자는 열의 힘에 의해 태어났다." 브레레튼은 지적한다. "알은 이후의 변화 조짐을 수반하게 된다." 즉 이후의 변화는 당연히 알의 부화이다.[31] 달리 말해 브레레튼은 게송 3이 하나의 순서sequence를 함의한다는 것을 깨닫는다: 게송 3a와 게송 3c에서 그려진, 세상이 있게 될 것táma, ābhú과 있지 않을 것támasā, tuchyéna로의 구분점이 '유일자'의 '탄생'을 위한 필요조건이다(게송 3b). 그렇지만 그 이중성이, 그 시詩가

30 Brereton(1999), 253.
31 Brereton(1999), 253.

우리에게 유일자의 시원적 통일체에 대한 확신을 침해하지 않았던, 그러한 초보적인 상태에 있다: 그것은 여전히 동질적인 하나의 '무형상의 바다'(게송 3b)이다.

브레레튼에 따르면 게송 3에서 불분명하게 남겨진 것은 유일자를 초보적인 이중성으로 분리시켰던 반영적인reflexive 행위이다. 브레레튼은 이 문제에 대한 새로운 해결책을 제시한다. 그는 두 단어들을 해석하면서 게송 4b의 mánaso를 탈격奪格으로 읽고 게송 4a의 (ā)dhi를 그것에 문법적으로 연용連用한다[32]: "이어서 태초에 욕망을 발전시켰던 사고로부터, 근원적인 정액으로 존재했다." 이 해석에 따르면, '욕망'(게송 4a: kāmas)은 '사고'(게송 4b: mánaso)로부터 비롯되었다. 브레레튼 역시 게송 4a의 욕망과 게송 3b의 열기tápasas 사이의 연결점이 있음을 주목한다.[33] 만일 우리가 그 둘을 규정하려 한다면, 게송 4b의 '사고' 또는 '마음'은 게송 3d의 '열기'보다 앞섬을 의미해야 하고, 그리고 이것은 창조의 바로 그 시작점에 '마음'을 위치시킨다. 이것은 '마음'이 덮개와 덮여진 것으로의 유일자의 분리를 초래한 인지적 작용, '공허함' 그리고 세상이 있게 될 그것이었음 함축한다. 브레레튼은 이것과 같은 무언가를 생각하는 것처럼 보인다. 왜냐하면 '사고'는 욕망/열기보다 선행하기에, 그는 "존재하지 않을 뿐더러 또한 존재하지 않는 것도 아니다."라는 게송 1-2의 주체인 유일자와 동일시해야 필요가 있음을 깨닫는다.

만일 욕망이 열기와 상응한다면, 열기보다 앞서는 유일자는 욕망보다 앞서는 사고에 상응해야만 한다. 또한 그것이 옳다. 왜냐하면 사고thought가 그 '유일자'

32 Brereton(1999), 254.

33 Brereton(1999), 254.

이기 때문이다. 전반부 세 게송들을 지배하는 것은 숨겨진 주체이다. 사고는 그 첫 게송이 비존재하지도 않거나 존재하지도 않은 것으로 묘사하는 그것이다: 그것은 지각할 수 있는 대상이 아니어서 '존재하는' 것도 아니고, 절대적으로 없는 것도 아니어서 '존재하지 않는' 것도 아니다.[34]

그러나 「유무가」Nāsadīyasūkta에 대한 이러한 해석은 문제가 없는 것은 아니다. 그 시에서 (유일자에 대한 긍정적 정의를 결여한) 서두의 게송들과 (분명한 결론을 결여한) 마지막 게송의 복잡한 구조를 고려하면, 그 시의 편찬자들이 유일자를 게송4에 있는 일종의 '사고' 차원으로서 드러낼 수 있을지 의심스럽다. 더욱이, 필자는 사고가 "지각할 수 있는 대상이 아니어서 '존재하는' 것이 아니지만, 절대적으로 없는 것도 아니어서 '존재하지 않는' 것도 아니라"는 브레레튼의 추론이 그 시의 머리말 게송에 대한 단순 명료한 해석임을 이해한다. 그는 자신의 요점을 입증하기 위해 그 찬가에 대한 고전 해석을 인용한다: ŚB X.5.3.2에서 말하길, "사고는 결코 존재하지 않기 때문에, (또한) 그것은 결코 존재하지 않는 것도 아니다."[35] 그러나 동시에 그 또한 고찰한다: "필연적으로 『리그베다』 X.129에 관한 주석서들은, 비록 그 시 자체가 그러한 명료함을 거부하고 심지어 그것에 의해 평가절하 되더라도, 사물들의 기원에 대한 뚜렷한 그림을 창조한다."[36] 브레레튼의 해석 또한 마찬가지이다.

브레레튼의 주장은 궁극적으로 탈격으로써 mánaso에 대한 자신의 해석에 의지한다. 그러나 이 문법적 요점은 전적으로 신뢰할 수 없다. 게송4b의 mánaso와 함께 게송4a의 (ā)dhi를 탈격으로 추정하려는 시도는 문제가 있는데, 그 시에

34 Brereton(1999), 254.

35 "nèva hí sán máno nèvāsat"에 대한 브레레튼의 번역(1999: 254).

36 Brereton(1999), 258.

서 하나의 통사적 단위가 하나의 단어pāda 경계를 가로지르는 유일한 곳일 수도 있기 때문이다. 더 나아가, (ā)dhi … mánaso를 kāmas … sám avartat(ā) ("사고로부터 발전된 욕망")의 술부 부분으로 간주하는 것은 (게송 4a에서) 불필요한 단어 tád를 남긴다. 브레레튼은 tád를 시간을 나타내는 부사('그때')로 간주함으로써 이러한 난제를 처리하지만, 이것은 시간을 나타내는 두 개의 부사(tád + ágre)가 붙어 있음을 의미하게 되고, 그러한 구성은 그 시의 나머지에서 발견되지 않는다: 게송 1-3에서 부사 tadānīm, tárhi, ágre는 단독으로 발생한다. tád를 대명사로 간주하는 것이 훨씬 자연스러워 보이고, 만일 그렇다면 게송 4a에서 동사의 대상으로 여겨지고 있음에 틀림없고 따라서 게송 2c에서 언급된 '그분'과 동일시될 필요가 있다. 그러나 만일 게송 4a가 그런 방식으로 독해된다면, (ā)dhi … mánasaḥ에 대한 결과론적인 번역("태초에 욕망은 사고로부터 그 [분]께 우연히 떠올랐다.")이 어색하고 그럴 것 같지 않기 때문에 브레레튼의 해석은 신뢰하기 어렵다. 실제로 만일 tád가 대명사로 간주된다면, 만일 통사 단위가 단어(a)로부터 단어(b)로 가로지르지 않는다면, 그 두 단어들은 더 잘 읽힌다. 그리고 맥도넬Macdonell이 발표했던 것과 같은 번역—"태초의 욕망은 그것에서 우연히 떠올랐고, 그(욕망)은 최초의 마음의 씨앗이었다."[37]—이 의미가 잘 통한다. 이 독해에 따르면, 욕망은 그분으로부터 야기되었고,—또는 그것 안에서 발전되었다—이 욕망은 '최초의 마음의 씨앗'이었다. '욕망'이 '최초의 마음의 씨앗'이었다는 진술은 전혀 분명하지 않지만, 단어 retas('정액' 혹은 '씨앗')는 욕망이 '사고'(혹은 '마음')의 본질임을 암시한다. 이를테면 그것의 순수한, 불가분의 실체인 그것은 그 마음에로 발전한다. 달리 말해서 유일자에서 야기되었던 욕망은 본질적으로 의식의 형상, 마음이 될 수 있는 앎의 본질이었다.

37 Macdonell(1999), 209.

브레레튼의 해석의 또 다른 문제는 게송 3 해석과 관련한다. 만일 사고(게송 4b)—'그분'—가 발전하기 위해 욕망(게송 4a)이나 열기(게송 3d)에 의해 초래된 그것이라고 간주된다면, 그 논리적 연속은 '사고(不二의 신) → 욕망/열기 → 그 불이의 신의 탄생' 순이다. 그렇지만 브레레튼은 게송 3c에서 yád와 게송 3d에서 tán을 시간적 의미를 가진 한 쌍의 관계부사 'when … then'으로 생각한다. 이것은 게송 3c에서 묘사된 사건이 게송 3d에서 묘사된 사건보다 선행함에 있어 시간 순서를 암시하고, 이를테면 게송 3c에서 '덮개'('공허함')와 '덮인'('존재로 생성되는 사물') 영역들의 분리는 게송 3d에서 묘사된 사건, 즉 열기로부터 유일자의 탄생에 의해 시간적으로 뒤따르게 되었다. 그러나 덮개와 덮인 영역들로 나뉘는 유일자의 분리가 어떻게 '사고 → 욕망/열기 → 불이론적 신의 탄생' 연속과 들어맞는가? 브레레튼의 분석은 이에 대해 명확하지 않다. 더욱이 만일 유일자가 덮개와 덮인 영역들로 분리되었다면, '존재로 생성되는 사물'로 명명되는 이러한 것들 중 하나를 갖는 그것을 태어나는 '유일자'(불이의 신)의 게송 3d에서 이야기하는 것은 적절하지 않으니, 왜냐하면 태어나는 사물('존재로 생성되는 사물')이란 실제로는 '그분'의 한 부분이기 때문이다. 만일 '욕망'이나 '열기'의 일어남이, 게송 4b에서 '마음'이 제5 탈격으로 취해진다면 틀림없는 것처럼, 그것의 부산물이라기보다 오히려 마음의 씨앗으로 간주된다면 이 모든 난제들을 회피할 수 있다. 그러한 해석에 따르면, 게송 4a에서 마음은 게송 3d에서 열기와 일치하고, 둘 다 유일자의 최초 변화를 기술함으로써 게송 3d에서의 사태는 게송 3c에서 묘사되는 것보다 선행해야만 한다. 이것은 게송 3c에서 묘사된 '덮개'와 '덮인' 영역들의 형성이 게송 3d에서의 열기로부터 유일자의 탄생에서 이어진 것임을 의미한다. 그러한 해석은 yád와 tán이 ābhú를 한정하는 대명사로서 간주될 때만 작동한다. 이것은 맥도넬과 유사한 해석을 만들어낸다: "허공에 의해 덮여 졌던 [존재로] 생성되는 사물, 어떤 이가 열기의 힘을 통해 불러 일으켰던 것."[38] 이를 독해할 때 게송 3d의 유일자는 게송 3c의 익명의 절대자가 아니라, 게송 3c의 '존재로 생성되는' 간단한 사물일 뿐이다. 즉 이것은 '존재로 생성된 사물'과 '공허함'으로의 초보적인 이중성이 '열기'에 의해 형성되었음을 의미한다. 욕망의 일어남에서 생산된 열기는 유일자에서 형성된 초보적인 이중성인 덮개와 덮인 영역들로의 분리를 야기했다. 주레비츠가 지적했듯이, "그분은 자기인지의 행위 속에서 열기를 올린다."[39] 이 해석에 따르면, 「유무가」의 우주생성론은 다음과 같이 독해되어야 한다.

그분 → 욕망/열기 → 존재와 비존재로 분리

따라서 '마음' 혹은 '사고'의 본질이었던 '욕망'은 덮개와 덮인 것, 다시 말해 무無로 남게 될 것tuchya과 존재로 있게 될 것ābhu 혹은 '비존재asat'로 명명될 것과 '존재sat'로 명명될 것으로의 분리의 원인을 제공하는 셈이다. 그리해서 시인들은 '영감을 준 사고'를 통해manīṣā 자신들의 마음을 탐구함으로써 비존재asat 속에서 존재sat의 연결점을 이해했던 표현: 만일 마음의 씨앗이나 본질이 태초에 그 둘 사이의 연결점이었고, 또 그 둘을 서로서로 분리하기 위한 원인이 정말로 그것이었다면, 그것은 이러한 관계성 역시 이해될 수 있는 것이기도 하다. '마음'은 진정으로 그 시에 대한 해결책처럼 보인다.

그 「유무가」는 모호하다. 특히 게송 3-4는 다양한 해석이 가능한 여지를 남긴다. 필자가 보는 문제는 (ā)dhi … mánaso에 대한 상당히 많은 해석에 관련한 것이 아니라, 브레레튼이 생각하듯이 게송 3cd와 게송 4ab의 관계절들의 혼동에 관한 것이다. 게송 3cd에서의 관계/상관 구조인 yád … tán은 대명사적이거나

38 Macdonell(1999), 209.

39 Jurewicz(1995), 145: "That One warms up in the self-cognitive act."

부사적일 수도 있고, 그리고 그 둘의 가능성은 상이한 우주생성론을 암시한다. 문제는 게송 3d에서 tán이 (e)kam과 일치한다는 사실로 인해 혼란스럽다. 이것은 게송 3d의 주체가 게송 2c에서 tád ékaṃ(그분)으로 불러진 게송 1-2의 주체와 동일하다는 것을 암시한다. 브레레튼은 이러한 동일성을 인정하지만, 일반적으로 공인된 번역으로써 앞서 제시된 맥도넬의 대안적 해석에 따르면, 이것은 그렇지 않으며 게송 3d에서 단어 ekaṃ은 일종의 주의 돌리기red herring이다. 같은 혼란이 게송 4a의 tán이라는 단어를 둘러싸고 있다. 다시 말해 이것은 대명사 혹은 부사로도 볼 수가 있다. 더욱이 게송 3cd와 유사한 관계절의 혼란은 게송 4b에서도 재차 보인다. 맥도넬과 브레레튼은 게송 4b의 yád가 게송 4a의 kāmas를 유도한다고 생각하지만, 게송 4a의 tád와 호응하는 관계대명사일 수도 있다. 그렇다면 게송 4b의 yád에 의해 한정된 주체는 게송 2c에서 무명의 절대자인 유일자가 될 수 있다. 또 게송 4d의 전제('마음의 최초 씨앗이었던')가 명료하지 않더라도, 브레레튼이 제시하듯, 그 유일자가 '마음'이었음을 암시하기도 한다. 베다전통을 고수하는 시인들이 의도적으로 애매하게 표현하였기 때문에, 「유무가」를 확정적으로 해석하기 어렵다.

'사고'나 '마음'이 천지창조에 복잡하게 얽혀 있다는 것은 분명하다. 천지창조를 시작한 반영적인 작용은 '사고'이거나 혹은 그것과 가깝게 연관된 것이다. 시인들이 영감을 끼친 사고를 통해서manīṣā 비존재 속에서 존재의 연결점을 발견했다는 언설은 우주의 수수께끼가 인간의 사고력을 통해서 해결되는 것임을 가리킨다. 브레레튼의 말처럼, "[청중들의] 반응, 그들의 능동적 정신적 참여는 창조의 원초적 힘을 반영하고, 또 그들의 점진적으로 발전하는 이해는 창조의 과정을 요약하게 한다."[40] 이러한 전망으로부터 이 시는 세상의 시원에

40 Brereton(1999), 255.

대한 수수께끼로 찬술된 것이 아니다. 또한 세상의 시원에 대한 대답이 사고력과 동일시될 수 있다는 가능성을 그 청중들에게 숙고할 것을 촉발함을 의미했다. 따라서 마지막 두 게송들은 만물의 기원을 알 수 있을 가능성에 의문을 던지지만, 동시에 그것들은 청중들에게 추가적 자기성찰을 하게 만든다. 브레레튼이 게송 5에 관해 논평하길, "가령 인간의 지식뿐만 아니라 언어마저도 근원적 창조력의 반사작용들일지라도, 그 시원을 포착할 수 없다."[41] 만일 태초의 상태가 불이론적이고 사고가 창조력으로서 '차후'를 야기했다면, 사고는 그 자신을 초월한 상태를 파악할 수 없음을 함축하게 된다. 그 '분'은 사고의 창조력 때문에 세상으로 발전시켰지만, 그 과정은 감히 상상할 수 없고, 유일자의 본성은 사고를 초월한 신비로 남아 있다. 따라서 브레레튼은 다음과 같이 그 시의 의도를 요약한다.

> 그것은 사물들의 시원에 대한 자세한 그림을 제공하지 않을뿐더러 시원적 사고의 본성이나 행위자도 기술하지 않는다. 왜냐하면 그렇게 하는 것이 그 자신의 목적을 좌절시키는 것이기 때문이다. 만일 그것의 기능이 의문을 통해서 생각을 창조하는 것이라면, 이 시는 의문과 사고를 종식하게 할 최종적 해결책을 피해야만 한다. 마치 그 시가 존재와 비존재 사이의 무언가와 함께 시작하듯, 독자들을 지식과 무지 사이에 남겨 두어야만 한다. 따라서 그 시의 개방성은 사물들의 시원에 대해서 대답할 수 없는 수수께끼에 대한 근사치 대답으로서 사고 과정을 시사한다.[42]

만일 그 시가 "사물들의 시원에 대해서 대답할 수 없는 수수께끼에 대한 근

41 Brereton(1999), 258.

42 Brereton(1999), 258.

사치 대답으로서 사고 과정을 시사한다."고 하면, 「유무가」의 사변이 사실상 초기 브라만적 신비주의 전통을 생성했거나 아니면 정말로 그 전통의 산물이었다는 점은 불가피해 보인다. 실제 게송 4cd는 그 시가 명상 작품인 것처럼 말하고 있다. 시인들이 '영감을 끼친 사고'를 통해서manīṣā 존재와 비존재 사이의 연결점을 발견했다는 선언은 베다 시기들의 명상/신비주의 전통에 대한 증거이다. 베다 전통의 시인들은 자신들의 '영감을 주는' 내적 명상을 통해서 모호한 창조 시들을 그럴듯하게 창안해냈다. 천지창조의 원인이 되는 신성한 자기인지의 호기심 어린 생각은 명상 기법들을 실험했던 신비주의자들이나 '예언자들'의 이론이었을 가능성이 높다. 이는 요가나 심지어 원형의 요가 수행들이 「유무가」의 저자(들)에 의해 채택되었음을 암시하는 것이 아니다. 그러나 그 시는 초창기 철학적 시기의 형이상학적 요가적 사변을 위한 의제를 어떻게 설정하는지 파악하기에 용이하다. 실로 이 시기의 거의 모든 상세한 요가 구상들은 「유무가」의 근본 원리, 즉 천지창조가 불이론적 신인 미현현자의 자기인지에 의지한다는 점에 기반한 우주생성론과 일치한다. 우주생성론의 사변이 초기의 명상 구상을 위한 이론적 배경을 제공했다는 점은 의심하기 어렵다.

3. 「슈까누쁘라쉬나하」(Śukānupraśnaḥ, Mbh XII.224)에 나타난 우주생성론

초기의 주요한 우주생성론은 『마하바라따』 XII.224의 <해탈법품>에서 발견된다. 이는 「유무가」의 애매한 관념을 대신하는 후기 철학적인 구상으로 보이지만, 초기 브라만전통 문헌에서의 어떤 요가 전통과도 일치하지 않는다. 그럼에도 거기에는 요소 순서가 6가지 토대들과 정확히 일치하기에 초기 불전에서 보이는 요소명상 형태의 이론적 배경을 구성하는 것처럼 보인다. 『마하바라따』 XII.224에서의 우주생성론은 우주 행위자(브라흐만)의 소개를 포함한 게송 11에서 출발한다. 이어서 시간의 구분(게송 12-21)과 세상의 시기(yugadharmāḥ, 게송 22-27)에 관한 짧은 두 개의 트랙이 있다. 이는 『마누법전』Manusmṛti 1권 게송 64-70과 게송 81-86에 각기 상응한다. 우주생성론의 또 다른 출발점은 『마하바라따』 XII.224.31에서 보이고, 『마누법전』 1권 게송 74에서 시작하는 우주생성론과 상응한다. 두 본문들은 하나의 고전 자료 또는 여러 옛 자료—시간의 구분에 관한 일부, 시기에 관한 일부, 그리고 우주생성론에 관한 일부—에서 유래했던 것으로 보인다.[43] <해탈법품>의 우주생성론은 게송 11에서 하나의 출발점과 게송 31-34 사이에서 3개 이상의 시작점이 있다. 따라서 네 개의 상이한 시작점들을 병치한 듯 보인다는 사실은, 추측컨대 편집자가 상이한 구전 전통 혹은 필사 전통으로부터 상이한 구절들을 포섭했음을 의미한다. 핵커에 따르면, 이는 "상이한 전통들에 대해서 공정하게 다루려는 욕구에서 야기된 일종의 일차적인 편집법(론)"[44]이다. 핵커는 게송 11 → 게송 31cd → 게송 35-38의 오리지널 트랙을 남겨둔 채 게송 31ab와 게송 32-34를 다음과 같이 제거한다.[45]

> 무시무종으로 태어남 없고 신성하고 불멸하여 고정되어 불변하고, 검토되거나 지각될 수 없는 브라흐만은 태초에 진동하였다. (11)
>
> …
>
> 그리고 본질적으로 현현과 미현현의 조대요소와 마음을 토해냈다. (31cd)[46]

---

43 Hacker(1961), 77.

44 Hacker(1961), 80.

45 Hacker(1961), 84. 이 트랙은 『마누법전』 I.5게, 74cd게, 75-78게와 일치한다.

46 필자는 핵커를 따라서 pāda(d)에서 tasmād vyaktātmakaṃ manaḥ 대신에vyaktāvyaktātmakaṃ으

…

창조하려는 욕구에 사로잡힌 마음은 분출을 생산했다. 그로부터 허공이 태어났다; 소리는 그것의 속성이라고 생각된다. (35)

허공으로부터 그 자신을 변양시키면서 모든 냄새를 맡는 향유자가 태어났고, 그것은 이를테면 강력한 것인 바람처럼 순수하다; 그것의 속성은 감촉이라고 생각된다. (36)

바람으로부터 그 자신을 변양시키면서 불의 요소, 어둠의 축출자, 현자가 태어났다; 볼 수 있는 형상은 그것의 속성이라고 일컬어진다. (37)

그리고 불로부터 그 자신을 변양시키면서 물이 있게 되었고, 그것의 본질은 맛이다. 물로부터 땅은 [태어났고] 그것의 속성은 냄새이다. 이것이 태초에 [일어났던] 창조라고 전승된다pūrvaiṣā sṛṣtir ucyate. (38)[47]

만일 게송 31d의 변형을 포함한 핵커의 본문 독해에 따른다면,[48] 우주생성론은 다음과 같다: "브라흐만 → 마음(즉, 조대 요소mahad bhūtaṃ) → 허공 → 바람 → 불 → 물 → 땅." 게송 31에 대한 핵커의 교정을 수용하지 않는다면, 우주

로 독해한다.

47 Mbh XII.224, "anādyantam ajaṃ divyam ajaraṃ dhruvam avyayam | apratarkyam avijñeyaṃ brahmāgre samavartata ‖ 11 ‖ sṛjate ca mahad bhūtaṃ tasmād vyaktātmakaṃ manaḥ ‖ 33cd ‖ manaḥ sṛṣṭiṃ vikurute codyamānaṃ sisṛkṣayā | ākāśaṃ jāyate tasmāt tasya śabdo guṇo mataḥ ‖ 35 ‖ ākāśāt tu vikurvāṇāt sarvagandhavahaḥ śuciḥ | balavāñ jāyate vāyus tasya sparśo guṇo mataḥ ‖ 36 ‖ vāyor api vikurvāṇāj jyotir bhūtaṃ tamonudam | rociṣṇu jāyate tatra tad rūpaguṇam ucyate ‖ 37 ‖ jyotiṣo 'pi vikurvāṇād bhavanty āpo rasātmikāḥ | adbhyo gandhaguṇā bhūmiḥ pūrvaiṣā sṛṣṭir ucyate ‖ 38 ‖ "

48 Hacker(1961), 85.

생성론은 "브라흐만 → 조대 요소 → 마음" 순서가 된다. 그럼에도 또 다른 우주생성론(게송 33)은 태초에 절대자가 깨어났을 때"vibuddhaḥ san" '현현을 본질로 가진vyaktātmakaṃ' 그가 세상, 즉 '조대 요소'나 '마음'을 분출(=방사)했다는 사실에서 출반한다.[49] 게송 33에서 조대한 존재와 현현을 본질로 지닌 마음의 등가等價는 조대한 존재와 마음이 정확히 같은 일자一者임을 가리키는 게송 31d에 대한 핵커의 교정에서 제안된 것과 같은 동일한 이해를 제시한다.

이 「유무가」를 비롯한 『마하바라따』 XII.291과 같은 우주생성론 구절들은 천지창조가 브라흐만의 자기 인지와 함께 출발한다는 이념에 기반을 둔다. 『마하바라따』 XII.228이 『마하바라따』 XII.291에 부합하는 방식처럼 이에 상응하는 요가 구절은 없다. 그러나 초기 브라만전통의 명상과 우주생성론 간의 관련성을 고려하면, 『마하바라따』 XII.224에서 발견되는 것과 같은 중요한 분출 트랙에 상응하는 명상 구상들이 있었을 것 같다. 『마하바라따』 XII.224의 분출 트랙에 기반한 명상의 가설 구상은 『마하바라따』 XII.228에 나타난 것과 거의 일치하게 될 것이다. 그 철학적 전제들은 기타 사상가들에 의해 견지된 우주생성론 교설에서의 사소한 차이(브라흐만과 그 요소들 간의 제1단계, 그 요소들의 상이한 순서 등)로 인한 상이점, 동일점이 있게 될 것이다. 『마하바라따』 XII.224의 우주생성론에 상응하는 명상 구상은 다음의 형태를 취하게 될 것이다:

땅 → 물 → 불 → 바람 → 허공 → 의식 → 브라흐만

이상에서 재구성된 구상은 자연스럽게 「유무가」Nāsadīyasūkta로 회귀하는

49 Mbh XII.224.33, "aharmukhe vibuddhaḥ san sṛjate vidyayā jagat | agra eva mahābhūtam āśu vyaktātmakaṃ manaḥ || 33 || "

사고 흐름에 해당한다. 『마하바라따』 XII.224가 불교 이전의 것이라는 증거는 없지만, 요소들에 대한 그 수직적 분출은 TU II.1에 나타난 초기 우주생성론과 일치한다.[50] 이 같은 요소명상의 브라만적 구상들이 불교 이전 시기에 존재했다고 가정하는 것이 타당하다.

이처럼 상정된 명상의 구상은 정확히 불교의 6대 요소들(땅·물·불·바람·허공·의식)에 상응한다. 따라서 그것은 요소명상에 대해 이질적인 불교 항목을 설명할 수 있는데, 빠알리 경전에 나타난 기타 요소명상 항목(70-76쪽)뿐 아니라 까시나의 영역 항목(67-70쪽)조차 그에 기반 하기 때문이다. 그렇다면 일부 초기 불교도들은 『마하바라따』 XII.224에서 보이는 브라만전통의 우주생성론과 상관된 종류의 명상 체계에 의해 영향을 받았음에 틀림없다고 봐야 한다. 만일 이와 같이 상정된 브라만전통의 요소명상의 목표—브라흐만—가 그것의 우파니샤드식 호칭인 '무소유'나 혹은 '비상비비상'으로 대체된다면, 이 체계는 다음의 형태를 갖는다.

땅 → 물 → 불 → 바람 → 허공 → 의식 → '무소유'/'비상비비상'

요소와 무색처정에 대한 모든 불교 항목들은 요소명상에 대한 그러한 구상의 정교함인 것처럼 보인다. 필자가 주장했듯이, 만일 성도 이전의 붓다가 웃다까 라마뿟따 이전 알라라 깔라마 문하에서 사사했던 전통이 역사적으로 참이고, 또 그들이 브라흐만에 이르는 길로서 요소명상을 가르쳤다면, 이상의 명상 구상 체계는 초기불교 집단에서 다음과 같이 재정형화되었을 것이란 것은 쉽게 알 수 있다.

---

50 이상의 79-81쪽을 참조.

땅 → 물 → 불 → 바람 → 허공 → 의식 → 무소유 → 비상비비상

그 두 스승 가운데 한 명이나 혹은 둘 다는 『마하바라따』 XII.224의 우주생성론에 기반한 일종의 요소명상을 가르쳤다는 이론은 요소명상에 대한 불교적 구상 체계를 설명한다.

4. 제4장의 결론

앞장에서 필자는 초기불교 문헌에서의 요소명상의 구상 체계가 초기 브라만전통의 이념에 기반하고 있다는 가설을 정립했다. 필자는 대우주적인 요소들에 대한 명상 개념이 불교 사상에서 철학적 기반이 전혀 없을뿐더러 오히려 초기 브라만 사상에서 그런 토대를 찾을 수 있다고 주장했다. 이러한 상황에서 유사한 요소명상의 구상 체계가 초기 브라만전통 문헌에서 발견되는 점을 감안하여, 필자는 요소명상이 초기 브라만 명상 집단들로부터 흡수되었음에 틀림없다고 주장했다. 이러한 수습修習들에 대한 가장 그럴듯한 출처는 그 두 스승들, 즉 초기 우파니샤드식 정형구들로 비춰진 그들의 종교적 목표이었다. 이 장에서 필자는 요소명상에 관한 불교 이전 문헌이 절대적으로 부족함에 불구하고, 그 철학적 전제가 초기 브라만주의 사변 전통에 확고히 뿌리 내리고 있다고 주장했다. 우주론과 명상의 관계가 <해탈법품>에 나타난 그러한 명상의 특색이면서 「유무가」에 그 연원을 둔 것으로 보인다. 「유무가」의 기본사고는 천지창조가 미현현자인 불이론적인 신의 자기인지에 의해 야기되었다는 점이다. 이 또한 요가 철학의 초기 구상의 기본 전제이다. 「유무가」는 우주 창조가 인간의 성찰에 의해 풀릴 수 있음을 암시하는 자극적이고 도전적인 시이다. 여기에

서 베다 시인들은 '영감을 끼친 사고'를 통해서manīṣā 우주 창조의 신비를 풀었다고 말한다. 그렇다면 이 사변 전통은 종교 체험이 천지창조를 설명할 수 있으리라 여겨졌던 초기 신비주의 부류와 관련이 있을 것으로 보인다. 범아일여梵我一如의 전제는 우주의 (기본)물질 요소들과 상층 토대들에 관한 명상의 우주론적인 종류의 정교함을 위한 기틀을 조성했다. 이 전통은 <해탈법품>에 나타난 요가와 우주생성론을 위한 사변의 궁극적인 원천이다.

불교의 6대 요소들 항목과 상응하는 우주생성론—또 초기 불전에서 발견되는 요소명상의 다양한 형태들에 대해서는—은 『마하바라따』 XII.224에 나타난다. 요소명상의 불교적 구상은 궁극적으로 이러한 종류의 브라만전통의 영향에서 기인하고 있다고 봐야 한다. 만일 우리가 그 두 스승을 초기불교에 끼친 브라만전통의 영향의 원천이었다고 믿을 만한 이유가 있다면, 요소명상이 그들의 수행 가운데 하나였을 가능성이 높다. 따라서 3장과 4장의 탐구는 우리에게 붓다의 지적 계발에 대한 이론을 형성하게끔 한다. 만일 성도 이전의 붓다가 알라라 깔라마와 웃다까 라마뿟따에게 명상을 사사했다면, 그는 아마도 초기 브라만전통의 명상과 우주론의 철학적 전제에 대해 숙달되었을 것이다. 이것은 우리에게 초기불교 가르침의 진위(=불설의 진위)를 평가할 수 있는 일부 기준점들을 제시해 준다.

5. 제4장 부록: 초기 요가철학의 업설

다음 장에서 필자는 가장 오래된 문헌 중 하나인 『숫타니파타』의 일부 오랜 인용문들을 분석할 것이고, 또 거기에 나타난 붓다의 가르침이 그가 브라만전통의 명상 학파에서 수학했었던 이론과 부합한다고 주장할 것이다. 필자는 이 대화들의 바른 이해는 그러한 이론에 기댄다고 주장할 것이다. 이를 보여주려면 붓다가 초기 브라만전통의 명상 전제 가운데 일부를 알았음을 입증하는 데 의존해야 한다.

초기 브라만전통의 일반적인 이해에서 해탈은 죽음에서 용해되는 범아일여梵我一如를 획득함으로써 성취된다는 것이었던 것 같다. 그렇지만 그것은 명상의 몰입 상태, 즉 명상 전문가의 선과 악의 업(業/karman)들의 해체를 이끈다고 간주되는 상태인 자아실현을 통한 삶에서 기대될 수 있다. 자아실현이 업을 파괴한다는 개념 증거는 『문다까 우파니샤드』(Muṇḍaka Upaniṣad, 이하 MuU) III.1.3에서와 같이 초기에 발견된다:

> 보는 자paśyaḥ가 빛나는 무언가, 행위자, 창조주, 인간, 브라흐만의 원천을 보는paśyate 바로 그때, 선과 악을 떨쳐내고 결점이 하나 없는 현자는 [그와 함께]sāmyam 최고의 동질감을 성취한다. (3)[51]

자아실현을 통해서 업을 소멸한다는 신념은 이후 두 게송들에서 은연중에 비춰진다.

> 실로 이 자아는 진리를 통해서, 고행을 통해서, 바른 앎을 통해서, [그리고] 청정범행을 통해서 항상 성취될 수 있다. 실로 반짝이는 빛으로 이루어진 육신 속에서 [그는 있고], 고행자들은 자신들의 과실들이 파괴되었음을kṣīṇadośāḥ 본다paśyanti. (5)[52]

51 MuU III.1.3, "yadā paśyaḥ paśyate rukmavarṇaṃ kartāram īśaṃ puruṣaṃ brahmayonim | tadā vidvān puṇyapāpe vidhūya nirañjanaḥ paramaṃ sāmyam upaiti || 3 || "

52 MuU III.1.5, "satyena labhyas tapasā hy eṣa ātmā samyajñānena brahmacaryeṇa nityam |

위 게송에서 초기 우파니샤드 게송의 동사 √dṛś를 초기 우파니샤드 방식의 신비적 앎과는 다른 일종의 영지(靈知, gnosis)로 보통 지칭하더라도, 명상에 대한 증거는 확실하지 않고 또 그것은 보통 동사 upa + √ās('존경')에 의해 지시된다. 그리고 <해탈법품>의 동사 √dṛś는 통상 요가의 인지 작용을 표현하는 데 사용된다. 어쨌든 『문다까 우파니샤드』의 여타 게송들은 그 저자들이 자아실현을 요가의 결실로 생각했음을 보여준다:

> 마치 바퀴 중심으로 [모이는] 바퀴살과 같이 혈관들이 모여드는 저 이는 다양하게 태어나며 내부로 옮겨간다. '옴' 이라고 이같이 그대들은 자아에 관해 명상할지니! 어둠 너머의 먼 해안가로 [당신이 달려가듯이] 당신에게 행운이 깃들기를! (6)

> 마음, 숨과 육신의 통제자로 이루어진 그것은 음식에 토대를 둔 심장 속에서 머무른다. 현자들은 자신들의 지성을 통해 그것을 인식함으로써 그것—환희로운 모습을 하고 저 멀리서 빛나는 불멸인 것—을 바라본다paripaśyanti. (8)[53]

게송 6에서 √dhyati 용례는 예컨대 dhyāna(드야나)로 명명된 어떤 명상법을 가리키고, 동사 √dṛś에 의해 기술된 앎을 산출하는 것으로 생각되었다. 자아실현을 통한 업의 소멸에 대한 추가 증거는 <해탈법품>에 나타난다:

antaḥśarīre jyotirmayo hi śubhro yaṃ paśyanti yatayaḥ kṣīṇadoṣāḥ || 5 || "

53 MuU II.2.5-8, "yasmin dyauḥ pṛthivī cāntarikṣam otaṃ manaḥ saha prāṇaiś ca sarvaiḥ | tam evaikaṃ jānatha ātmānam anyā vāco vimuñcathāmṛtasyaiṣa setuḥ || 5 || arā iva rathanābhau saṃhatā yatra nāḍyaḥ sa eṣo 'ntaś carate bahudhā jāyamānaḥ | om ity evaṃ dhyāyatha ātmānaṃ svasti vaḥ pārāya tamasaḥ parastāt || 6 || manomayaḥ prāṇaśarīranetā pratiṣṭhito 'nne hṛdayaṃ saṃnidhāya | tadvijñānena paripaśyanti dhīrā ānandarūpam amṛtaṃ yad vibhāti || 8 || "

『마하바라따』 XII.180.28-29,

초저녁부터 늦은 밤까지 [스스로] 늘 수련하고yuñjānaḥ, 거의 먹지 않고, 순수한 상태로 있는 현자—그는 자아 속의 자아를 본다paśyaty ātmānam ātmani. (28). 마음의 평정을 통해서cittasya prasādena 선악의 업을 단념시키고, 청정 자체는 prasannātmā 자아 속에 있는 그 자신을 세우고, [또한] 불멸의 행복을sukham akṣayam 성취한다. (29)[54]

『마하바라따』 XII.197.8,

지혜는 악업이 파괴될 때 사람들에게 생기고, 자아는 거울의 표면과 비슷한 바로 그때 자아 속에서 자아를 본다paśyaty. (8)[55]

『마하바라따』 XII.238.10,

고행자가 마음의 평정을 통해서cittaprasādena 선악의 업을 단념한다; 청정 자체는prasannātmā 자아 속에 있는 [그 자신을] 세웠고, 그는 영원한 행복을 성취한다. (10)[56]

이러한 명상의 업설業說에 대한 또 다른 측면은 오로지 사후에만 해탈을 실로 성취할 수 있다는 것이다. 이 사고는 『께나 우파니샤드』(Kena Upaniṣad, 이하 KeU) II.5에서 처음으로 보인다.

54 Mbh XII.180.28-29, "taṃ pūrvāpararātreṣu yuñjānaḥ satataṃ budhaḥ | laghvāhāro viśuddhātmā paśyaty ātmānam ātmani ‖ 28 ‖ cittasya hi prasādena hitvā karma śubhāśubham | prasannātmātmani sthitvā sukham akṣayam aśnute ‖ 29 ‖ "

55 Mbh XII.197.8, "jñānam utpadyate puṃsāṃ kṣayāt pāpasya karmaṇaḥ | athādarśatalaprakhye paśyaty ātmānam ātmani ‖ 8 ‖ "

56 Mbh XII.238.10, "cittaprasādena yatir jahāti hi śubhāśubham | prasannātmātmani sthitvā sukham ānantyam aśnute ‖ 10 ‖ "

혹여 이 세상에서 누군가 그것을 알았다면 진리가 있을지니,
혹여 이 세상에서 누군가 그것을 깨닫지 못했다면 [너희들의] 파멸은 커진다.
모든 존재 가운데 그것[브라흐만]을 식별하는vicitya 현자들은 이 세상을 하직할 때 불멸을 성취하게 된다. (5)[57]

위에서 기술된 ('모든 존재 가운데 … 그것을 식별하는') 불이론적 영지靈知는 어떤 명상적 영지와 죽음에서 불멸로 인도하는 무언가를 암시하는 듯 보인다. 『께나 우파니샤드』 I.5에서 해탈의 영지는 우파니샤드 전통의 숭배와 차별화되고nedaṃ yadidam upāsate,[58] 또 『께나 우파니샤드』 II.3에서는 아뜨만을 아는 누군가의 심적 상태에 대한 자기모순적인 기술에 의해 한층 더 묘사된다.[59] 이 비논리적 표현은 지적 이해라기보다 요가 수행의 기술이 더 적합한 듯 보이는 직관적인 것을 의미한다. 사死해탈 개념에 대한 추가 증거는 『문다까 우파니샤드』(MuU) III.2.6, 8에서 다음과 같이 보인다.

---

57 KeU II.5, "iha ced avedīd atha satyam asti na ced ihāvedīn mahatī vinaṣṭiḥ | bhūteṣu bhūteṣu vicitya dhīrāḥ pretyāsmāl lokād amṛtā bhavanti ‖ 5 ‖ "

58 KeU I.5, "yad vācānabhyuditaṃ yena vāg abhyudyate | tad eva brahma tvaṃ viddhi nedaṃ yad idam upāsate ‖ 5 ‖ "(말로 표현할 수 없으나 그로 인해 말이 표현될 수 있으니. 그대여, 이것이야말로 브라흐만 임을 알라. 이 세상 사람들이 숭배하는 그것은 브라흐만이 아니다.)

59 "그것을 마음속에 그리지 않는 사람에게 그것을 그려지지만, 그것을 마음속에 그리는 사람은 그것을 알지 못한다. 또한 그것을 아는 자는 그것을 알지 못하고 오히려 [그것을] 알지 못하는 자는 그것을 알게 된다."_Olivelle의 번역(KeU II.3, "yasyāmataṃ tasya mataṃ mataṃ yasya na veda saḥ | avijñātaṃ vijānam avijānatām ‖ (5)."). cf. "브라흐만을 알지 못하는 사람이 사실은 브라흐만을 알며, 브라흐만을 안다는 사람은 사실 브라흐만을 모른다. 왜냐하면 그 브라흐만은 안다고 하는 사람들에게는 끝내 나타나지 않으며, 알지 못한다고 하는 사람에게 나타나기 때문이다."(이재숙 역 1996: 78-79). 필자는 이러한 역설들이 지적 영지를 가리키는지 의심스럽다. 긍정구와 부정구의 병치는 "보는 중이면서 보지못한다."(passan na passati, DN III.126; 위 98-105쪽 참조)라는 표현을 연상시킨다. 다시 말해, 그 둘은 표현할 수 없으며 논리적으로 설명할 수 없는 의식 상태, 즉 심일경성(心一境性)에 의해 발생된 불이론적 의식 상태를 묘사하려는 시도를 가리키는 것으로 보인다.

베단따의 이해를 통해서vedāntavijñāna- 고행자들의 목적을 확인하고, 금욕 훈련을 통해서saṃnyāsayogād 그들의 본성은 청정해진다. 그들은 죽는 순간, 하늘세계에 모두 풀려나게 되어 최고의 감로수를 음미한다. (6)

흘러가는 강물이 명칭과 형태를 버리고 바다에 모여들듯, 이와 같이 명칭과 형태에서 벗어난 현자는 저 편 너머의 신에게 가 닿는다. (8)[60]

바다로 흘러가는 강물의 비유는 인간의 존재로부터nāmarūpād 최종적으로 풀려남을 의미하고, 해탈이 죽음에서 성취되는 것으로 여겨졌음을 보여준다. <해탈법품>의 몇몇 게송들은 동일한 신념을 다음과 같이 언급한다.

『마하바라따』 XII.231.18,
미현현을avyaktaṃ 보는 자'nupaśyati, 현현하는 인간들의 육신 속에서 불멸하는 자—그가 죽을 때pretya, 그는 브라흐만의 상태와 합일한다. (18)[61]

『마하바라따』 XII.289.35,
따라서 요가를 통한 자기 집중 훈련에서 진리를 아는 자는 그가 육신을 단념했을 때hitvā deham 얻기 어려운 장소를 성취한다. 오, 왕이시여! (35).

60 MuU III.2.6, 8, "vedāntavijñānasuniścitārthāḥ saṃnyāsayogād yatayaḥ śuddhasattvāḥ | te brahmalokeṣu parāntakāle parāmṛtāḥ parimucyanti sarve || 6 || yathā nadyaḥ syandamānāḥ samudre 'staṃ gacchanti nāmarūpe vihāya | tathā vidvān nāmarūpād vimuktaḥ parāt paraṃ puruṣam upaiti divyam || 8 || "

61 Mbh XII.231.18, "avyaktaṃ vyaktadeheṣu martyeṣv amaram āśritam | yo 'nupaśyati sa pretya kalpate brahmabhūyase || 18 || "

『마하바라따』 XII.289.41,

> 결점 없는 이해를 갖고서 자신의 선악의 업을 재빨리 태워 버려서 최상의 요가를 실천했다면, 만일 그가 그렇게 희망한다면 그는 풀려나게 된다. (41)[62]

위 마지막 게송은 숙련가가 자신의 자아실현과 선악의 업을 파괴한 후, 그가 원하는 경우 해탈을 성취하도록 선택할 수 있음을 시사한다. 달리 말해 해탈은 요가의 자아실현과 다른 무언가라고 여겨진다. 이는 틀림없이 해탈이 이 세간의 존재로부터 벗어남, 즉 죽음에서 성취되는 브라흐만과의 합일(=범아일여)로 생각되었음을 의미한다. 겉보기에 초기 바라문 계급의 요가의 기본 전제는 자아실현을 성취한 자가 스스로 죽어서 절대자와 합일하기 전까지 해탈을 성취한 것이 아니라는 점이다. 이는 자아의 명상 실현이 해탈을 구성한다고 하는 것에 대한 사실상의 부정이다. 명상의 무아지경 속에서 아뜨만과 브라흐만의 합일의 실현(=범아일여)이 해탈과 동일시된다고 생각하지 않았던 점은 이상하지만, 실제 세간의 존재는 속박이고 해탈은 그로부터의 탈출이라는—고전 인도의 고행주의적인 종교에서 전형적으로 보이는—극도로 비관적인 교리의 필연적 귀결이다. 반 부이테넨은 다음과 같이 이러한 사고에 관해 논평했다.

> 인도 사상의 기반이 되는 발상은 세상과 현상은 일시적인 것으로 절대 궁극적으로 타당한 목표가 될 수 없으며, 존재는 존재가 유래된 원칙 또는 사람보다 진실성이 덜하고, 이 사람만이 영원하고, 변함없고, 믿을 만하며, 변화와 변형으로부터 자유롭고 불변하기 때문에 진실로 실재한다. 그렇기 때문에, 일반적인

62 Mbh XII.289.35, 41, "tadvad ātmasamādhānaṃ yuktvā yogena tattvavit | durgamaṃ sthānam āpnoti hitvā deham imaṃ nṛpa ‖ 35 ‖ sa śīghram amalaprajñaḥ karma dagdhvā śubhāśubham | uttamaṃ yogam āsthāya yadīcchati vimucyate ‖ 41 ‖ "

결론으로 그 궁극과의 교감을 추구하는 것이 한 명의 존재를 이 세상의 질서에서 영구화하는 것보다 더 고차원의 목적이라고 본다. 만약 네가 더 잘할 수 있다면 세상을 그대로 두어라.[63]

해탈의 사후 성취 개념은 세상에서의 현존이 고통이라는 사고의 논리적 귀결이다. 그러한 믿음은 자아의 명상 실현이 해탈 자체로서 받아질 수 없고 다만 요가행자가 맞이하는 최후 운명의 시간을 기대하고 있을 뿐임을 의미한다.

살아 있는 동안의 까르마의 소멸이라는 자아실현을 통해 예상되는 사후 해탈 개념은 초기의 모든 브라만전통의 명상학파들의 표준 기준이었는지 분명하지 않다. 그럼에도 이 이념에 대한 증거는 다양한 문헌에서 등장한다. 문헌 기록이 완벽하다고 할 수는 없지만, 그러한 사고가 널리 퍼졌던 것만은 확실하다. 게다가 필자에게는 이러한 사고가 미현현의 브라흐만을 종교적 목표로 하는 개념의 필연적 귀결인 것처럼 보인다. 다시 말해 그 목표가 세계의 미현현 원천과의 합일이라고 생각된다면, 그것은 삶에서 일어나는 무언가가 논리적으로 될 수 없다. 즉 초기 브라만전통의 가장 초보적인 명상 전제에 따르면, 생해탈 사고는 모순 어법이 아닐 수 없다.

해탈의 사후 성취 개념은 붓다와 바라문 사이에서 나눈 초기불교의 명상에 관한 대화에서 등장한다. 다음 장에서 이 대화가 속한 『숫타니파타』 <피안도품>을 살펴볼 것이다. 이 목적은 이 대화 속의 붓다의 가르침이나 이와 유사한 다른 것들이 마지막 몇 개의 품에서 그려진 붓다의 지적 배경 이론과 부합하다는 점을 보여주기 위함이다. 우빠시바 바라문과의 특별한 대화는 초기 브라만전통의 명상 전제, 특히 해탈의 사후 성취 개념뿐 아니라 싯다르타의 스승중 한

63 van Buitenen(1957), 37.

명인 알라라 깔라마의 '무소유' 목표와도 익숙한 종교 스승을 보고 있는 듯하다. 필자는 붓다의 담론이 (a)성도 이전 스승 중 한 명의 가르침과 관련이 있고 (b)초기 브라만전통의 명상의 전제를 반영하고 있다면, (a)성도 이전의 붓다가 스승들 문하에서 익혔다고 주장하는 텍스트들과 (b)본고에서 제안했던 그 스승들이 초기 브라만전통의 환경(x)에 속했다는 이론을 신중하게 검토할 것을 주장하는 바이다.

제 5 장

〈피안도품〉에 나타난 명상

제5장

〈피안도품〉에 나타난 명상

이전의 장들에서 필자는 성도 이전 붓다가 초기 브라만전통의 명상 형태를 배웠다고 주장했다. 그렇다면 붓다의 가르침은 브라만적 배경에서 얼마나 영향을 받았던 것인가? 붓다는 자신의 스승들의 브라만전통의 방법들을 대놓고 거부했을 수도 있다. 만일 그렇다면, 브롱코스트가 지적하듯[1] 요소명상과 무색(처)정은 "불교 문헌에로의 비불설非佛說 삽입"이 될 것이다. 그러나 붓다가 요소명상과 무색처정 수행을 용인했다거나 심지어 추천했었을 가능성마저 있다. 「성구경聖求經」에서는 붓다가 어느 정도의 명상 수행을 최초 다섯 비구들에게 가르쳤다고 제시했다.[2] 그러나 이 수행의 성질이 무엇인지에 대한 언급이 전혀 없고, 그렇다고 이 인용문이 초기 불전에서 불설佛說로 귀속될 수 있는 기준점으로 사용될 수도 없다. 그렇더라도 붓다가 초기 브라만전통의 명상법을 수학했다고 하면, 또 그 초기 불전이 필자가 주장한 것처럼(8-16쪽) 오래된 것이라면, 이러한 붓

---

1 90-91쪽 각주 62를 보라.

2 이것은 붓다가 다섯 제자들에게 설법할 때 마치 그가 교리를 가르치는 것처럼 그의 교리가 실천될 수 있음을 나타낸다(MN I.172.34, "ahaṃ dhammaṃ desemi, yathānustiṭṭhaṃ tathā paṭipajjamānā ⋯.").

다의 지성 발달론은 초기 문헌 상에서 평가될 수 있을 것이다. 우리는 명상에 관한 가르침, 특히 무색처정과 관련된 것들을 분석할 수 있을 뿐더러 지금까지 제시해왔던 그러한 배경을 지닌 스승의 선언들이 있을 수 있다고 고려해 볼 수도 있다.

『숫타니파타』 <피안도품>의 텍스트들은 붓다와 바라문들 사이에서 나눈 명상 주제에 관한 대화를 기술했다. 이 텍스트들 가운데 세 개(Stn V.§7: 우빠시바Upasīva의 질문, Stn V.§14: 우다야Udaya의 질문, Stn V.§15: 뽀살라Posāla의 질문)는 특별히 중요하다. 특히 붓다가 초기 브라만전통의 명상 전제들에 친숙했다는 점, 그리고 그가 알라라 깔라마의 목표를 재정형화하는 수행을 추천했다는 점도 보이기에, 우빠시바 바라문의 질문은 상세히 검토할 필요가 있다. 이 대화는《경장》에 있는 여느 텍스트들과 상당히 이질적이다. 이 책에서 상술한 이론이 맞는다면, 필자는 그 이유를 단박에 설명할 수 있다고 주장하는 바이다. 우다야 혹은 뽀살라의 대화는 다른 이유에서 중요하다. 이 텍스트들에서 붓다는 우빠시바에게 행한 가르침과 부합하는 해탈의 통찰과 명상 수행의 형태를 가르친다. 그렇지만 그 문헌들이 초기 브라만전통 사고를 전혀 언급하지 않기 때문에 우빠시바의 대화보다 역사적으로 의미가 덜하다. 그것들이 갖는 중요성은 상대방 공격에 있는 것이 아니라 오히려 우빠시바의 대화에 내장된 추상적인 사고 형태를 정형화하는 듯 보이는 그 창의적인 가르침에 있다.

1. 〈피안도품〉의 유산

<피안도품>은 분명 고전에 속하며, <여덟 게송 품>(Aṭṭhakavagga, Stn IV), 「무소의 뿔 경」(Khaggavisāṇasutta, Stn 35-75게)과 함께 『닛데싸』(Niddesa: 義釋)에 주석되어 있

으며, 이 주석서는 남방 상좌부 경전에 수록되어 있다.[3] 세 가지 텍스트들(Stn V.§7, Stn V.§14, Stn V.§15)은 『숫타니파타』에 편입되기 전에 틀림없이 독립적으로 존재했을 것이다. 실제 『숫타니파타』는 『디비야바다나』(Divyāvadāna; 신성한 이야기들)에 포함된 텍스트들의 항목에는 언급되어 있지 않지만, 『의족경』(義足經, Arthavargīya)과 <피안도품>에는 언급되어 있다.[4] 그렇다면 그 증거는 <피안도품>, <여덟 게송 품>, 「무소의 뿔 경」이 빠알리어 『숫타니파타』의 형성 이전의 부파불교 이전 시기에 일찍 마감된 독립적 텍스트들이었음을 시사한다. 『숫타니파타』의 내부 증거는 이러한 결론을 뒷받침한다. 노먼은 『숫타니파타』 I-III의 상당 부분의 경들이 《경장》의 여타 부분에서 발견되는 것에 주목했다. 그러나 <여덟 게송 품>과 「무소의 뿔 경」의 해당 부분들에 대해서 《경장》의 나머지에서 병렬문들이 존재하지 않고, 이로 인해 노먼은 다음과 같은 결론을 내린다. "이는 이 두 품品들이 전적으로 불교의 최고층기의 것으로 여겨졌으며, 이미 '독자적인 불가분의' 지위가 부여되었음을 함축한다고 봐야 한다."[5] 더욱이 《경장》에서 오직 두 단행본[經]만 이름이 거론되고 있을 뿐이다: <여덟 게송 품>은 3번, 「무소의 뿔 경」은 4번 언급된다.[6] 이는 그것들이 고전 시기 경전 결집에서조차 고전으로 취급받았다는 징표이다.

노먼은 "운율로 연대를 헤아리는 것은 특별히 도움이 되지 않는다."고 논평하고 있지만, 언어학적이고 운율학적인 표준 또한 <여덟 게송 품>과 「무소의

3 그것은 《쿳다까 니까야》(Khuddaka Nikāya)에 속해 있다. <피안도품>의 도입부 게송들(Stn 976-1031게: 「서시의 경」[Vatthugāthā])은 『의석』(Niddesa)에 주석되어 있지 않고, 그 텍스트의 원래 부분이 아마도 아니었다(노먼의 각주 2001: 395 보라).

4 Norman(2001), xxxii.

5 Norman(2001), xxxvi.

6 Norman(2001), xxxviii-xxxix.

뿔 경」이 매우 고전임을 암시한다.[7] <여덟 게송 품>의 핵심은 보편적으로 이른 연대를 가리키는 것으로 생각되는 '뜨리슈튜브triṣṭubh' 운율로 되어 있음에 주목했다.[8] 필자가 여기에서 살펴볼 <피안도품>의 세 경들 가운데 「우빠시바 바라문의 질문 경」Upasīvamāṇavapucchā은 뜨리슈튜브 운율이고, 이에 비해 「우다야바라문의 질문 경」Udayamāṇavapucchā과 「뽀살라 바라문의 질문 경」Posālamāṇavapucchā은 쉬로까śloka 운율이다. 아마도 운율적 고려사항보다 훨씬 더 중요한 것은 <여덟 게송 품>과 <피안도품> 모두에서 발견되는 다음의 스타일상의 특이점일 것이다. "나는 질문을 가지고 왔다(atthi pañhena āgamaṃ/āgamiṃ)." 라는 표현은 <여덟 게송 품>에서 1번, <피안도품>에서 4번 나타난다. 빠알리 경전에서는 딱 한 군데 『비유경』(Apadāna II.488) 후반부에 보인다. 이 특이한 스타일의 경전 도입부는 초창기 시절에는 활용되었겠지만 이내 쓸모없게 되었을 가능성이 높다.

<여덟 게송 품>과 <피안도품>은 《경장》의 나머지에서 발견되는 어떠한 전문용어도 거의 포함하지 않다는 사실 역시 아무런 가치가 없다. <피안도품>의 경우에 이것은 비불교도들과 붓다의 대화를 보존해왔기 때문일지도 모른다. 이 같은 사례에서 붓다는 자신의 '방편술方便術'을 사용해 자신의 대담자들을 잘 이해시킬 수 있는 적절한 용어를 구사했을 수도 있다. 그러나 전형적인 불교 용어의 결여에 대한 또 다른 설명은 <여덟 게송 품>과 <피안도품>이 남방 4부 니까야에 속한 대다수 산문 구절들의 편찬 이전의 매우 이른 시기에 편찬되었다는 것이다. 두 설명들이 모두 참일 가능성 또한 있다: 《경장》에서 우빠시바와 뽀

---

7 Norman(2001), xxix. De Jong(2000), 173: "더 오래된 게송과 더 새로운 게송을 구별하는 데에 운율적 근거에 지나치게 많이 의존하는 것은 위험할 수 있다."

8 Norman(2001), xxxii: "우리가 다른 근거에서 <여덟 게송 품>에 있는 오리지널 핵심의 게송들이라고 여길 수 있는 사실은 일반적으로 빠알리어로 된 초기 작품의 징표로 받아들이는 뜨리슈튜브(triṣṭubh) 운율에 있고, 그리고 그것은 <여덟 게송 품>이 오래된 것이라는 주장을 뒷받침한다."

살라가 행한 가르침과 꽤 비슷하게 언급된 여타 바라문들의 가르침은 있지 않으니, 이는 붓다 재세 시 가장 이른 시기의 비불교도들과의 대화를 기록했기 때문일 수 있다. 두 설명에서 그 두 품들에서의 전문용어의 결여는 매우 이른 시기의 편찬을 가리킨다. 이것은 논란의 여지가 있는 것에 대한 적용, 즉 침묵논법의 한 형태이다. 그렇지만 침묵논법은 기타 증거를 제시하곤 할 때 강력한 도구가 될 수 있다. 이 장에서 필자는 우빠시바와의 대화를 문학적이고 철학적인 분석 아래에 두고서 그것의 유산이 제시하는 많은 특이점들을 밝힐 것이다. 그러한 환경에서 침묵논법은 훨씬 더 설득력이 있다.

이 모든 특색들은 <피안도품>에 모인 본문들이 매우 이른 시기에 편찬되었다는 사고를 뒷받침한다. 정확히 얼마나 오래되었을까? 일부 『숫타니파타』의 경들은 야쇼까 비문의 바이라트Bhairāṭ 칙령에서 언급되어 있다: 거기에서 Munigāthā(성자의 게송)라고 불려 진 것은 아마도 「성자의 경」(Munisutta, Stn 207-221게)이고, 반면 Moneyasūte(침묵행의 경)는 아마도 「날라까경」(Nālakasutta, Stn 699(*679)-723게)의 후반부에 해당하고, 그리고 Upatisapasine(우빠띠사의 질문)는 아마도 「사리뿟따경」(Sāriputtasutta, Stn 955-975게)일 것이다.[9] 만일 이렇게 규정하는 것이 맞고, 이 『숫타니파타』의 자료가 아쇼까왕 이전 시기(기원전 4세기 후반/기원전 3세기 초반)라면, <피안도품>의 그 자료는 적어도 그만큼 오래되었거나 훨씬 더 오래되었을 가능성이 높다. 노먼은 『숫타니파타』 I-III의 다른 경들이 『대사』(大事, Mahāvstu)에서 발견되는 점에 주목했고,[10] 이는 그것들이 아마도 제2차 결집(불멸후 60년/기원전 345년)[11]과 아쇼까왕 재임 시 발생했던 전법

9 Norman(2001), xxxiii-iv. Schmithausen(1992), 113, 각주 18은 이것들을 규정하는 견해차에 주목한다. 또한 Hultzsch(1991), 174, 각주 1을 참조하라.

10 Norman(2001), xxii.

11 Gombrich(1992), 258, (1988), 17; Cousins(1991), 58-59 참조.

활동(불멸후 154년/기원전 250년) 사이의 어느 시점에 발생했을 수 있는 제1차 근본분열보다 앞서 생겼음을 의미한다. 이는 분열 이전 저작들의 연대에 관해 정확한 정보를 제공하지 않지만, 만일 프라우발너Frauwaller가 말한 오래된 Skandhaka가 2차 결집 직후 편찬된 것이라는 가정이 맞고, 또 그 저자가 초기 판본의 <여덟 게송 품>에 접근했다는 가정 역시 옳다면,[12] 우리는 붓다의 생애와 입멸 후 50년(기원전 354년) 사이에 그것과 이에 준하는 고전 <피안도품>의 연대기를 추정할 수 있게 된다.

모든 학자들이 <피안도품>의 유산을 전적으로 수용하는 것은 아니다. 틸만 훼터(T. Vetter)는 <피안도품>이 잡다한 이질적 요소로 구성되어 있다고 주장했다:

> 우리는 Pārāyana를 자신이 알았던 만큼이나 많은 교의나 방법을 언급하기를 원했거나 아니면 16가지 질문들의 엄정한 숫자만큼이나 많이 채울 필요가 있었던 이에 의해 '편찬'되었던 '텍스트'로 부르는 것이 당연할지 모르겠다. 모든 것은 붓다와 연관되어 있고 또한 윤회를 극복하려는 목표와 관련되어 있다는 것은 상당히 그럴듯하다. 그것은 비교적 초기에 편찬되었을 수도 있겠지만 그럼에도 그것을 빠알리 경전 가운데 최고층기의 텍스트라 칭하기에는, 일부 학자들은 그렇게 부르지만, 나에게 별로 신뢰를 주지 못한다.[13]

이 분석에 의하면, <피안도품>의 명상 이념들은 다양하다. 실제로 훼터는 마음챙김/새김sati 수행을 강조하는 게송들은 "한 가지 예(게송 1107)를 제외하곤 선정(dhyāna; 정려) 명상과는 별개의 … 인 듯 보이는 수행을 의미하고, 두 가지

12 붓다에게 <여덟 게송 품>을 낭송한 비구 이야기는 모든 현존 율장에서 보이고, 또한 프라우발너는 다음과 같이 결론을 내린다. "이 증거 자료는 Skandhaka 편찬 당시 Arthavargīyāṇi Sūtrāṇi가 이미 현존했던 대중적인 경전이었음을 의미한다."(1956: 149).

13 Vetter(1990), 42.

(아마도 세 가지) 예에서 … 그것은 간택[식별]하는 통찰/지혜paññā 방법과 묶인다."고 말한다.[14] 그러나 이것은 침묵논법을 적용한 것이고, 심지어 설득력이 별로 없다. 쉽게 말해 마음챙김을 언급하는 게송들에서 '선정 명상'은 언급되어 있지 않기에 무엇 때문에 후자와 별개의 수행을 지시해야만 하는지 분명하지 않다. 필자는 "비구는 마음을 챙겨서 유행한다(게송 1039: sato bhikkhu paribbaje)."와 같은 간단한 표현에서 '선정 명상'과 별개의 마음챙김 수행을 함의한다고 가정할 이유를 찾을 수 없다. 우리는 선정 명상이 훼터가 말한 게송들 속에서 추정할 수 없다고 확신할 수 없다. 동일한 비판은 단순히 paññā(통찰) 단어의 나타남 때문에 훼터가 '신비적' 의미라기보다 오히려 지적인 의미로 이해하고 있는 게송들에도 적용된다. 그에 따르면 이 단어는 '간택[식별]하는 통찰' 방법을 가리키지만, 그가 언급하는 게송들은 대개 그런 주지주의적 입장을 명백히 하지 않는다.[15] 예를 들어, 훼터는 "자신 속의 신념을 해체하는attānudiṭṭhiṃ ūhacca"이라는 말은 지적 수행을 가리킨다고 생각한다: "이러한 봄[믿음]의 단념은 사람의 구성요소들을 무상하고 따라서 고통스럽고 따라서 무아라는 판단에 의해 매우 그럴듯하게 행해졌다 … ."[16] 그러나 이 주장을 뒷받침할 만한 증거는 전혀 없다.

필자는 여기서 <피안도품>이 전체적으로 단일한 고전인지 혹은 아닌지를 화제로 삼지 않는다. 필자가 그것을 매우 이른 시기로 수용하더라도, 이질적 요소들이 있다는 점은 부정하지 않는다. 필자의 주장은 단순하다. 즉 그것이 최고층기의 불교 결집 중 일부를 포함하고 있다는 점이다. 필자가 희망하기에, 단지 얼마나 오래되었는가의 문제는 그 텍스트들의 내부 증거로부터 명확해질 것

14 *Ibid.*, 38-39. 훼터가 생각하는 게송은 1035-36, 1039, 1041, 1053-54, 1056, 1062, 1066-67, 1070, 1085, 1095, 1104, 1110-11, 1119게이다.

15 훼터에 따르면(*Ibid.*, 40), 이것은 1035-36게이다.

16 Stn 1119게송에 대해서 *Ibid.*, 39 참조.

이다. 이 장을 진행하는 과정에서 필자는 <피안도품>의 몇몇 대화에 대한 대안적 해석을 제출하고자 한다. 필자는 우빠시바 · 우다야 · 뽀살라와의 대화에서 붓다가 휀터가 말한 '선정 명상'과 유사한 형태의 명상, 즉 비이성적인 종류의 통찰로 이끈다고 여겨졌던 알라라 깔라마의 목표에 바탕을 둔 명상 수행을 가르쳤음을 볼 수 있다고 주장할 것이다.

2. 「우빠시바 바라문의 질문 경」(Stn 1069-76게)

「우빠시바 바라문의 질문 경」은 다음과 같은 8개의 게송들로 구성되어 있다.[17]

게송	원문	노먼의 번역[18]
1069	eko ahaṃ Sakka mahantam oghaṃ | (iccāyasmā Upasīvo)anissito no visahāmi tārituṃ | ārammaṇaṃ brūhi samantacakkhu | yaṃ nissito ogham imaṃ tareyya ||	우빠시바 존자가 말하길, "석가여, 저는 아무런 도움 없이 홀로 저 [거센] 커다란 급류를 건너갈 수 없습니다. 사방을 두루 보시는 이여, 저에게 제가 이 급류를 건너갈 수 있는 의지처가 되는 (명상의) 대상을 일러주소서."
1070	ākiñcaññaṃ pekkhamāno satimā | (Upasīvā ti Bhagavā) natthī ti nissāya tarassu oghaṃ | kāme pahāya virato kathāhi | taṇhakkhayaṃ nattam ahābhipassa ||	세존께서 대답하시길, "우빠시바여, 마음챙김을 지녀서 무소유(처)에 대해 생각하면서, '있지 않다.'라는 (믿음)에 의지해 그 급류를 건널지니. 감각적 쾌락을 버리고 (그릇된) 대화를 삼가고 밤낮으로 갈애의 소멸을 살필지니라."

17 필자는 1071-72게의 교정본을 제시할 것이지만, 우선은 「우빠시바 바라문의 질문 경」의 PTS 본을 옮긴다.

18 Norman(2001), 136-137.

게송	원문	노먼의 번역
1071	sabbesu kāmesu yo vītarāgo ǀ (iccāyasmā Upasīvo) ākiñcaññaṃ nissito hitva-m-aññaṃ ǀ saññāvimokkhe parame vimutto ǀ tiṭṭheyya so tattha anānuyāyī ǁ	우빠시바 존자가 묻기를, "모든 감각적 쾌락에 대한 욕망에서 벗어난 이는 무소유(처)에 의지하여 뒤의 잔여(상태들)을 여의고, 최상의 해탈에서 지각으로부터 해방된 그는 거기서 (윤회에) 예속되지 않고 머무릅니까?"
1072	sabbesu kāmesu yo vītarāgo ǀ (Upasīvā ti Bhagavā) ākiñcaññaṃ nissito hitva-m-aññaṃ ǀ saññāvimokkhe parame vimutto ǀ tiṭṭheyya so tattha anānuyāyī ǁ	세존께서 답하시길, "우빠시바 존자여! 모든 감각적 쾌락에 대한 욕망에서 벗어난 이는 무소유(처)에 의지하여 뒤의 잔여 (상태들)을 여의고, 최상의 해탈에서 지각으로부터 해방된 그는 거기서 (윤회에) 예속되지 않고 머무릅니다."
1073	tiṭṭhe ce so tattha anānuyāyī pūgam pi vassānaṃ samantacakkhu, tatth' eva so sītisiyā vimutto cavetha[19] viññāṇaṃ tathāvidhassa ǁ	"사방을 두루 보시는 이여, 만일 그가 (윤회에) 예속되지 않고 거기서 여러 해 동안 존속해야 한다면, (그렇다면) 바로 그 곳에서 해탈된 그는 차갑게 되겠습니까? (혹) 그러한 상태의 그에게서 의식은 사라지는 것입니까?"
1074	accī yathā vātavegena khitto ǀ (Upasīvā ti Bhagavā) atthaṃ paleti na upeti saṅkhaṃ ǀ evaṃ munī nāmakāyā vimutto ǀ atthaṃ paleti na upeti saṃkhaṃ ǁ	세존께서 대답하시길, "우빠시바여, 마치 바람의 힘에 의해 출렁이는 불꽃이 꺼져서 더 이상 (불꽃으로) 헤아릴 수 없듯, 이처럼 자신의 정신적 신체로부터 해탈된 성자는 소멸되어 더 이상 (성자로서) 헤아릴 수 없다."
1075	atthaṅgato so uda vā so natthi ǀ udāhu ve sassatiyā arogo ǀ taṃ me munī sādhu viyākarohi ǀ tathā hi te vidito esa dhammo ǁ	소멸했던 그는 존재하지 않는 것입니까, 혹 아니면 영원히 쇠퇴하지 않고서 (지속하는 것입니까)? 이것을 제게 잘 설명해 주세요. 왜냐하면 이 교설은 당신께서 잘 아시는 것이니까요."
1076	atthaṅgatassa na pamāṇam atthi ǀ (Upasīvā ti Bhagavā) yena naṃ vajjuṃ taṃ tassa natthi ǀ sabbesu dhammesu samohatesu ǀ samūhatā vādapathāpi sabbe ti ǁ	세존께서 말씀하시길, "우빠시바여, 소멸해버린 자를 헤아릴 길이 없으니, 그들이 그에 대해서 이야기할 수 있는 것은 그에게 더 이상 존재하지 않는다. 모든 현상들이 끊어졌을 때, 곧 모든 언어의 길마저도 또한 끊어지게 된다."

19 노먼은 bhavetha를 대신해서 cavetha로 독해한다. *Ibid.*, 136, 412-413 참조.

우빠시바의 첫 질문은 그가 '거센 급류'(게송 1069: oghaṃ, 고통의 급류)를 건너갈 수 있는 의지처가 되는 명상의 대상과 관련한다.[20] 잔여 게송들에서 우빠시바는 붓다에게 이러한 명상 수행이 어떻게 해탈로 이끄는지 묻지 않고서, 대신 '무소유처'를 성취했던 자의 조건에 대해서 묻는다.[21] 설령 '무소유처'로부터 해탈을 성취하는 과정과 관련한 세부사항들이 「우빠시바 바라문의 질문 경」에 그려진 것은 아니지만(그것들은 「뽀살라 바라문의 질문 경」에 나타난다), 이 대화에서 붓다와 우빠시바가 갖는 명상 전제에 대한 중요한 사실들이 드러난다. 그것은 브라만전통과 초기불교의 대화, 더 나아가 불교 명상의 기원에 대한 바른 이해를 위한 심각한 파장을 불러일으킨다.

첫 질문과 대답(1069-70게)은 비교적 단도직입적이다. 그렇지만 이어지는 세 개의 질문과 대답은 좀 더 복잡하다. 우리는 노먼의 번역을 다음과 같이 치환해서 요약할 수 있다.

그러나 노먼의 번역 상 다음의 용어들은 문제가 있다: vimutto(1071c/1072c), anānuyāyī(1071d/1072d/1073a), sītisiyā(1073c), nāmakāyā(1074c). 이 단어들에 대한 자세한 연구는 초기 브라만전통의 사고와 비유, 그리고 최고층기의 불교 명상에 대한 붓다의 각색에 대한 더 많은 전모를 밝힐 것이다.

---

20 ogha라는 단어에 관해서 CPD는 "윤회의 급류"로 주석한다. PED(s.v.)에 따르면, 이 "급류"는 "사람을 휩쓸고 가는 어리석음과 헛된 욕망"에 대한 비유이다.

21 나카무라에 따르면(Nakamura 1979: 272), 이 대화는 "원시불교에서 비불교적 사고가 채택되었고 또한 비존재의 상태는 목표였다고 말한다." 그러나 무소유처정은 뽀살라와의 대화에 나타난 목표가 분명 아니다. 나카무라의 견해는 1071-72게의 saññāvimokkhe 복합어를 무소유처와 동일한 목표로 취급하는 데에 의존한다. 한편에서 그는 이를 "관념에 의한 해방"(p.272)으로 번역하고, 반면 다른 페이지에서는 이를 "관념으로부터의 해탈"(p.273)로 번역한다. 다시 말해 이 후자의 번역은 saññāvimokkha- 복합어를 무소유처정과 다른 상태를 가리키는 것을 함의하는 번역이다. 나카무라의 주장은 이 saññāvimokkha-의 상반된 번역을 심각하게 고려할 만큼이나 어렵다. 나카무라의 우빠시바 대화에 관한 독해에 대해서 Nakamura(1979), 80, 각주 34 참조.

게송	노먼의 수정 번역
1071-72	우빠시바는 붓다에게 지각으로부터 최상의 해탈을(saññāvimokkhe parame vimutto) 성취했으면서 '해탈된' 사람은 윤회에 종속됨 없이 '거기에서' 머무르는지(anānuyāyī) 묻는다. 붓다는 그렇다고 대답한다.
1073-74	우빠시바는 붓다에게 이 사람의 의식이(viññāṇaṃ) 사라지는 것 인지, 또 그가 그 상태에서 '식어가야만'(sītisiyā) 하는지를 물었다.[22] 붓다는 이 사람이 자신의 '정신적 신체'로부터 해탈되고, 그리고 불꽃이 소멸된 것과 같이 그는 헤아릴 수 없게 된다고 답한다.
1075-76	우빠시바는 붓다에게 이 사람이 소멸해버린(n'atthi) 것인지 혹 아니면 즐거운 조건에서 영원히 존재하는(sassatiyā arogo) 것인지 묻는다. 붓다는 그 사람이 이 해답을 결정할 수 있는 방법을 초월해 갔다고 대답한다. 즉 모든 '현상'(dhamms-s)이 그에게서 끊어졌고, 모든 언어의 길마저 끊어졌기 때문이다.

3.『숫타니파타』1071-72게: 해탈vimutto/몰입'dhimutto

1071/72c게송 속의 vimutto('해탈된')에 대한 노먼의 번역은 대화중인 그 사람이 '최상의 인식으로부터 해탈'saññāvimokkhe이라는 상태에서 해방을 성취했음을 함의한다. 그러므로 그는 saññāvimokkhe를 탈격奪格의 격한정복합어tatpuruṣa로 독해한다. 훼터 역시 vimutto에 대해서 해방된 감각의 측면에서 '해탈된' 이라는 의미를 신뢰하고, 그 전문을 "통각으로부터의 최상의 해방에서 해탈된released in the highest emancipation from apperception"으로 번역한다.[23] 그는 이 사고가 <여덟 게송 품>에서 보이는, 해방이 통각saññā이 없는 상태라는 일부 교설과

22 노먼은 이 수수께끼 같은 표현을 자신이 어떻게 이해하는지 내비치지 않는다. 그의 번역에서 해탈은 1071-72게에서 기술된 것("지각으로부터 최상의 해탈에서 해탈된")임을 암시한다. 그렇다면 노먼에게 sīti-siyā란 여러 해 동안 이미 해탈해 왔던 누군가에게 발생하는 것을 의미함에 틀림없다. 노먼은 1073-74게에서의 복합어 sīti-siyā를 해탈한 사람이 죽음을 통한 최종적인 해방(즉 무여열반/parinibbāna)을 의미한다고 이해할 가능성이 높다.

23 Vetter(1990), 41.

유사하다고 생각한다. 그렇지만 노먼과 훼터 양자는 1071/72c게에서 보이는 vimutto에 대한 이체자 'dhimutto가 있다는 사실을 고려하지 않았다. 1071/72c게에 대한 노먼의 각주에서 'dhimutto가 <피안도품>과 「무소의 뿔 경」의 옛 주석서인 유럽판(즉 PTS본) 『소의석』(小義釋, Cūḷaniddesa)에 나타난 독해라고 명시하고 있다.[24] 이 주석서는 확실히 오래된 것이다. 필자가 앞서 주목했듯(155쪽 각주3), 남방 상좌부 전통에서는 성전 텍스트로 분류하고 있다. 이체자 'dhimutto 또한 미얀마 위빠사나연구소(이하 VRI)본 『소의석』에서 포착되고,[25] VRI본 『숫타니파타』 1071-72게는 대조적으로 vimutto로 읽는다. 유사하게도 날란다본 『숫타니파타』는 vimutto로 읽지만,[26] 그 판본의 『소의석』은 'dhimutto로 독해한다.[27] 이 『소의석』 판본들은 'dhimutto 독해를 유지하는 대신, 이에 상응하는 『숫타니파타』 판본들은 vimutto로 독해한다는 점은 뜻밖의 일이다. 또한 『숫타니파타』의 주석서 『승의명소』(勝義明疏, Paramatthajotikā(II))는 vimutto나 'dhimutto를 인용하지 않지만, 「우빠시바 바라문의 질문 경」을 주석함에 있어 『소의석』의 주석을 충실히 따른다.[28] 또 1071-72c게에 나타난 anānuyāyī에 대한 해석도 『소의석』의 용어 해석과 거의 일치한다.[29] 이 'dhimutto로의 독해는 『소의석』을 따른 결과임을 의미한다. 『소의석』은 1071-72게의 'dhimutto 단어

---

24 PTS본 『소의석』(Nidd II), 23-24.

25 <피안도품>의 게송들(VRI본, 10 = 미얀마본, 105)에 대한 『소의석』의 반복에 나타난 vimutto로 독해하지만, 그 『의석』(義釋/Niddesa, 즉 게송 주석서)에서는 'dhimutto라고 독해한다(VRI본, 94 = 미얀마본, 105).

26 날라다본 KN I, 430.5/9.

27 날라다본 KN IV.II(『소의석』), 111.20.

28 노먼이 주목하듯(2001: xlii), "Pj II는 『의석』의 존재를 상정한다—그것의 주석들은 곧잘 동일하다."

29 Pj II(『승의명소』), 594.2ff; 날라다본 KN IV.II(『소의석』), 112.19ff.

를 다음과 같이 이해한다.

saññāvimokkhe parame 'dhimutto

그 유상해탈(有想解脫, saññāvimokkha)은 일곱 가지의 인식[이 있는 명상 상태]의 성취라고 불린다. 이러한 일곱 가지의 인식[이 있는 명상 상태]의 성취 가운데 하나는 정상이며, 최고로 수승하며, 그 무엇보다 앞서는 제일 높은 곳에 있는 것은 무소유처의 성취인 해탈이다.

saññāvimokkhe parame 'dhimutto [의미한다]

[무소유처]라는 최상의 것, 정상, 수승한 것, 가장 앞서는 것, 최고의 것, 그 선택에 있어서, 그는 승해勝解의 해탈로 말미암아adhimuttivimokkhena 집중되어 있다 adhimutto. 즉 [이것이 의미하는 것은] 그는 그것을 확신하고, 그것에 집중하여, 그것을 수행했다. 그것에 대해 많이 행했다는 것은 그에게서 가치를 평가받는 것이며, 그는 그것에 경도되어 있어, 그것에 의존하며, 그것에 기울어져, 그것에 대해 집중하고 있으며, 그것에 의해 인도되어 있다.[30]

따라서『소의석』(Nidd II)에서 saññāvimokkhe는 지각의 최상의 명상 상태를 지시한다고 이해하며, 이를테면 그것은 복합어 saññāvimokkha를 노먼과 훼터가 믿는 바와 같은 탈격의 격한정복합어(“지각/통각으로부터 해탈”)가 아

30 날라다본 KN IV.II, p.112.9ff, “saññāvimokkhe paramedhimutto ti. saññāvimokkhā vuccanti satta saññāsamāpattiyo. tāsaṃ saññāsamāpattīnaṃ ākiñcaññāyatanasamāpattivimokkho aggo ca seṭṭho ca viseṭṭho ca pāmokkho ca uttamo ca pavaro ca, parame agge seṭṭhe viseṭṭhe pāmokkhe uttame pavare adhimuttivimokkhena adhimutto tatrādhimutto tadadhimutto taccarito tabbahulo taggaruko tanninno tappoṇo tappabbhāro tadadhimutto tadadhipateyyo ti — saññāvimokkhe paramedhimutto.” 이 해석은 1071-72 두 게송 표현에 대해서 행한 것이다.

닌, 속격의 격한정복합어(" 지각의 해탈")로 간주한다. 『승의명소』(Pj II)는 『소의석』을 따라서 saññāvimokkhe parame를 다음과 같이 해석한다. 즉 " 일곱 가지 유상해탈saññāvimokkha 가운데 최상인 무소유처에서."[31] 그러므로 『승의명소』는 saññāvimokkhe 복합어가 탈격이 아닌 속격의 격한정복합어로서 '무소유의 명상 상태'(즉 無所有處定)를 가리킨다고 이해한다. 이는 『승의명소』 역시 '해탈된 vimutto'보다는 오히려 '[마음] 집중된'dhimutto' 단어로 독해함에 있어 『소의석』을 따랐을 확률이 높아 보인다. 『승의명소』에서 어떻게 독해하든지간에 그 요점은 (c)구절의 'dhimutto/vimutto가 그 주석서에 따르면 해탈을 의미하지 않는다는 점이다.

주석상의 증거는 (c)구절(saññāvimokkhe parame vi/dhi-mutto) 표현이 (b)구절ākiñcaññaṃ nissito hitvā maññaṃ에 대한 주석일 가능성에 의해 뒷받침된다. 이는 (b)와 (c)구절 사이에서 주체의 상태 변화가 있었음을 의미할 만한 것이 어느 것도 없기 때문에 그럴듯하게 보인다. 그럼에도 우리가 (c)구절에서 vimutto를 '해탈/해방'으로 독해하기 원한다면, 우리는 이 상태 변화, 즉 (b)구절에서 무소유 상태에 의해 다만 뒷받침되는 것으로부터 해방되어서 (c)구절에서 의존하지 않는 것으로의 변화에 대한 어떤 말을 기대할 수 있다. 이는 기원형 동사, 혹은 절대 처격과 같은 구문, 혹 심지어 불변화사 ce를 통해서 나타나기도 한다. (c)구절의 과거분사 vimutto(해탈된)/'dhimutto(몰입된)를 초래했던 (b)구절의 과거수동분사 nissito (적멸된)는 그러한 변화 상태를 의미하지 않는다.

즉 (c)구절은 (b)구절에 대한 주석일 가능성이 높아 보이고, 만일 그렇다면 (c)구절의 주체는 '해탈된'이라기보다 오히려 'dhimutto가 옳은 독해임을 나타

31 Pj II, 594.1, "saññāvimokkhe parame ti sattassu saññāvimokkhesu uttame ākiñcaññāyatane."

내는 '[마음] 집중된'이라는 의미임에 틀림없다. vimutto로의 독해를 설명하기는 어렵고, 정작 더 문제는 이처럼 <피안도품>에서 보이는 것보다 훨씬 광범위하게 퍼져서 나타난다는 점이다. 『숫타니파타』의 잡다한 곳에서 vi + √muc 동사는 adhi + √muc의 문헌적 이체자로 포착되고, 그 반대로도 성립한다. 그 동사들이 치환되는 곳에서 그것들은 해탈이라기보다 전일한 마음의 집중 상태를 의미한다.[32] 이를 설명하는 한 가지 방식은 vi + √muc가 초기불교 역사에서 방언이나 철자법 변형으로 인해서 adhi + √muc에 대한 이체자로 파생되었다는 점이다. 하지만 vi + √muc는 '명상 해탈'의 전문적인 어감을 지녔을 뿐 아니라, 또한 초기불교에서 adhi + √muc와 병렬 사용되었다는 점 역시 있을 수 있다.[33] 정확한 해석이 무엇이든지간에 그 주석서는 saññāvimokkhe 복합어를 노먼과 훼터가 이해하는 것처럼 탈격의 격한정복합어가 아니라 속격의 격한정복합어로 제시한다는 점이다. 이러한 해석을 맞춰보면, 그 사람은 "최상의 지각으로부터 해탈 가운데 해탈된"(노먼/훼터) [상태가] 아닌, 다만 "최상의 지각

32 예로 MN I.186.4, I.435.16ff., III.104.21ff.에서의 시퀀스는 다음과 같다: "pakkhandati pasīdati santiṭṭhati adhimuccati/vimuccati." 동일한 시퀀스가 DN III.239.19ff.(=III.278); MN III.112.3; AN II.166.2ff., III.245.7ff., IV.235.5, IV.438.23ff.에서 vimuccati로의 독해로만 오직 발견된다. 이 위치에서 이체자 adhimuccati의 결여는 편집상의 실수 혹은 이밖에 필사본의 부족에서 기인할 가능성이 있다.

33 1071-72게에 대한 노먼의 주석은 v/dh 변경을 가리킨다(Norman 2001: 412): 그는 이체자 'dhimutto가 vi → dhi 방언 변화 혹은 이 변화를 주는 상이한 철자법 체계를 반영한다고 제시한다. 따라서 그는 그것의 정독(正讀)은 실제 vimutto이어야 하고, 또 그렇게 그는 읽고 번역한다. 그러나 이는 adhi + √muc 어원이 빠알리어에서 구별되는 의미를 갖고 있음, 즉 명사 형태가 '확신' 또는 '명상 집중'을 의미하는 것을 고려하는 데 실패한다. 이러한 사용은 vi + √muc를 나타내는 방언이나 철자 방식으로는 잘 설명될 수 없다. adhi + √muc의 동일한 어원들은 산스끄리뜨어 불교 문헌에서 흔한 일이다(BHSD를 참조하라). adhimutto는 고전 인도에서 vimutto와 이질적인 실제 단어였던 것으로 보인다. 다시 말해 그것은 후대의 변형이 아니다. 만일 그렇다면, v/dh 변형, 즉 빠알리 텍스트에서 v에 대해서 나타나는 dh가 필사의 실행이든지 아니면 고전 방언의 변형이든지간에 이 사실을 흐리게 했을 가능성이 있다.

의 명상 해탈에 몰입된" [상태] 일 뿐이다. (b)구절과 (c)구절이 등치로 보인다는 사실과 함께, 그것의 옳은 독해가 'dhimutto임을 시사한다.[34] 1070-71게의 주체는 아직 해탈된 상태가 아니라 여전히 마음집중한 상태이다.

4. 『숫타니파타』 1071-72게: 속박anānuyāyī

그 대화에서 다음 문제는 게송 1071/72d에서의 anānuyāyī 단어의 번역과 관련된다. 노먼은 게송 1071d를 다음과 같이 번역한다: "그는 거기서 (윤회에) 예속되지 않고 머무릅니까?" anuyāyin에 대한 '(~에) 예속/종속된'의 의미는 설령 그것이 동사 anuyāti에 대한 의미로 주어지지 않지만, 『빠알리-영어사전』PED, 『교정 빠알리어사전』CPD, 보다 최근에는 『빠알리어사전』DOP에서 주어진다. 행위자 명사 anuyāyī는 『숫타니파타』 이외의 단 한 군데, 『자따까』(=한역 본생경) VI.310.6에서 발견되고 그 의미는 '추종자'인 것처럼 보인다. '~(에) 예속/

34 나카무라 하지메(中村元)는 무소유가 1070-71게에서의 목표였음을 제시했지만, 이 견해는 vimutto를 '해탈된' 의미로 간주하는 것에 의존한다. 'dhimutto를 독해하는 것과 해방을 대신하여 오직 명상 집중만을 이해하는 것은 최초기 불교에서 "비존재의 상태가 목표였고 또 그러한 목적을 위해서 명상은 실천되었다."(1979: 273)라는 견해를 뒷받침하지 않는다. 나카무라는 또한 Stn 874게가 (그가 '생각 없는 생각'이라고 번역한) 비상비비상처를 초기불교의 목표였던 것으로 보이는 [증거를] 제시했다. 그에 따르면, 이것은 무소유처의 목표를 가로챘던 불교의 이후 단계를 나타낸다(1979: 273). 그러나 Stn 874게는 지각(saññā)이 없는 상태가 해방된 것이라고 생각되는 <여덟 게송 품>의 게송들의 일부로 독해되어져야 한다. 다음의 진술에 대해서 거의 지지할 수 없다는 결론에 도달하게 된다(1979: 273-74): "불교가 (아쇼까 왕 재세 이후에, 혹은 어쩌면 난다 왕 통치 이후에) 극적인 발전을 겪었을 때, A[목표=무소유처]와 B[목표=비상비비상처] 기간 개념들이 더 이상 현대인들에게 수용될 수 없어서 새로운 이념들이 필요하게 되었다. 결과적으로 비존재의 개념은 알라라 깔라마에게 귀속되었고 또 생각 없는 생각에 대한 이론은 라마의 아들인 웃다까에게 귀속되었던 반면, 불교 자체는 새로운 이념들을 제시했다."

종속된'의 의미는 동사anu + √yā나 혹은 MMW에서 행위자 명사 anuyāyin에 대해서 주어지지 않는다. 이러한 환경 속에서 anānuyāyi의 정의를 '~(에) 예속/종속된' (의미)로 설명하기는 곤란하다; 유일한 그럴듯한 설명은 그것이 『숫타니파타』 1071-72게에 대한 리스 데이비스와 스테드(PED의 저자들)의 해석에 근거한다는 점이다. 그들이 그것을 맞게 했을까? 이 경우에는, 아마도 그렇지 않은 것 같다. 그 첫 번째 행위 과정은 동사 anu + √yā(추종하는 것)로부터 적합한 의미를 끌어내려고 시도했어야 했다. 그러면 만족할 만한 의미를 그 동사로부터 끌어낼 수 있으니, 이를테면 "추종하지 않음"의 번역은 이 게송의 주체가 무소유 상태를 성취했다는 점과 여타의 명상 상태들을 "추종" 혹은 "성취"하고 있지 않다는 사실과 단순히 관계를 맺게 될 것이기 때문이다. 이는 의미가 잘 전달되는데, ⒝구절에서 무소유 상태를 성취했던 사람은 '또 다른 것'을 포기했다hitvā m-aññaṃ고 말해지기 때문이다. 노먼은 aññaṃ이 ākiñcaññaṃ과 다른 명상 상태들을 지칭하는 목적격 복수가 될 수 있음에 주목한다.[35] anu + √yā의 근본 의미를 따라 결정된, "추종되지 않음"이라는 anānuyāyī의 번역은 ⒝구절의 의미와 일치한다. 그것은 또한 ⒞구절에서 제시된 'dhimutto의 독해와 긴밀히 연계되어 있다.

리즈 데이비스와 스테드는 ⒞구절의 vimutto 단어를 '해탈된'을 의미하는 것으로 간주하였기에 그들은 ⒟구절을 비슷한 의미로 취급하지 않을 수 없었던 것으로 보인다. 이에 따라 그들은 anānuyāyī 단어가 "해방됨" 혹은 "(윤회에) 예속되지 않음"의 의미를 갖고 있어야 한다고 결론짓는다.[36] 그러나 만일

---

35 Norman(2001), 412.

36 스테드는 1918년 PTS본 『소의석』을 발간하면서 23쪽 게송 1071의 vimutto를 이체자로 기록하고서 'dhimutto로 독해한다. 그가 'dhimutto를 선호한 점을 감안하면, PED(『빠알리 - 영어사전』)에서 그가 행한 anuyāyin 번역을 설명하기란 무척 곤란하다. 아마도 PED에서 anuyāyin 번

'dhimutto가 (c)구절에서 선호되고 또 (c)구절이 (b)구절을 바꾸어 표현한 문장에 지나지 않는다면, (d)구절에서 제기된 질문은 단도직입적이고 그 동사의 근본 의미를 따르는 anānuyāyī의 단순 번역을 허용한다. 게송 1071d tiṭṭhe nu so tattha anānuyāyī에서 우빠시바에 의해 제기된 질문은 다음과 같은 의미이다. "그가 거기서 다른 명상 대상(들)을 추종하지 아니하고(즉, 알아차리지 아니하고) 머무릅니까?" 우빠시바는 다른 명상 상태들을 단념함으로써 무소유 상태를 성취했던 사람이 다른 의식 상태들에 대한 알아차림 없이 오랫동안 그 상태를 유지할 수 있는지 없는지 알기를 원했던 것으로 보인다.

이 해석은 『소의석』과 『승의명소』에 의해 부분적으로 보충된다. 둘 다 우빠시바가 anānuyāyī 단어를 사용하는 것은 무소유 상태에서 쇠락하는 것인지 아닌지 묻는 것이라고 이해한다. 『소의석』은 게송 1071d에 대해서 다음과 같이 주석한다.

> Tiṭṭhe nu: [이것은] 의심, 당혹감, 불확실성, 비한정성으로 인한 질문[을 가리킨다]. 따라서 tiṭṭhe nu [표현은] evaṃ nu kho, nanu kho, kiṃ nu kho[와] kathaṃ nu kho[와 대등하다]. Tattha는 무소유처에서를 의미한다. Anānuyāyī는 떠나지 않는, 움찔하지 않는,[37] 출발하지 않는, 사라지지 않는, 쇠락하지 않는 등을 의미한다. 대안적으로, [그것은] 흥분하지 않는, 부패하지 않는, 당혹해 하지 않는, 오염되지 않는 [것을 의미한다].[38]

역은 리즈 데이비스가 했던 것 같다.

37 CPD(『교정 빠알리어사전』)에 따르면, aviccamāno는 짐작컨대 PST본 『소의석』 86.25에서 avedhamāno 독해를 변경한 이체자임을 주의하라. (1926년의 태국어본으로부터) 날라다본에서의 avedhamāno는 aviccamāno에 대한 이체자라고 인용된다.

38 날라다본 KN VI.II(『소의석』), 112.16ff, "tiṭṭhe nu so tattha anānuyāyī ti. tiṭṭhe nu ti: saṃsayapucchā vimatipucchā dveḷhakapucchā anekaṃsapucchā. evaṃ nu kho, nanu kho, kiṃ nu kho, kathaṃ nu

위 주석의 기본 의미는 여기서 제출된 것과 다소 동일하다. 1072d게—"그는 거기서 (윤회에) 예속되지 않고 머무릅니다tiṭṭheyya so tattha anānunāyī"—에서 우빠시바에게 행한 붓다의 대답에 대해서 『소의석』은 더 많은 정보를 추가한다. 그것은 붓다의 답변 "그는 머무릅니다tiṭṭheyya."가 1073a게에 관한 『소의석』의 반복되는 견해,[39] 즉 그가 60,000겁 동안 머무름을 의미한다는 설명이다.[40] 설령 필자가 anānuyāyī를 무소유 상태의 계속된 성취와 관련 있다는 『소의석』에 동의할지라도, 이 점에서 『소의석』은 이후의 주석적 이해, 즉 이런 초기 게송들의 원 뜻을 이해하기 위해 전적으로 들어맞지 않는다는 측면에서 대화를 진행하고 있는 중인 것으로 보인다. 이 특성은 일곱 번째 saññāvimokkha(=ākiñcaññāyatana/무소유처)를 지칭하는 ākiñcaññaṃ에 대한 이해에서 주목할 만하다. 비록 필자가 두 개의 용어들이 동일한 명상 성취로서 그것을 규정하는 것을 수용하지 않더라도, 1069-70게 속의 ākiñcaññaṃ가 《경장》에서 늘 '차제적인 머무름'(anupubbavihāra-s: 사선정+사무색처정+상수멸정)이라 불리는 "구차제정九次第定" 가운데 일곱 번째를 지칭한다는 점은 명확하지 않다. 사실상 사선정과 구차제정 또는 상수멸정에 대한 <피안도품>에서의 언급은 없다. 따라서 『소의석』은 이 점에 있어서 확실히 시대착오적이다. 그 교리적 이해는 후대의 불교 사상을 체계화한 것에 기반을 두고 있다.[41] 『승의명소』는 『소의석』을 따르고 있어 이 점에서 무용지물과도 같다. 1071c게의 tiṭṭhe nu so tattha anānuyāyī가 사람이 무소유처로부터 쇠락함

---

kho ti tiṭṭhe nu. tatthā ti: ākiñcaññāyatane. anānuyāyī ti: anānuyāyī aviccamāno avigacchamāno anantaradhāyamāno aparihāyamāno … pe …. athāvā arajjamāno adussamāno amuyhamāno akilissamāno ti."

39 날라다본 KN VI.II(『소의석』), 114.11.

40 날라다본 KN VI.II(『소의석』), 113.26ff, "tiṭṭheyyā ti: tiṭṭheyya saṭṭhikappasahassāni."

41 이 견해는 침묵논법에 기반하고 있지만, 낱낱의 게송들에서의 용어 부재가 중요하다고 여겨지는 것은 아니다.

없이 거기에 머무를 수 있을지 없을지 가리키는 것이라고 믿는 데 있어『소의석』을 따를지라도, 그것에서 무소유처가 범천계(梵天界, brahmaloka)이고 붓다의 답변은 그 사람이 거기서 60,000겁 동안 머무를 수 있다는 이해를 바탕으로 했다는 점을 말한다.[42] 두 주석서들은 anānuyāyī로 묘사된 사람이 상주하고 있는 무소유 상태를 종말론적 운명으로 이해하는 것처럼 보인다. 그러나 사후에 무색계에 머물러 그곳에서 해탈을 성취한다는 이념은《경장》에 거의 언급되어 있지 않고,[43] 또 이 게송들의 논의가 이 삶에서의 "무소유" 성취와 관련한 문제들로부터 사후에 그것의 계속된 성취로 옮겨 갔다는 어떠한 암시도 준 바가 없었다. 두 주석서들은 <피안도품> 게송들을 보존했지만, 게송들에 대한 두 주석서들의 이해는 불교 사상의 후반부 국면과 일치한다. 이는 초기 텍스트 출처로서『소의석』의 가치를 부정하려는 게 아니라, 어쩌면 더 이른 독해(예 ’dhimutto)를 지니고서 난해한 단어들(예 anānuyāyī)과 관련한 초기 전통들을 보존하고 있을 수 있다. 그러나 지금까지의『숫타니파타』1073게 논의는 "무소유"를 성취해왔으며 여전히 살아있는 누군가를 지시하고 있을 가능성이 높다.

지금까지 필자는 그 두 주석서들의 견해에 일정 정도 동의한다. 우리는

---

42 Pj II(『승의명소』), 594.2ff, "tiṭṭhe nu so tattha anānuyāyī ti so puggalo tattha ākiñcaññāyatanbrahmaloke avigacchamāno tiṭṭhe nū ti pucchati. ath' assa bhagavā saṭṭhikappasahassaamattaṃ yeva ṭhānaṃ anujānanto tatiyagātham āha."

43 필자가 아는 한, 이 이념은 한 쌍의 경전 텍스트들에서만 오로지 분명해진다. 우선 AN I.267.3(제3집 114, <악취품> 4)에서 '공무변처' 혹은 '식무변처' 혹은 '무소유처'를 성취하고서 죽은 붓다의 제자는 반열반을 성취하기에 앞서 각기 20,000겁, 40,000겁, 60,000겁 동안 그런 천상 세계에서 하늘사람으로 존재할 것이라고 전한다.『소의석』과『승의명소』는 무소유처에서 수명이 60,000겁임을 주장하는 데 이 경전 자료를 따르는 것으로 보인다. 다음으로 AN II.160.3(제4집 172, <고사품(故思品)> 2)에서 붓다는 이생에서 비상비비상처를 성취한 어떤 이가 사후에 그런 천상 세계에 신으로 존재한다고 말한다. 만일 그가 삶 속에서 세간의 속박들을 끊어 버렸다면(orambhāgiyāni saṃyojanāni pahīnāni), 그는 현실로 회귀하지 않을 것이고 나아가 천상 세계에서 해탈을 성취할 것이라고 말한다.

saññāvimokkhe가 속격의 격한정복합어라는 데 동의하고, 'dhimutto/ vimutto가 집중/몰입의 의미라는 것에도 동의한다. 그리고 우리는 anānuyāyī가 또 다른 상태를 "추종하지" 않는, 이를테면 "무소유" 이외의 어떤 상태에 대해 알아차리게 되지 않는 주체를 지칭한다는 것에도 동의한다. 우리는 그 사람이 또 다른 상태를 "추종하지 않는다."고 말하는 시간 길이에 대해서는 동의하지 않는다. 그 주석서들은 그것이 60,000겁 동안 지속될 수 있다고 말하지만, 이러한 이해는 후기 사상 이념들을 반영한 것으로 볼 수 있다. 그렇지만 적어도 붓다에게는 문제의 그 사람이 무소유처에 머무르는 시간 길이를 그 사람의 수명에 정확히 한정하고 있었음을 알 수 있다. 이는 붓다가 1074게의 sītisiyā를 어떻게 이해했는지를 명확하게 해 준다.

1071-72게에 대한 이 설명은 1070게 내의 형용사 satīmā의 의미에 대한 중요한 영향이 있다. 1070a게에서 붓다는 우빠시바에게 "마음챙김을 갖고서satīmā" 무소유를 고찰하라고 말한다. 《경장》에 나타난 형용사 satīmā가 마치 어떤 애매한 침착성을 묘사하는 듯 필자가 보기에 가장 멍청한 방식으로 줄곧 이해되고 있다. 노먼의 1070a게에 대한 번역("마음챙김을 갖고서 (무소유 상태)에 대해 신경 쓰지 않고")은 정확히 이와 같은 인상을 풍긴다. 하지만 이는 초기불교 문헌의 √smṛ에서 만들어진 형용사, 예로 sato와 satimā는 동적인 인지의 의미가 있다. 그것들은 그 주체가 특별한 방식, 이를테면 모든 감성적이고/이거나 아니면 지적인 내용을 여읜 방식으로 감관의 대상에 대한 알아차림을 항상 의미한다. 만일 형용사 satīmā가 1070게에서 이 의미를 가진 것이라면, 붓다는 우빠시바에게 '무소유' 명상 상태에 있는 동안 감관의 대상에 대해서 알아차릴 것을 말하는 것으로 봐야 한다.[44] 만일 우리가—그 주석들에서 그럴 것이라고 이

44 「감각기능 수행의 경」(Indriyabhāvana Sutta, M152)에서 이 단어들의 유사 용례에 대해서 253

해하는 듯―'무소유'가 알라라 깔라마의 목표와 동일하다고 이해한다면, 그것은 붓다가 불교 이전 요가 수행을 꽤 상이한 무언가로 각색했다는 것을 의미한다. 일체 대상에 대한 알아차림을 그치는 것을 목적으로 하는 초기 브라만전통의 요가적인 맥락을 이해한다면, 그것은 급진적인 이탈에 해당한다. 따라서 이 가르침에서 단어 satīmā는 초기불교와 브라만교의 명상 사이의 주요한 차이점을 나타내는 것으로 보인다. 바안스Barnes는 이 차이점을 다음과 같이 잘 기술했다.

> 주요한 차이점은 [초기불교에서] 사띠sati와 삼빠자나sampajañña가 언제나 계발되어야 할 덕목인 데 비해, 요가수행자는 그처럼 유사한 일은 없다는 점이다. 그는 용변을 볼 때 수행할 수 없지만 비구는 알아차림을 유지해야만 한다. 이는 출세간 대상에 대한 신비한 앎[靈知]을 위한 요가수행자의 욕구에서 기인하기 때문이다. 즉 비구에게는 세간에서 감각 경험이 단지 정화될 필요가 있는 대상이기 때문이다.[45]

만일 우빠시바와 같은 브라만전통의 요가수행자가 붓다로부터 명상가는 고도의 명상 상태를 획득하는 것만큼이나 마음챙김을 잘해야 한다는 말씀이 담긴 이 신新 사고를 직접 전해 들었다면, 우리는 그런 수습 동안 명상 상태가 유지될 수 있는가에 대한 질문을 할 것으로 그에게서 기대할 수 있다. 이는 정확히 1071게에서 행한 우빠시바의 질문과 동일하다. satimā와 anānuyāyī 단어들의 결합력은, 붓다 또한 해탈을 추구하는 자는 '마음챙김satīmā' 해야만 함을 말했다는 점을 고려하면, 우빠시바가 '무소유ākiñcañña' 명상 상태를 유지할 수 있을

쪽 각주 58을 보라.

45 Barnes(1976), 184.

지 알기를 원했음을 암시한다.

1070a게의 satimā 단어에 대해서 유일하게 달리 해석할 수 있는 것은 pekkhamāno('관련하는, 관철하는')에 비견하는 것이다. 만일 그렇다면, pekkhamāno의 유사동의어가 된다는 것은 정말로 터무니없는 일이 될 것이고 1070a게를 다음과 같이 번역해야 할 것이다: "무소유를 관찰하면서 [그것에 대해] 마음챙김하고 있음." 이 가능성은 1071게의 우빠시바 질문을 동일하게 설명할 수 있는 힘은 갖지 않더라도 배제될 필요까지는 없다. satīmā가 pekkhamāno와 대등하고 단순히 '무소유'의 알아차림만을 지시한다면, 1071d게에서의 우빠시바 질문의 요점은 무엇이란 말인가? 바른 명상 대상에 대해서 질문한 후, 그때 그는 왜 그것에 대해 지속된 알아차림이 가능한지 물어야 하는가? 확실히 이는 명상 상태들이 오랜 기간 동안 지속될 수 있음을 실제로 믿지 않았음을 가리킬 수 있다. 바꿔 말해, 그가 명상 문제에 관한 지식이 조금도 없었음을 함의할 수 있다. 그러나 이것은 불가능한데, 1069게에서 행한 그의 첫 질문이 그가 그러한 지식을 가지고 있었고, 또 그는 해탈을 성취하려면 어떤 대상 즉 어떤 명상 '토대'ārammaṇaṃ에 대한 지속적인 집중을 전제로 했음을 보여주기 때문이다. '무소유' 상태에 대한 연장 체험이 붓다의 가르침에 의하면 가능하지 않을 수도 있다고 우빠시바를 생각하게끔 했던 1070게송에서 보이는 붓다의 답변 속에서 무언가는 틀림없이 있어야 한다. 이것은 오직 명상의 몰입 상태에 있는 동안 다른 대상들에 대한 알아차림과 관련한 satīmā 단어일 수 있다고 필자는 느껴진다.

요약하자면: 1071게는 1071b의 병렬구문인 듯 보이고, 두 게송은 '무소유' 명상 상태를 체험하는 사람을 가리키는 것으로 보인다. 만일 그렇다면, 'dhimutto 독해는 1071c게에서 선호되고, 또 vimutto 이체자는 초기 빠알리 문헌에서 adhimutto에 대한 (이러한 변형에 대한 이유가 무엇이든지 관계없이) 꽤 일반적인 이체자라고 설명될 수 있다. anu+√yā의 의미는 초기 불전 밖에서 발견되

지 않기 때문에 anānuyāyī가 '(~에 대해) 속하지 않는'의 의미일 가능성은 높지 않다. 그러나 만일 1071bc게가 이상에서 제시된 것처럼 독해된다면, anu+√yā 으로부터 직접적으로 파생된 anānuyāyī에 대해서 '따르지 않는'의 의미는 완벽히 잘 전달된다. 우빠시빠는 오랜 기간 동안 무소유 명상 상태가 성취될 수 있는지 묻고 있었던 것으로 보인다. 그러나 이 질문은 특이한데, 우빠시바가 1069게에서 행한 첫 질문을 고려할 때, 그가 명상 상태들이 지속될 수 없을 것이라고 믿었을 것 같지 않기 때문이다. 그 질문은 붓다가 예상하지 못한 무언가, 즉 우빠시바에게 '무소유' 명상 상태가 연장될 수 없다고 제시했던 무언가를 말했다고 할 때에만 오직 납득이 간다. 그리고 그러한 느낌을 전하는 붓다의 가르침의 유일한 말은 1070a게의 형용사 satīmā이다.[46] 붓다는 명상의 몰입이 마음챙김의 수행과 결합되어야 한다는 그의 새로운 가르침을 말했던 것으로 보인다.

5. 『숫타니파타』 1073-74게: 머무름sītisiyā

다음의 해석상 어려움은 복합어 sītisiyā('청량하게 될 것이다.')이고, 우빠시바의 세 번째 질문인 1073게에 나타난다. 이 질문을 바르게 이해하려면 우빠시바의 두 번째 질문인 1071게에 의지하는데, 우빠시바의 네 개의 질문들이 사건들의 시간적 순서에 바탕을 두기 때문이다. 첫 번째 질문은 적합한 명상 대상과 관련된 것이고(1069게), 두 번째 질문은 그것에 대한 지속적 수습과 관련되고(1071게), 그리고 세 번째(1073게)와 네 번째(1075게) 질문은 오랜 기간 동안 명상 상태를 유지했던 사람의 운명과 관련된 것이다. 만약 여기에 제공된

46 이 satīmā 단어 해석은 우다야와 뽀살라에게 했던 붓다의 가르침에서 뒷받침된다. 216-217쪽을 참조하라.

1071-72게 해석이 옳다면, 노먼의 1073게 번역 역시 그러하듯 그의 1071-72게의 상이한 번역에 의지하고 있어 옳을 것 같지 않다. 사실상 그가 복합어 sītisiyā의 의미를 무엇이라고 생각하는지 전혀 분명하지 않다. '청량하게 됨'이라고 한 그의 번역은 문자적으로는 맞을지 몰라도 그 비유를 설명할 수는 없다. 여기에는 다음과 같이 가능한 세 가지 설명들이 있을 것으로 보인다.

1. 그것은 오랜 기간 동안pūgam '무소유' 명상 상태를 지속해 온 이의 해탈에 대한 비유이다.
2. 그것은 그 사람의 죽음에 대한 비유이다.
3. 그것은 그가 향해 가는 해탈과 죽음이라는 두 가지 사건들이 동시에 발생하고 있음을 의미한다. 달리 말해, 우빠시바는 생전에 해탈하지 못한 상태의 누군가가 죽으면서 해탈을 성취할 때 일어나는 무언가에 대해서 묻고 있는 중이다. 만일 그렇다면, 우빠시바가 삶에서 명상의 무아지경으로 이미 예기된 합일, 즉 해탈은 죽는 순간(브라흐만과의 합일이) 해탈의 성취라는 초기 브라만 전통의 요가의 근본 사고를 수용했음을 의미할 수 있다. 이는 불교 주석서에서 말하는 반열반(般涅槃/parinibbāna) 용어가 의미하는 바—생전에 이미 해탈을 성취했던 이가 죽는 순간 맞이하는 궁극적 해방(=반열반)—와는 다르다. 왜냐하면 반열반 개념은 삶에서 [이미 성취했던] 해탈 관념을 전제하고 있고, 또 그것은 초기 브라만전통의 명상을 통해서 가능하지 않기 때문이다.

노먼에게 있어 그 인용문에서 sītisiyā 용어가 소개되기에 앞서 1071-72게에서 이미 표현되었던 해탈을 그가 생각하기에 첫 번째와 세 번째 가능성은 제외된다. 그렇다면 그는 sītisiyā를 해탈을 성취한 이의 죽음에 비유한 두 번째 선택을 생각한 것이거나 불교 이론에서 말하는 이미 해탈을 성취한 이가 죽을 때 맞이하는 반열반般涅槃을 참조하여 생각한 것임에 틀림없다고 보이나, 이것은 가능하지 않다. 왜냐하면 이 개념을 대화로 끌고 온 이가 우빠시바 바라문이기 때문이다. 그럼에도 만일 우리가 지금까지의 논의가 해탈이 아니라 명상의 성취에 대한 것이었음을 보아 왔다면, 해탈은 sītisiyā의 의미와 다소간 관련되어야 할 것이다. 따라서 sītisiyā는 단지 죽음만을 의미할 수는 없기 때문에 두 번째 선택은 옳지 않을 것 같다. 더욱이 1073c게에서 단어 vimutto가 보이는 것은 sītisiyā가 해탈과 동의어로 쓰이는 것으로 보인다tattheva so sītisiyā vimutto. 노먼은 "(또한) 바로 그 장소에서 풀려난다는 것은 식어가게 될 때였다."라고 번역한다. 그러나 '청량하게 됨'의 사건이 '풀려남'의 사건을 뒤쫓음을 암시하면서 마치 그 두 사건들이 순서대로 발생하는 듯이 sītisiyā와 vimutto 말 순서를 도치시키고 있다. 노먼은 이미 1071-72게에서 vimutto를 벗어나게 된 것이라고 이해했으므로, 이런 식으로 번역할 수밖에 없었다. 그러나 1073c게의 vimutto를 대신해서 'dhimutto로 독해하는 이체자가 없다는 점, 그리고 1071-72게에서의 'dhimutto와 대조적으로 『소의석』NiddII과 『승의명소』PjII 모두에서 1073c게의 단어 vimutto를 독해하는 점은 대단히 중요하다. 이는 1073c게의 단어 vimutto가 복합어 sītisiyā가 의미하는 만큼이나 많은 상태 변화가 있음을 시사한다. 이에 따라 필자는 sītisiyā와 vimutto 단어를 유사 동의어라고 생각하고, 그러한 제안은 초기 빠알리 문헌에서 유사 동의어 항목들을 함께 묶는 성향으로 뒷받침된다.[47] 이러한 해석에 따르면, 우빠시바는 사람이 '식어가고' 있거나 혹은 해탈했을 때(sītisiyā = vimutto) 의식이 여전히 있는지 알고자 했다. 사후 해탈은 초기 브라만전통의 명상에서 표준 신념이었던 것으로 보이기에, 세 번째 선택—사후 해

47 sītisiyā는 기원형 동사인데 비해 vimutto가 과거수동분사라는 사실은 중요하지 않다. "또한 바로 거기서 식어가게 될지니, 즉 벗어나게 될 것이다."와 같은 그런 번역을 감안하면, vimutto를 문법적으로보다는 논리적으로 sītisiyā와 대등하게 생각하는 것도 가능하다.

탈—은 가장 그럴듯한 설명이다. 그렇다면 우빠시바의 질문에 대해 제시할 수 있는, 주체의 해탈은 죽음과 동시에 발생한다는 것 이외에 또 뭐가 있을까?

1073게에 관한 주석 전통은 혼란스럽고 거의 쓸모가 없다. 『소의석』은 1073ab게의 'if' 조건절에 대한 두 개의 가능한 대답으로 1073c게와 1073d게 모두를 해석하고 있어, 마치 1073ab게에 대한 대답이 1073c게이거나 혹은 1073d게가 될 수 있을 것처럼 느껴진다. 따라서 "tatth'eva sītisiyā vimutto"(1073c게)와 "cevetha viññāṇaṃ tathāvidhassa"(1073d게) 둘 다는 '무소유처ākiñcaññāyatana'를 수년간 성취해온 사람에게 선택 가능한 우발적 사태로 생각되고, 각 표현에 대해서 가능한 두 가지 설명들을 다음과 같이 제안하는 바이다.

> "tatth'eva sītisiyā vimutto"(1073c게)와 "cevetha viññāṇaṃ tathāvidhassā ti": 그 사람은 [무소유처인] 바로 거기에서 식어가는 사태를 성취하게 될 것입니까? [다시 말해] 그는 영속적이고, 견고하고, 영원하게, 변화에 속하지 않고, 언제까지나 정확히 동일자로 남아 있게 되는 것입니까? 아니면 혹atha vā 그의 의식은 사라지는 것입니까caveyya? [다시 말해] 중단, 소멸, 파괴의 [의미에서 cavetha, 즉] 비존재하게 되는 것입니까?[48] [요약하자면] 그는 무소유처를 성취해온 이의 상

48 이 점은 다음과 같이 읽는다. 날라다본 KN VI.II(『소의석』), 114.25, "punabbhavapaṭisandhiviññāṇaṃ nibbatteyya kāmadhātuyā vā rūpadhātuyā vā arūpadhātuyā vā ti."(의식의 재생 연결은 욕계에서 혹은 색계에서 혹은 무색계에서 발생하는 것입니까?) 이 문장은 주요 텍스트에서 cavetha 단어가 caveyya, ucchijjeyya, nasseyya, vinasseyya, na bhaveyya로 해석되는 앞 문장과 상충하고 또 의식의 재생 연결이 아니라 분명히 의식의 소멸에 대한 것이다. 달리 말해 그 문장은 그에 선행하는 것(의식의 소멸) 혹은 이어지는 두 가지 견해들(상주론 혹은 단멸론)의 요약과 연결되지 않는다. 그러나 1073c-d에 대해 제시하는 『소의석』의 두 번째 해석은 cavetha viññāṇaṃ을 거의 문자 그대로 해석하고 있다("puna paṭisandhiviññāṇaṃ nibbatteyya kāmadhātuyā vā rūpadhātuyā vā arūpadhātuyā vā ti."). 이 구절은 이 위치에서 위의 첫 번째 설명항으로 이동했던 것으로 보이고, 아마 필사 과정에서 생긴 오류인 것 같다. 이 인용문은 읽는 그대로 읽힌다면 전혀 뜻이 통하지 않는다. PTS본 『소의석』을 저본으로 한 싱할리어 필사본 상태를 말한 스테드(Stede)의 각

> 주론이나 단멸론에 대해서 묻는다.
>
> 선택적으로udāhu, 그 사람은 [무소유처인] 바로 거기서 무여의열반계無餘依涅槃界 내에서 반열반般涅槃을 성취할 수 있습니까anupādisesāya nibbānadhātuyā parinibbāyeyya? 혹은 그의 의식은 사라질 것입니까? [즉 위의 의미에서 cavetha] 아니면 재생된 의식이 욕계에서 혹은 색계에서 혹은 무색계에서 발생하는 것입니까? [요약하자면] 그는 무소유처를 성취해 온 이의 반열반이나 [재생] 연결에 대해서 묻는다.[49]

이 두 설명에서 sītisiyā는 '영원하게 됨sassato'이나 '반열반parinibbāna'으로 각기 해석된다. 두 사례에서 '청량하게 됨'의 개념은 무소유처에 있는 사람의 죽음을 의미하는 것으로 보인다. 그러나 이 설명들은 인정할 수 없다. (d)구절은 (c)구절의 대안이 아니라 (c)구절에서 표현된 조건을 근거로 한 질문이다. 다시 말해 이것은 노먼이 이해한 방식이고, 이 점에 있어 그는 확실히 옳다. 『승의명소』의 설명은 다만 혼란스러울 뿐이다. 그 설명의 말미에서 다음과 같이 주석하고 있다.

> 그때 세존은 그를 위해 단멸론이나 상주론[에 대해 가능한 설명들]을 인정하지 않고서, 성스러운 제자의 걸림 없는 반열반parinibbānaṃ을 설명하시면서, '불꽃

주(xii쪽)를 읽었다면, 이 인용문의 일부 텍스트 부식을 발견하기란 전혀 놀라운 게 아니다.

49 날라다본KN VI.II(『소의석』), 114.22ff., "tatth' eva so sītisiyā vimutto cavetha viññāṇaṃ tathāvidhassā ti. 1) tatth' eva so sītibhāvam anuppatto nicco dhuvo sassato aviparināmadhammo sassatisamaṃ tatth' eva tiṭṭheyya? 2) athavā, tassa viññāṇaṃ caveyya ucchijjeyya nasseyya vinasseyya na bhaveyyā ti? [punabbhavapaṭisandhiviññāṇaṃ nibbatteyya kāmadhātuyā vā rūpadhātuyā vā arūpadhātuyā vā ti] (—이 문장이 왜 이 위치에서 독해될 수 없는가에 관한 앞선 각주를 참조하라.) ākiñcaññāyatanaṃ samāpannassa sassataṃ ca ucchedaṃ ca pucchati. udāhu: 1) tatthe 'va anupādisesāya nibbānadhātuyā parinibbāyeyya? 2) athavā, tassa viññāṇaṃ caveyya punapaṭisandhiviññāṇaṃ nibbatteyya kāmadhātuyā vā rūpadhātuyā vā arūpadhātuyā vā ti? ākiñcaññāyatanaṃ upapannassa parinibbānaṃ ca paṭisandhiṃ ca pucchati."

처럼 …'으로 시작하는(1074) 게송을 설하셨다.[50]

위 1073cd게에 대한 『승의명소』는 붓다가 하나의 대안으로 전문가의 반열반을 선택하면서 삼단논법을 제시했음을 의미한다. 1073게에서 무소유의 성취자에 대해서 우빠시바가 붓다에게 제시했다고 이해된 세 종류의 선택지는 단멸론, 상주론, 반열반이고, 그리고 붓다는 후자를 선택한다. 이 요약은 1073cd게 논의 말미에 나오고, 또 동일한 세 종류의 선택들, 1073c게에서 언급된 선택이 되는 전자를 다음과 같이 제시한다.

> "tatth'eva sītisiyā vimutto ti." 이 의미는 '그 사람은 무소유처인 바로 거기에서 다양한 고통들로부터 벗어나게 될 것인가, [즉] 그는 식은 상태를 성취하게 될 것인가, 즉 이 의미는 열반을 성취해 온 자가 되는 것이다. 그는 영원히 존재할 것인가?"[51]

복합어 sītisiyā는 열반의 성취를 가리키는 것으로 이해되고, 그것은 분명 죽음과 일치하는데, 왜냐하면 주석서에는 그것을 상주하는가에 대한 질문이라고 이해하기 때문이다. 이에 따라서, 『승의명소』는 1073d게를 1073c게에서 언급된 가능성에 대한 두 가지 선택지—단멸론 혹은 재생 연결—를 제시하는 것이라고 이해한다. 그럼에도 단멸론의 가능성이 반열반의 성취와 동일하게 보이는 점은 이상하다.

---

50 Pj II.594.20, "atha bhagavā ucchedasassataṃ anupagamma tattha uppannassa ariyasāvakassa anupādāya parinibbānaṃ dassento 'accī yathā ti' gāthām āha."

51 Pj II.594.13, "tatth'eva so sītisiyā vimutto ti so puggalo tatth'evākiñcaññāyatane nānādukkhehi vimutto sīibhāvaṃ patto bhaveyya, nibbānappatto sassato hutvā tiṭṭheyyā ti adhippāyo."

"cevetha viññāṇaṃ tathāvidhassā ti." 선택적으로udāhu, 그는 단멸론을ucchedaṃ 질문한다. "마치 이와 같은tathāvidhassa 이의 의식은 무여열반을 성취합니까anupādāya parinibbāyeyyāti?" 또 혹vāpi "재생 연결을 포착하기 위해 그것(의식)은 사라지는 것입니까vibhaveyya?"[52] 라고 그는 재생의 연결을paṭisandhim 묻는다.

따라서 우리는 이 두 선택지인 단멸론과 재생이 각기 uccheda와 paṭisandhi 단어들로 의미되고, 1073d게의 cavetha viññāṇaṃ 구절에 대한 충분히 타당한 설명임을 알 수 있다. 그러나 반열반의 성취를 단멸론과 동일시하는 것은 특이하고, 『승의명소』 594.20에서 반열반을 단멸론과 상주론으로부터 차별화하는 것과 상충하는 듯 보인다.

『숫타니파타』 1073게에 대한 주석 전통은 분명 혼란스럽다. 『승의명소』는 1073cd게가 '무소유' 성취자의 운명에 대해서 (c)구절에서 언급된 가능성에 대한 대안들이 되는 (d)구절의 두 가지 가능한 의미들, 최소한 세 가지 가능성들을 제시한다고 이해하는 듯 보인다. 『소의석』은 1073cd게에 대한 두 가지 대안적 해석들을 제시한다: 둘 중에서 (d)구절은 (c)의 대안적 가능성을 제시하는 것으로 이해된다. 그러나 이 주석에 나타난 구절들은 최소한 둘 이상의 이유에서 그 게송의 본뜻을 이해하는 데 큰 도움이 되지 않는다. 첫째, 그 사람의 영속성 문제에 대한 논의는 1075게 전까지 대화의 주제가 아니었는데, 주석자들은 그것을 1073게의 그들의 대화로 너무 성급히 잘못 이끌고 왔다. 둘째, 1073cd게는 1073ab게에서 '무소유'를 장기간 성취해 왔다고 말해진 사람의 상태에 대한 두 가지 대안적 질문일 리가 없다. (c)와 (d)가 대체된다는 점과 또 확실히 접속사 vā

52 Pj II.594.16, "cavetha viññāṇaṃ tathāvidhassā ti udāhu tathāvidhassa viññāṇaṃ anupādāya parinibbāyeyyā ti ucchedaṃ pucchati. paṭisandhigahaṇatthaṃ vāpi vibhaveyyā [=PTS, Be= bhaveyya] ti paṭisandhim pi assa pucchati."

나 혹은 일부 다른 지시자가 발견된다는 점 이외에 별다른 건 없다. 유일한 가능성은 (d)구절이 (c)구절에서 표현된 상태, 즉 "만일 그 사람이 식어가거나 해탈되었다면 의식은 사라집니까?"라는 결과를 표현한다는 점이다. 적어도 우리는 그 두 주석서들이 1073cd게에서 그 사람의 죽음을 전제로 한다고 말할 수 있고, 그리고 주석서에서 sītisiyā란 죽음과 관련된 사고를 함의한다. 그러나 그 주석서들은 황당무계하고, 또 원래의 sītisiyā 의미에 대한 유의미한 정보도 제공하지 않는다.

sītisiyā 문제에 대해서 보다 만족스러운 대답을 유도하려면, 세 가지의 다른 탐구 과정들이 있다. 첫째, 우리는 그 대화의 나머지에서 우빠시바가 무엇을 말하는지 살펴봐야 하는데, 1073게에서 그가 sītisiyā 용어를 가지고 무엇을 의미했는지를 향한 실마리가 될 수 있기 때문이다. 둘째, 우리는 우빠시바 바라문이 sītisiyā 개념을 그 논의 안으로 끌고 온 점에 주목해야 한다. 그러므로 우리는 초기 브라만전통의 문헌에서 해탈에 대한 비유로서 śītī-√bhū에 기반한 형태의 발생을 검토해야 한다. 만일 그러한 사례들이 발견된다면, 우빠시바가 행한 이러한 비유 사용은 더 쉽게 이해될지도 모른다. 또한 마지막으로, 우리는 《경장》에서 그것의 발생에 기반한 sītisiyā 용어를 이해하려고 시도할 수 있다. 이는 우빠시바가 행한 그 용어 사용을 설명하지 못할 수도 있겠지만, 붓다와 초기 불교도들이 이해한 그 용어가 무엇인지 설명이 가능할 수도 있다.

우빠시바가 행한 1075게의 질문은 그에게 있어 sītisiyā가 죽음과 해탈을 동시에 가리키는 것임을 확실하게 한다. 1075게에서 우리는 우빠시바가, 동사 sīti+√bhū가 적용되어졌던 사람에 대한 무언가를 이야기한 붓다와 함께, 1073게에서 sītisiyā vimutto라고 묘사되었던 사람에 대해서 여전히 이야기하는 중임을 이해해야 한다. 왜냐하면 (1073게에 대한 붓다의 대답인) 1074게에서 그 대화의 주체(가상의 명상가)의 상태는 변하지 않았기 때문이다. 더 정확히 말해,

붓다는 '식어가고' 있는 사람을 묘사하기 위해 또 다른 비유를 사용한다: 그는 '가셨다'라고 붓다는 말한다atthaṃ paleti. 붓다에게는 '가셨다'라는 비유가 '식게 됨'의 비유와 대등하다고 느낀다. 이에 대응해 우빠시바는 1075게에서 묻는다: "그가 가셨을 때atthaṃ gato so, 그는 존재하지 않습니까, 아니면 그가 질병 없이 영원할 수 있습니까sassatiyā arogo?"[53] 이 문제는 드러나고 있다. 초기 빠알리 문헌에서 해탈된 이가 영원히 존재하는지 아닌지에 대한 문제는 어떤 종말론적 문제이다. Brahmajāla Sutta에서 미래에 대한 선택을 선언하는 44가지 방법 중 32가지는 사후에paraṃ maranā 질병 없이arogo 존재할 때 다양한 방식으로 나타나는 자아 현존과 관련 있다.[54] 이 모든 질문들은 비불교 고행자들과 바라문들이 행한 것이라고 전한다. 우빠시바는 1075게에서 atthaṃ gato로 시작되는 질문과 함께, 해탈된 사람은 사후에 어떤 일이 일어날지에 대해 묻고 있었던 것 같다. 그는 장기간 동안 '무소유'의 성취를 지속해왔던 이가 죽을 때 성취된 해탈을 묘사하기 위해 sītisiyā vimutto 구절을 사용했음에 틀림없다는 결론에 이른다. 따라서 1073게의 질문은 살면서 명상 성취로 인해 해탈은 (이미) 예기되어져오면서 (비로소) 죽을 때 성취됨을 전제하는 것처럼 보인다. 이러한 이해는 초기 우파니샤드 게송과 <해탈법품>의 요가 구절들에 나타난 기본 전제와 일치하는 듯 보이고, 거기에서 청정범행은 삶속에서 그 명상적 예기 이후에 죽을 때 최종적으로 성취된다고 생각한다. 더욱이 초기 브라만전통의 문헌에서는 '청량하게 됨' 비유가 삶에서 그것의 요가적 예기에 의해 선행된 사건, 즉 죽을 때 해탈의 성취를 지칭하는 증거가 된다.

53 Stn 1075게, "atthaṃ gato so uda vā so n'atthi | udāhu ve sassatiyā arogo | tam me munī sādhu viyākarohi | tathā hi te vidito esa dhammo || 1075 || "

54 DN. I, p.30.24ff.

과거수동분사 śītībhūto는 해탈된 '중얼거리는 사람'(jāpaka: 베다 만뜨라의 암송자, 하찮은 명상가)의 상태를 묘사하는 <해탈법품>의 한 게송(Mbh XII.192.122)에서 발견되지만,[55] śītī-√bhū의 형태는 초기 우파니샤드에서 전혀 발견되지 않는다.

베다의 암송자는 지고의 상태인 청정범행을 성취한다. 대신 그는 불(火)과 결합하거나 태양 속으로 들어간다. (118)

만일 그가 [불이나 태양의] 성질을 가정하는 그러한 활활 타오르는 상태처럼 욕망에 어리둥절한 환희를 획득한다면, (119)

그러고 나서 그것은 달이나 바람과 상관하고, 또는 그 밖에 그는 땅이나 허공[으로 형성된] 신체를 얻는다. 그는 그것들의 성질을 익힘으로써 이 상태들에 대한 가득 찬 열정을 갖고 머무른다. (120)

그러나 그가 이러한 일들로 지치게 될 때, 그는 그것들의 가치를 의심하게 된다: 쇠퇴하지 않는 지고(至高)한 것을 다시 한 번 추구하면서 그는 그것으로 곧장 들어간다. (121)

식어가면서(śītībhūto), 이원성을 초월해 질병이 없고 신체가 없는(nirātmavān)[56] 축복과 평화로운 불멸의 브라흐만과 합일되면서(brahmabhūtaḥ), 그는 불멸을 성취한다. (122)[57]

---

55 베데카는 상캬와 요가와 자빠(japa)의 길을 구분하지만, 다음과 같이 논평한다(Bedekar 1963: 65): "자빠까(Jāpaka)는 출가할 수 있으며, 또 심지어 요가 추종자가 도달하는 최상의 자아실현의 단계까지도 성취할 수 있다." 이상에서 인용된 자빠까의 해탈에 관한 구절은 해탈에 대해 갖는 요가의 표준적 사고에 따른 것이다.

56 교정본은 이 단어가 śarīrahīnaḥ로 해석한 Vidyasāgara의 주석서를 참조한다.

57 amṛtāc cāmṛtaṃ prāptaḥ에서 amṛtāc 대신에 amṛtaś로 독해.

그는 브라흐만의 조건을 성취한다. 그것은 돌이킬 수 없는 유일한 '불멸'이라 불리며, 고통과 쇠퇴가 없는 고요한 상태이다. (123)[58]

이 게송 부분(Mbh XII.192.117-127)은 자빠까jāpaka의 성취를 기술한 결론에 해당한다. 청정범행의 성취는 118ab게에서 기술되고, 일부 다른 성취들은 118cd~120게 사이에서 열거하고 있다. 만약 자빠까가 그것들을 그토록 갈망한다면, 그가 선택 가능한 초자연적인 성취들인 것처럼 보인다. 121ab게는 자빠까의 해탈의 성취로 되돌리고, 자빠까는 118cd~120게로부터 열거된 초자연적인 상태들에 대한 갈망 없이 그때 된다는 언설과 초자연적인 성취에 대비되어 소개되고 있다. 필자는 122b게의 nirātmavān은 사람이 육체를 떠날 때, 즉 죽을 때 해탈은 발생한다는 점을 가리킨다고 생각한다. 이 제안은 120b게로 뒷받침된다: 자빠까에게 초자연적인 성취 가운데 하나는 "그가 대지나 허공의 육체를 성취한다(-gaḥ: '~로 가다')"bhūmyākāśaśarīragaḥ는 것이다. nirātmavān는 그 숙련자의 죽음에서 육체의 여읨을 통한 브라흐만과의 합일에서 궁극적인 해방의 성취가 일어나는 것을 뜻하며, 반면 신통력의 성취는 그 숙련자가 육신을 갖고 있을 때 생겨나는 것임을 알 수 있다. 따라서 초자연적 유형의 성취와 '식어감'의 성취 간의 차이는, 전자는 우리가 살아있을 때 성취되는 데 비해, 후자는

58 Mbh XII.192.118-123, "prayāti saṃhitādhyāyī brāhmaṇaṃ parameṣṭhinam | atha vāgniṃ samāyāti sūryam āviśate 'pi vā || 118 || sa taijasena bhāvena yadi tatrāśnute ratim | guṇāṃs teṣāṃ samādatte rāgeṇa pratimohitaḥ || 119 || evaṃ some tathā vāyau bhūmyākāśa śarīragaḥ | sarāgas tatra vasati guṇāṃs teṣāṃ samācaran || 120 || atha tatra virāgī sa paraṃ gacchaty asaṃśayaṃ (cf. gacchati tv atha saṃśayam) | param avyayam icchan sa tam evāviśate punaḥ || 121 || amṛtaś cāmṛtaṃ prāptaḥ śītībhūto nirātmavān | brahmabhūtaḥ sa nirdvandvaḥ sukhī śānto nirāmayaḥ || 122 || brahma sthānam anāvartam ekam akṣarasaṃjñakam | aduḥkham ajaraṃ śāntaṃ sthānaṃ tat pratipadyate || 123 || "

우리가 초자연적 성취를 바라지도 않고 육체를 여윌 때, 즉 죽을 때 발생한다는 점이다. 이것이 의미하는 바는 이 구절의 śītī-√bhū가 죽을 때 성취되는 해방 상태에 대한 비유라는 것이다.

이 śītī+√bhū를 하나의 발생으로만 너무 지나치게 독해하는 것은 잘못된 것일 테지만,[59] śītībhūta 용어가 『숫타니파타』 1073게의 sītisiyā 용어와 동일한 의미를 가진 초기 범본에서 발견된다는 점은 놀랍다. 이 일치점은 우빠시바가 초기 요가 철학의 기준 입장을 사후에 성취되는 해탈이라고 주장했음을 제시한다. 그렇다면 우빠시바는 초기 우파니샤드 게송들과 <해탈법품>에서 이후 묘사되었던 요가 부류에 대해서 충분히 알고 있었던 것으로 보인다. 더욱이 초기 브라만전통의 배경에 비춰 볼 때, 우빠시바가 무엇 때문에 사후에 의식이 존재하는지 물었던 것은 자명하다: 자아는 어떤 불변의 '의식'이라는 견해가 초기 브라만전통 텍스트에서 쉽게 포착된다. 필자가 이상에서 주목한 바와 같이,[60] 이 입장은 『브리핫아란야까 우파니샤드』에서 야즈냐발캬가 연상된다. 심지어 일부 초기 불교도들에 의해 주장된 이 입장에 대한 증거도 있다. 「갈애소멸의 긴 경」(Mahātaṇhāsaṅkhaya Sutta, M38)에서 비구 사티Sāti는 의식을 불변의 윤회의 실체(=주체)라고 믿는다.[61] 그러나 이 견해는 제3장에서 연구된 초기 브라만전통의 명상에 관한 구절들, 즉 「유무가」에 뿌리를 둔 우주생성론 전통—이 전통에 따르면 아뜨만/브라흐만은 의식을 초월한 것(통각, 마나스 등)이라고 생각되었다—을 따르는 것이 아닌 것처럼 보인다. 우리는 브라만전통의 수행승

59 12개의 필사본은 śāntī/śānti-bhūto로 독해한다.

60 92-95쪽 참조.

61 MN I.256.13, "idaṃ viññāṇaṃ sandhāvati saṃsarati anaññan ti." 노먼은 싸띠(Sāti)에 대한 입장을 『브리핫아란야까 우파니샤드』에 나타난 야즈냐발캬(Yājñavalkya)의 가르침과 연관시킨다(Norman 1991: 4).

우빠시바가 왜 그 문제에 대해서 의심을 가졌을지 이해할 수 있다. 쉽게 말해, 다른 견해들이 초기 브라만전통의 집단들 속에서 유통되고 있었음에 틀림없다. 혹자는 자아가 의식이라고 상정했고, 반면 다른 혹자들은 그 자아가 의식을 초월한 것이라고 믿었다. 우빠시바는 명망 있는 현자로부터 이 난제를 풀 해답을 찾고자 했던 것으로 보인다.

요약하자면, 1075게는 브라만전통의 수행승 우빠시바가 1073게에서 행한 '무소유' 성취자의 죽음/해탈에 대한 질문에 대답하기 위해 sītisiyā 개념을 도입했음을 시사한다. 『마하바라따』 XII.192는 śītī-√bhū가 실제 초기 브라만전통 사고인 사후 해탈에 대한 비유였음을 제시한다. 따라서 우빠시바를 초기 우파니샤드와 <해탈법품>에서 기록된 요가 철학 사고에 친숙한 브라만전통 집단의 신봉자였다고 추정하는 것이 타당해 보인다. 우빠시바는 자신이 믿었던—표준적 견해에 따라서—사후 해탈의 성취에 대해서, 붓다는 '무소유'의 알아차림을 유지해온 어떤 이에 대해 말하면서, 삶에서 명상적 '예기'에 대한 이야기를 하고 있었던 중이라고 믿었던 것으로 보인다. 여기서 제공된 1070게 해석은 붓다가 그러한 맥락을 따라 말하지 않았음을 시사한다. 1070게의 "무소유를 관찰하면서, 마음챙김을 갖고서"ākiñcaññaṃ pekkhamāno satimā 구절은 대상들에 대한 알아차림을 허용하는 수행을 가리키는 것으로 보이나, 이후에 성취될 해탈에 대한 예기는 아니다.

6. 『숫타니파타』 1073-76게: 식어감sīti+√bhū과 소멸함atthaṃ+√gam의 비유

우빠시바가 질문한 1073게에 대한 붓다의 답변인 1074게는 '소멸'의 비유

(또한 이에 따르는 '식어감'의 비유)는 생해탈生解脫의 의미를 갖는 것으로 보인다:

마치 바람의 힘에 의해 출렁이는 불꽃이 꺼져 더 이상 (불꽃으로) 헤아릴 수 없듯 이처럼 자신의 정신적 것들[신체]로부터 해탈한nāmakāyā vimutto 성자는 소멸되어attham paleti 더 이상 (성자로서) 헤아려질 수 없다. (1074)

필자는 nāmakāyā를 '집단', '집합', 혹은 '묶음'으로 정의한 kāya에 기반한 단수 탈격의 동격한정복합어karmadhāraya로 이해한다.[62] 노먼은 단어 'nāma'를 형용사로 생각하지만(그는 그 복합어를 정신적 신체 mental body로 번역한다), 그럼에도 그 또한 이 복합어를 동격한정복합어로 본다. 이와 달리 단어 'kāyā'가 단수 제5탈격임에도 불구하고, 'nāmakāyā'는 병렬복합어dvandva일 수도 있다. 왜냐하면 유사한 병렬복합어 '이름과 형상'nāmarūpa은 항상 단수로 축소되기 때문이다.[63] 이는 "nāmakāyā vimutto"가 "이름과 형상을 벗어난" 의미를 주고 있으므로, 'nāmakāyā'의 'kāya' 단어가 nāmarūpa의 중성명사인 rūpa와 같음을 의미할 수 있다. 그러나 다른 경증經證에서는 그 복합어를 병렬복합어로 제시하는 바가 없다. 《경장》의 다른 데서 유일하게 nāmakāya 복합어가 발견되는 Mahānidāna Sutta에서 이 병렬복합어 nāmarūpa는 동격한정복합어인 nāmakāya와 rūpakāya로 나누어진다.[64] 이 경우 kāya는 '범주'나 '집단'을 의미하는 것이 확실하고, 또

62 DOP, MMW, PED s.v.

63 예로, nāmarūpaṃ(DN II.32.17), nāmarūpamhā(DN II.32.29), nāmarūpasmiṃ(Stn 756게), nāmarūpassa(DN II.62.32), nāmarūpe(DN II.32.14).

64 예로, DN II.62.14, "yehi Ānanda ākārehi yehi liṅgehi yehi nimittehi yehi uddesehi nāmakāyassa paññatti hoti, tesu ākāresu tesu liṅgesu tesu nimittesu tesu uddesesu asati, api nu kho rūpakāye adhivacanasamphasso paññāyethā ti?"

정확히 같은 의미를 가진 이 복합어는 경전에 준하는 작품 등에서 발견된다.[65] 모든 반증 자료 부족은 『숫타니파타』 1074게의 복합어 nāmakāyā가 병렬복합어라기보다 동격한정복합어로 간주되어야 함을 암시한다. 만일 그렇다면 그것은 이름만 홀로 벗어난 성자가 삶에서 해방됨을 의미한다. 왜냐하면 '사라짐'의 비유가 죽을 때 성취되는 해방을 지칭하는 것이라면, 불꽃의 '소멸'은 이름과 형상(nāmarūpā, 이것은 nāmakāyā의 장소에서 쉽게 발생했을 수 있다)으로부터의 해탈과 유사해야만 하기 때문이다.

이 해석은 《경장》에서 '사라짐'의 비유가 유일하게 다르게 나타나는 것과 잘 맞아떨어지고(즉 '간다' 의미의 동사가 더해진 attham), 그것은 삶에서 해방된 이의 상태를 기술한다:

> 탐욕과 성냄과 무명이 제거된 누구에게나, 그는 악어와 나찰이 있고, 파도와 공포가 있어 건너기 힘든 바다를 건너가는 자로서 집착을 초월하여 죽음을 버리고 [생의] 애착 없이 다시 태어남의 괴로움을 버린 것이다. 그는 사라져서 헤아려질 수 없다. 그는 죽음의 신을 곤혹스럽게 한다.[66]

"그는 사라져서 헤아려질 수 없다atthaṅgato so na pamāṇameti."라는 표현은 『숫타니파타』 1074d게에서 붓다가 말한 "소멸되어 그는 더 이상 헤아릴 수 없다attham paleti na upeti saṃkham."라는 표현과 거의 일치한다. 이 두 구절이 동일한 유산

---

65 Nett 27, 28, 41, 69, 77, 78; Paṭis I.183.

66 「두 번째 탐욕의 경」(Dutiyarāga Sutta), 『이띠붓따까』 57.18, "yassa rāgo ca doso ca | avijjā ca virâjitā | so'maṃ samuddaṃ sagahaṃ | sarakkhasaṃ | [sa]ūmibhayaṃ duttaram accatārī | saṅgātigo maccujaho nirūpadhi | pahāsi dukkhaṃ apunabbhavāya | atthaṅgato so na pamāṇameti | amohayi maccurājan ti brūmī ti ‖." 동일한 게송이 SN IV.158에서 보이고, 이 문맥상 atthaṅgato 라고 불리는 자는 죽은 자가 아닌 산 자임이 명확해진다. cf. 전재성(2012), 136.

에서 나온 것인지는 확실하지 않지만, 두 구절 모두 공통의 초기 전통을 따르는 동일한 현상, 즉 생해탈生解脫을 의미하는 것 같다. 상당히 흡사한 방식에서 《경장》의 증거는 sīti/siti-√bhū가 누군가의 생해탈을 지칭하기 위해서 초기 불교도들이 사용한 비유였음을 알 수 있다. 예로, 다음의 인용문은 수 없이 반복된다.

> 지금 여기에서[=이생에서]diṭṭhe va dhamma 갈애가 없는 적멸하고 청량한sītibhūto 지복을 체험하면서 생을 보내는(사람은) 스스로 청정범행에 머문다brahmabhūtena attanā.[67]

이 맥락에서 sītibhūto는 이생에서 해탈한 이의 환희에 찬 상태를 말한다. 또 복합어 sītibhūto는 특히 사적인 해탈 선언의 일부로 운문 작품에서 반복적으로 사용된다. 이러한 의미에서 「성구경」Ariyapariyesana Sutta에 나타난 붓다의 해탈 선언은 다음과 같다.

> 나는 세상에서 아라한이고, 위없는 스승이며 유일한 정등각자이고, 모든 번뇌가 식었고sītibhūto 적멸을 성취했도다nibhuto![68]

반복구 "sītibhūto 'smi nibhuto"(번뇌가 식었고 적멸을 성취했다)는 『장로게』의 몇몇 게송에서 특정 비구들의 해탈 선언의 일부로 나타나고,[69] 몇몇 다른

---

67 MN I.341.11, "[ekacco puggalo] diṭṭhe va dhamme nicchāto nibbuto sītibhūto sukhapaṭisaṃvedī brahmabhūtena attanā viharati." 또한 DN III.233.1; MN I.412.2,II.159.14; AN I.197.8, II.206.3, V.65.3.

68 MN I.171.9 (= MN II.93=Vin I.8), "ahaṃ hi arahā loke ahaṃ satthā anuttaro, eko 'mhi sammāsambuddho sītibhūto 'sami nibhuto."

69 Th 79.298; Thī 판본은 sītibhūt' amhi nibhuto이고, Thī 15, 16, 34, 66, 76, 101에 나타난다.

게송에서는 sītibhūto를 살아 있는 해탈한 존재라고 규정한다.[70] 초기불교에서 sīti+√bhū를 전적으로 사용한 것은 생해탈의 성취를 염두에 두고서 지칭했음은 절대적으로 자명하다. 다시 말해 그것은 죽을 때 도달하는 해탈 상태를 말하는 것이 아니다. 그 비유는 죽을 때의 감정vedanā 소멸을 말하는 데서 일부 나타나지만, 그러나 이를 관련된 내용이라고 보기는 힘들다:

> 그가 몸의 마지막 느낌을 체험할 때kāyapariyantikaṃ, 그는 "나는 몸의 마지막 느낌을 체험하고 있구나!"라고 알아차리고, 그가 목숨이 다하는 느낌을 체험할 때 jīvitapariyantikaṃ, 그는 "나는 목숨이 다하는 느낌을 체험하고 있구나!"라고 알아차린다. 그는 몸이 무너진 후에 목숨이 다하면, 환희가 없는 모든 느낌들은 바로 여기서 싸늘하게 식게 될 것이다sītibhavissanti라고 분명하게 알아차린다.[71]

이 경우 '식어감'의 비유는 해탈한 이가 죽음을 맞이할 때 감정들vedanā이 어떻게 멈추는지, 즉 이 사람이 생해탈의 감정들을 경험하는 방식—집착이 없는 마음챙김과 알아차림—과는 전혀 이질적인 조건을 묘사하는 데 사용된다.[72] 그러나 이는 『숫타니파타』 1073게를 해석함에 있어서 중요하지 않다. 동사 sītibhū는 초기 빠알리 문헌에서 해탈을 묘사하려고 사용할 경우, 그 주어는 생해탈한 사람이다. 이것으로는 비불교적인 용어를 반영하는 듯 보이는 1073게

---

70 SN I.567, 692; AN I.138.4; 『법구경』 418게=Stn 642게=MN II.96; Stn 542게; Th 416, Thī 205, 360.

71 AN II.198.30, "so kāyapariyantikaṃ vedanaṃ vediyamāno kāyapariyantikaṃ vedanaṃ vediyāmī ti pajānāti, jīvitapariyantikaṃ vedanaṃ vediyamāno jīvitapariyantikaṃ vedanaṃ vediyāmī ti pajānāti, kāyassa bhedā uddhaṃ jīvitapariyādānā idh' eva sabbavedayitāni anabhinanditāni sītī bhavissantī ti pajānāti." 또한 SN II.83.1, III.126.14, IV.213.10, 214.23, V.319.25.

72 이 차이는 『이띠붓따까』 38.4에서 유여의열반(有餘依涅槃, saupādisesā nibbāna)과 무여의열반(無餘依涅槃, anupādisesā nibbāna) 용어에 적용된다.

의 용례를 설명할 수 없다. 그렇지만 그것은 붓다가 해석한 1074게에서의 용례를 설명할 수 있다. 우빠시바에 대한 그의 답변에서 '사라짐'의 직유는 살아있는 사람의 해탈 상태를 말하는 것이다.

이것은 그 대화의 특이하지만 결정적인 요체를 드러내게 만든다. 우빠시바는 죽음과 함께 발생하는 해탈에 대해서 이야기하는 것으로 보이고(1073게, 1075게), 반면 붓다는 그가 1076게에서 주장하는 바와 같이 해탈한 이는 살아있는 자라고 이해한다(1074게). 그렇다면 붓다와 우빠시바는 서로 동문서답하고 있는 것으로 보인다. 더 정확히 말하자면, 붓다는 '청량하게 됨'에 대한 우빠시바의 질문(1073게)을 생해탈한 이의 상태에 대한 질문이라고 해석한다. 즉 붓다는 해탈을 살면서 발생하는 일이라고 단순히 가정한다(1074게). 우빠시바는 이를 파악하지 못하고 계속해서 죽을 때 해탈한 이에 대해서 이야기한다(1075게). 이에 대한 답변인 그 대화의 마지막 게송(1076게)에서 붓다는 생해탈한 이의 상태를 설명하기 위해서 '사라짐'의 비유를 사용한다. 그는 다음과 같이 시작한다. "사라져버린 이에 대해서는 헤아릴 수 없다atthaṅgatassa na pamāṇam atthi.", 이 문장은 1074게attham paleti na upeti saṃkhaṃ와 거의 일치한다.[73] 이 가르침은 "모든 법들이 제거되는 그때 모든 형태의 이야기들도 [또한] 제거된다(sabbesu dhammesu samūhatesu, samūhatā vādapathāpi sabbe 'pi)"라는 표현과 함께 마무리된다.[74] 만일 여기서 담마dhamma라는 단어가 정신 현상을 말하는 것이라면, 붓다는 여전히 살아있는 사람에 대해서 이야기하고 있는 중임에 틀림없다. 그러나 만일 그것이 일반 현상을 의미하는 것이라면(노먼은 '현상'으로 번역한다), 우리는

---

73 위 190쪽 각주 66에 인용된 『이띠붓따까』(「탐욕의 경」, It 57.18, "atthaṅgato so na pramāṇam eti.")와 거의 일치한다.

74 웨터의 번역은 상당히 오류가 있다(1990: 41, "제법이 소멸될 때, 그때 모든 생각의 길 또한 소멸된다."). 즉 vādapathā는 '생각의 길'을 의미하지 않는다.

죽음을 의미할 수 있는 것의 파괴, 즉 신체 현상을 포함한다고 가정할 수 있겠다. 담마 라는 단어의 이해는 초기불교 연구의 난해한 미해결 과제이어서 그에 대한 확대 논의는 이 연구 범위를 넘어서는 일이다. 그럼에도 불구하고 필자는 적어도 <피안도품>에 나타난 담마의 의미에 대해서 논평하고자 한다.[75]

대부분의 곳에서 담마는 단순히 '가르침' 혹은 '주제'를 의미한다.[76] 한 군데서 그것은 사물의 주요 특징을 의미하는 형용사적 '성질'을 의미하며,[77] 또 다른 곳에서는 '정의로움'을 의미한다.[78] diṭṭha-dhamma 관용구에 관한 이체자는 네 군데서 발견되고, 노먼은 '현상의 세계에서'라고 항상 번역한다.[79] 노먼은 이 관용구를 diṭṭhe va dhamme(지금 여기에서/이생에서)라는 표현과 연관짓는 것으로 보이는데, 그가 후자를 정확히 동일한 방식으로 번역하기 때문이다.[80] 필자는 이 난해한 표현의 정확한 의미를 확신할 수 없으며, 비록 이 경우에 노먼이 담마를 '현상'으로 번역하더라도 그것은 아마도 1076게에 나타난 담마와 관련이 없다. <피안도품>에서 담마는 일곱 군데 이상에서 등장하지만 그 모두 1076게 속의 단어 의미와 직접적인 연관이 있으며. 실제로 노먼은 거기에 등장하는 모든 담마를 '현상'으로 번역하고 있다.

이렇게 나타난 것들 가운데 세 가지는 『숫타니파타』 992, 1105, 1112게에서 붓다를 묘사한 표현, "모든 현상의 저편으로 건너간sabbadhammāna pāragū"이라는 표현에서 등장한다. 여기서 담마라는 단어 의미가 일반적인 '현상'이라 함은 의

75 니까야의 담마에 대한 최신 연구는 Gethin(2004)을 참조하라.

76 Stn 993, 1015, 1052-54, 1064, 1075, 1085, 1097, 1102, 1120, 1122게.

77 Stn 982게.

78 Stn 1002게.

79 Stn 1053, 1066, 1087, 1095게.

80 Stn 16.9, 141, 343, 140.14, 148.14.

심스럽다. 만일 그렇다면, 붓다는 자신이 죽을 수 있다는 가정 하에서 정신적 현상과 더불어 신체적 현상까지도 포함하는 모든 현상의 저편으로 건너갔음을 암시하는 것일 수도 있다. 사실상 "모든 현상의 저편으로 건너간"이라는 표현이 발견되는 이 게송들 중 두 곳은 붓다의 심적 상태를 묘사하는 일군의 형용사들 사이에서 나타난다. 즉 1105게에서 붓다는 욕망이 빛바랜virajaṃ, 혹은 번뇌가 없는anāsavaṃ 선정 수행자jhāyiṃ로 묘사되고, 또 1112게에는 동요가 없이anejo 의혹을 끊은 자chinnasaṃsayo라고 묘사된다. 이런 맥락 속에서 "모든 현상의 저편으로 건너간"이란 표현은 붓다의 고도의 정신 상태를 가리키는, 이를테면 그가 "모든 심적 상태/현상의 저편으로 건너간" 선정 수행자라고 가정하는 것이 훨씬 잘 통하는 의미이다. 이는 그 표현이 발견되는 오직 다른 게송에서만 참임에 틀림없다. 992게에서 붓다는 "모든 현상에 대한 봄을 갖추고sabbadhammacakkhumā", "모든 현상의 소멸을 성취했다sabbadhammakkhayaṃ patto."라고 전한다. 후자의 표현에서 담마는 신체적 현상을 가리킬 수 없는데, 만일 그렇다면 이 게송은 죽은 자에 대한 조사弔詞가 될 수 있기 때문이다. 따라서 이 게송을 관통하는 담마라는 단어는 어떤 심적 현상을 의미한다고 봐야 한다. 더욱이 복합어 sabbadhammacakkhumā는 1039게의 구절 kusalo sabbadhammānaṃ과 유사하며, 노먼은 "모든 심적 상태들에 숙달된"이라고 번역한다. 그것들은 다소간 동일한 의미를 갖고 있음에 틀림없으며, 다시 말해 붓다는 마음의 작동 원리에 대해서 정통하고 있음을 말한다. sabbadhammāna pāragū 표현이 포함된 992게에서의 담마의 등장은 모두 '정신적 현상'을 언급하고 있음이 확실하다. 이는 다른 이유로 앞서 주장했던 것과 같이 그 단어가 1105게와 1112게의 '정신적 현상'과 유사하게 의미함을 함축한다. 오직 다른 곳에서 담마가 등장하는 것은 1107게의 upekhāsatisaṃsuddhaṃ dhammatakkhapurejavaṃ 구절이고, 노먼은 "무념(=평정/평온)과 마음챙김에 의해 정화되고, 심적 상태의 검토에 의해 선행되는"이라고 번역한다. 여기서 이 단어는 이를테면 "교설의 검토에 의해 선행되는" (문장)과 같이 '교설'이라고 그저 쉽게 의미할 수 있다.[81] 이 단어는 미묘한 차이를 보이는 양자의 의미를 갖고 있을 가능성조차 있다. 즉 적어도 우리는 그것이 신체적 현상과 무관하다고 꽤 확신할 수 있다.

<피안도품>에서 단어 담마는—아마도 관용구 diṭṭhe va dhamme(지금 여기에서/이생에서)를 제외하고—신체 현상을 의미하지 않는 듯 보인다. 따라서 "모든 현상이 제거될 때"(혹은 "폐기될 때": samūhatesu)라는 급진적 표현은 정신 현상의 제거를 의미한다고 보는 것이 가장 타당하다. 정신 현상이 의미하는 바가 무엇인지는 분명하지 않다. 「우빠시바 바라문의 질문 경」에 나타난 이 대화의 명상적 맥락을 고려하면, 담마 단어가 명상의 대상에 관한 전문 용어일 수 있다. 이 용례는 성도 이전 싯다르타가 알라라 깔라마와 웃다까 라마뿟따의 문하에서 수련한 이야기에서 포착된다. 거기서 무소유처와 비상비비상처의 명상 상태가 담마라고 명명되어 있다.[82] 『숫타니파타』 992, 1039, 1076, 1105, 1107, 1112게 속의 단어 담마는 불교 이전의 요가 집단의 전문 어휘를 반영하는 것은 꽤 확실하다. 하지만 이는 담마 라는 단어의 범위를 과도하게 한정하고 있다고 볼 수 있다. 확실한 것은, 명상 상태가 한갓 초월적이어서 어느 누구도 그 성자에 대해서 이야기할 수 없다고 게송에서 말하지 않는다는 점이다. 더욱이 『숫타니파타』 1076게는 더 넓은 기준틀을 제시한다. 이 게송은 모든 현상의 소멸로 인해 그 성자에 대해서 이야기하는 모든 방식들을 차단한다고 설명한다. 이는 담마를 언어에 의존하는 심적 상태나 조건이라고 말하고 있음을 시사한다. 이러

81 담마(dhamma)라는 단어는 「성구경」에서 두 가지 의미, 즉 명상의 대상과 가르침으로 사용되는 것으로 보인다. 34쪽 각주 39을 참조하라.

82 위 각주를 참조.

한 암시는 『숫타니파타』 1074게를 통해서 뒷받침된다. 거기서 성자는 '명칭의 범주nāmakāya[=정신적인 것들]'나, 혹은 더 일반적으로 개념들로부터 일탈해 있기 때문에 그는 헤아려질 수 없다고 말한다(1074b: atthaṃ paleti na upeti saṅkhaṃ). 1074게의 nāma는 1076게의 dhamma와 느슨하게 견줄 수 있을 듯하다: 양자의 부재는 어떤 사태를 헤아리거나 표현할 가능성을 차단한다: 양자는 명제를 가능하게 할 개념이나 통각에 대해 느슨하게 지칭하는 것이다.

7. 성자의 불가언설不可言說

『숫타니파타』 1074, 1076게에서 행한 붓다의 요점은, 성자는 개념이나 언어로부터 일탈해 있어서 그는 소멸한 불꽃처럼 말로 표현할 수 없다는 것이다. 소멸한 불꽃의 비유는 「악기밧차곳따경」(Aggi-Vacchagotta Sutta, M72)에서 유사한 방식으로도 사용된다. 거기서 붓다는 여래가 소멸된 불꽃과 같아서 그의 상태를 헤아리는 일은 불가능하다고 선언한다. 달리 말해, 그 비유는 마치 『숫타니파타』 1074게인 것처럼 사용된다. 그 경의 주요 부분은 다음과 같이 독해된다.

[세존] "밧차여, 그대 앞에 불이 꺼진다면, '그 불은 이곳에서 동쪽이나 서쪽이나 북쪽이나 남쪽이나 어느 방향으로 간 것인가?'라고 묻는다면, 밧차여, 그 물음에 대하여 그대는 어떻게 설명하겠습니까?"

[밧차] "존자 고타마여, 그것은 타당하지 않습니다. 그 불은 섶과 나무라는 땔감을 조건으로 하여 타오르고, 그 땔감이 사라지고 다른 땔감이 공급되지 않으면 자양분이 없으므로 꺼져버린다고 여겨집니다."

[세존] "밧차여, 이와 같이 사람들은 물질로써 여래를 묘사하려고 하지만 여

래에게 그 물질은 끊어졌습니다. 여래는 물질의 뿌리를 끊고, 종려나무 그루터기처럼 만들고, 존재하지 않게 하여, 미래에 다시 생겨나지 않게 합니다. 밧차여, 참으로 여래는 물질이라고 여겨지는 것에서 해탈하여, 심오하고, 측량할 수 없고, 바닥을 알 수 없어 마치 커다란 바다와 같습니다. 그러므로 여래에게는 사후에 다시 태어난다는 말도 타당하지 않으며, 사후에 태어나지 않는다는 말도 타당하지 않으며, 사후에 다시 태어나기도 하고 다시 태어나지 않기도 한다는 말도 타당하지 않으며, 사후에 다시 태어나는 것도 아니고 태어나지 않는 것도 아닌 것이란 말도 타당하지 않습니다. 밧차여, 이와 같이 사람들은 느낌으로 여래를 묘사하려고 하지만, 여래에게 그 느낌은 끊어졌습니다. 여래는 느낌의 뿌리를 끊고, 종려나무 그루터기처럼 만들고, 존재하지 않게 하여, 미래에 다시 생겨나지 않게 합니다. 밧차여, 참으로 여래는 느낌이라고 여겨지는 것에서 해탈하여, 심오하고, 측량할 수 없고, 바닥을 알 수 없어 마치 커다란 바다와 같습니다. 그러므로 여래에게는 사후에 다시 태어난다는 말도 타당하지 않으며, 사후에 태어나지 않는다는 말도 타당하지 않으며, 사후에 다시 태어나기도 하고 다시 태어나지 않기도 한다는 말도 타당하지 않으며, 사후에 다시 태어나는 것도 아니고 태어나지 않는 것도 아닌 것이란 말도 타당하지 않습니다."[83]

---

83 MN I.487.24, "sace pana taṃ Vaccha evaṃ puccheyya: yo te ayaṃ purato aggi nibbuto, so aggi ito katamaṃ disaṃ gato, puratthimaṃ vā dakkhiṇaṃ vā pacchimaṃ vā uttaraṃ vā ti? evaṃ puṭṭho tvaṃ Vaccha kinti byākareyyāsī ti? na upeti bho Gotama, yaṃ hi so bho Gotama aggi tiṇakaṭṭhupādānaṃ paṭicca ajali, tassa ca pariyādānā aññassa ca anupahārā anāhāro nibbuto tveva saṅkhyaṃ gacchatī ti. evam eva kho Vaccha yena rūpena tathāgataṃ paññāpayamāno paññāpeyya taṃ rūpaṃ tathāgatassa pahīnaṃ ucchinnamūlaṃ tālāvatthukataṃ anabhāvaṃkataṃ āyatiṃ anuppādadhammaṃ. rūpasaṅkhayavimutto kho Vaccha tathāgato gambhīro appameyyo duppariyogāḷho seyyathāpi mahāsamuddo. upapajjatī ti na upeti, na upapajjatī ti na upeti, upapajjatī ca na ca upapajjatī ti na upeti, neva upapajjati na na upapajjatī ti na upeti."

이 인용문의 취지는 「우빠시바 바라문의 질문 경」의 『숫타니파타』 1074-76게와 다소 일치한다. 양자의 사례에서 생해탈한 성자는 헤아림saṅkhā이나 개념적 범주를 초월해 있다고 말한다. 「악기밧차곳따경」은 소멸된 불의 비유와 여래가 오온(색·수·상·행·식)을 '뿌리채 뽑았다', '근절했다'는 표현이 있음에도 불구하고 허무주의적이지 않다. 왜냐하면 소멸의 비유가 적용되는 주체가 붓다이고 또 살아있는 동안 오온을 '근절했던' 이도 붓다라는 점이 명확하기 때문이다. 오온의 '해체anabhāvaṃkataṃ'는 그것들을 헤아리거나 파악하는 작용으로부터 벗어나는(예 rūpa-saḥkhā-vimutto) 것에 견줄 수 있을 듯하다. 헤아림으로부터saṅkhā 벗어남이란 우리가 통상 누군가를 지정하는saṅkhaṃ gacchati 방식으로는 여래를 적용할 수 없음을 뜻한다. 다시 말해 그가 다시 태어난다거나 태어나지 않는다거나 (혹은 "다시 태어난다는 것도 다시 태어나지 않는다는 것" 둘 모두이거나, 그리고 "다시 태어나는 것도 아닐뿐더러 또한 다시 태어나지 않는다는 것도 아니라고") 말할 수 없다. 즉 그러한 개념들이 그에게 적용될 가능성은 있지 않다는 점이다.

「악기밧차곳따경」은 우리에게 우빠시바와의 대화에서 붓다가 채택한 불의 비유에 대한 더 큰 이해로 이끈다. 「악기밧차곳따경」에서 여래는 꺼진 불꽃에 대비된다—양자를 규정할 수 있는 필수적 기준점을 초월해 있어 이것들을 뭐라 형언할 수 없다. 불꽃은 다만 그 연료 공급(풀이나 땔감)에 기대어 정의될 수 있고, 그것이 고갈될 때 불꽃은 다만 '꺼졌다'고 생각될 수 있으며, 그것에 대해 긍정적인 것은 어떤 것도 말할 수 없다. 유추하자면, 여래에 의해 고갈되었던 연료는 오온이다. 그것들을 헤아리거나 파악하는 작용으로부터 풀려남이 그것들의 고갈 혹은 해체와 대등한 것이라면, 여래는 정의될 수 없다. 이 경을 비춰보면, 오온이 대개 '취온(取蘊, upādāna-kkhandha)'으로 불린다는 점은 놀라운 것은 아니다. 이 복합어는 글자그대로 취하면 「악기밧차곳따경」의 맥락과 잘 맞아떨어지는 번역인 '연료의 다발'을 의미하지만, 보통은 '취착의 집합체'로 번역한다. 「악기밧차곳따경」에서 upādāna 용어는 오온의 각각에 대해 적용되지 않더라도 그 함의만큼은 명확하다. 마치 연료upādāna가 소모될 때 불꽃이 사라지는 것처럼 비구도 또한 오온이라는 연료를 초월할 때 [번뇌로부터] 벗어나는 것이다. 현상적인 사람을 정의하는 오'온(蘊, khandha)'은 그의 현상 체험의 지속을 위한 필수 연료upādāna이다. 현상적인 사람을 분석하기 위해 다섯 가지 다발에 적용하는 upādāna 명칭은 아마도 그 다섯 항목들이 취착의 형태였음을 가리키려는 의도였을 것이다.

복합어 upādāna-kkhandha는 하나의 비유이며, 보다 적합한 번역은 '연료의 다발'일 수 있다.[84]

「악기밧차곳따경」과 「우빠시바 바라문의 질문 경」에서 사용된 불의 비유는 해탈한 성자가 현상 체험을 초월해 있음을 강조하려는 급진적인 방식이다. 또한 형언할 수 없는 이 초월적인 상태는 그 성자가 살아 있는 동안에도 심지어 함께 하고 있음을 부차적으로 강조한다. 이러한 관념은 우빠시바가 『숫타니파타』 1073게를 통해 인정하고 있는 생각인 초기 브라만식의 사후 해탈 개념과 상충하는 것이다. 그렇다면 붓다는 자신의 새로운 가르침을 표현하기 위해 낡은 브라만식 비유들을 활용한 것으로 봐야 한다.[85] '청량하게 됨'의 비유가 『숫타니파타』 1073게에서 우빠시바가 사용한 것과 『마하바라따』 XII.192.22에서의

---

84 필자는 이에 주목함에 있어 리처드 곰브리치 교수에게 신세를 지고 있다. Gombrich(1996), 67 참조.

85 필자가 아는 한, 요가 전문가의 사후 해탈에 적용되는 '소멸'의 비유가 나타나는 증거는 초기 브라만전통의 문헌 어디에도 없다. 그럼에도 콜린스는 Stn 1074게에서 붓다가 이러한 비유를 사용하는 것은 낡은 브라만전통의 사고들을 이용하는 것임을 다음과 같이 밝혔다. "그 구절의 풍미를 충분히 음미하기 위해서 우리는 베다 시기 이후 태양의 운동이 시간과 시간성에 대한 표현에서 주요한 모티프가 되었다는 사실을 명심해야 한다."(Collins 1982: 130).

등장은 그 직유들이 애초부터 전문 수련가의 사후에 브라흐만과의 합일을 말하는 것이었음을 보여준다. 또 '청량하게 됨'의 비유와 '소멸'의 비유가 본래부터 브라만전통의 것이라고 상정하는 게 상식에 맞다. 초기 브라만전통의 재가자 종교는 성스러운 불agni 주변에 모여들었다. 다시 말해 그 불은 하나의 신이면서 동시에 세속적 삶을 지속하는 상징이었다. 그러나 초기의 출가적인 브라만전통은 그들의 가장 중요한 상징인 성스러운 불뿐만 아니라 사회적 종교의 목적도 역시 거부했다. 그 '청량하게 됨'의 비유는 해탈한 사람을 사라진 불에 빗댄 것이고, 그리해서 그것을 세속적 삶의 상징에 대조함으로써 그의 [사후] 타방세계의 조건을 강조했다. 그 비유는 성스러운 불의 지속에 전념한 바라문에게 충격을 주었을 것이다. 그러나 그것은 '소멸'의 비유와 함께 사용하기에 가장 완벽한 비유였다. 양자는 불이 소멸될 때 파괴되지 않고 다만 그것이 나왔던 본질로 되돌아간다는 믿음에 호소했던 것이다. 이러한 생각은 (「브리그와 바라드바자 간의 대화」에 포함된) <해탈법품>의 초반부 주요 대화에 표현되어 있다.

브리그가 말하길, "육체에 의지하는 영혼은 [그 육체가] 파괴될 때 파괴되지 않나니, 이는 마치 불이 그 장작이 탈 때 파괴되지 않는 것과 같다." (2)

바라드바자가 말하길, "그것이 불에 대한 것처럼, [영혼에 대해서도 이를테면] 만일yadi 파괴가 없다면 그것과 마찬가지이다. 하지만 그 장작의 사용을 마치면, 그 불은 인식되지 않는다." (3) "[그렇다면] 나는 장작이 없을 때 소멸되는śāntaṃ 불은 파괴되고, 그것의[86] 과정, 혹은 수단, 혹은 모양은 보이지 않기 때문이라고

86 yasya를 대신해서 hyasya로 읽음.

생각한다.” (4)

브리그가 말하길, “장작이 소모될 때, 불은 진실로 존재하지만 보이지 않는다. 왜냐하면 그것은 허공으로 들어갔기 때문이다ākāśānugatatvād. 확실히 보충이 되지 않는 그것은 파악하기 어렵다.” (5) “그리해서 육체가 포기될 때 허공과 같은 영혼은jīvo 지속된다. 의심할 나위 없이 그것은 마치 불과 같이 그 미묘함으로 인해서 파악되지 않는다.” (6)[87]

이상에서 말한 영혼의 사후 존재를 주장하는 것은 불이 사라질 때 소멸된다는 사고가 아니라, 다만 그것이 나왔던 허공으로 도로 들어간다는 생각이었던 것이다. 바꿔 말해, 그것의 미현현의 근원으로 회귀한다는 생각이었다. 이 신념은 ‘청량하게 됨’의 비유를 정형화시켰던 초기 바라문 출가자들에 의해 유도되었을 거라고 상상하기 어렵지 않다. 그들이 그것을 사용했던 것은 자신의 목적이 비존재에 있지 않고, 오히려 그 원천인 브라흐만에게로 회귀하는 데 있음을 지적하기 위함이었다. 그러므로 ‘청량하게 됨’은 주류 브라만전통에 대한 바람직한 반대였던 것이다. 그러한 것들이 그 비유의 복잡한 내용들이었고, 그것은 그 요가 목표를 불의 숭배 의식과 대비시켜 긍정의 방식으로 그 원천에게 회귀시키려는 목적을 그려냈다. 우리는 붓다가 해탈한 이를 “식어가게 되고sītibhūto, 지복을 체험하고, 그 자신이 브라흐만이 되는 것bhrahmabhūtena attanā”이라고 한

87 Mbh XII.180.2-6, “Bhṛgu uvāca: na śarīrāśrito jīvas tasmin naṣṭe praṇaśyati | yathā samitsu daghdāsu na praṇaśyati pāvakaḥ || 2 || Bharadvāja uvāca: agner yathā tathā tasya yadi nāśo na vidyate | indhanasyopayogānte sa cāgnir nopalabhyate || 3 || naśyatīty eva jānāmi śāntam agnim anindhanam | gatir hyasya pramāṇaṃ vā saṃsthānaṃ vā na dṛśyate || 4 || Bhṛgur uvāca: samidhām upayogānte sann evāgnir na dṛśyate | ākāśānugatatvād dhi durgrahaḥ sa nirāśrayaḥ || 5 || tathā śarīrasaṃtyāge jīvo hy ākāśavat sthitaḥ | na gṛhyate susūkṣmatvād yathā jyotir na saṃśayaḥ || 6 || ”

표현에서, 해탈—범아일여梵我一如—은 사후에 일어난다고 여겼던 낡은 요가 견해와 대비되는 그의 가르침은 대담하고도 인상적인 선언이었음을 상상해야 한다.[88] 그 비유, 또 그에 근거했던 신념의 세계는 붓다에 의해서 처절하게 무너져 내렸다. 말하자면 우리가 브라흐만과 합일되는 것은 저승이 아니라 바로 이승에서 실현된다는 것이다diṭṭhe va dhamme. 이제 붓다와 우빠시바 사이의 대화로 돌아가자면, 『숫타니파타』 1075게에서 우빠시바가 종말론적 함의를 담은 질문을 했음에도 불구하고, 붓다는 1076게에서 생生해탈한 이에게 그 논의 주제를 도로 가져왔던 것으로 보인다. 아마도 종말론적 어투의 질문은 1073게에서 그렇게 명백하지 않았지만, 1075게에서는 불가피했을 것이다. 따라서 붓다에게 있어 생과 사, 존재와 비존재, 그리고 누군가의 의식의 유무에 대한 개념마저도 해탈한 이에게는 적용할 수 없을 듯하다. 아마 이는 「유무가」의 철학에 탐닉된 바라문 고행자의 시각과 별반 다르지 않고, 그에게 있어 불이론적 원천(브라흐만) 상태는 생과 사, 존재와 비존재, 영원과 무상, 그리고 의식의 이원성들을 초

---

88 동일한 <해탈법품> 게송(Mbh XII.192.122)에서 śītībhūto와 brahmabhūtaḥ 용어 출현은 빠알리 brahmabhūtena attanā 구절이 어떤 브라만전통의 비유를 채택한 것과 유사함을 암시한다. 불교의 비구는 비유적인 의미에서 브라흐만이 된다: 브라만전통의 요가수행자와 달리 그는 브라흐만에 합일되지 않는다. 이는 호아킨 페레프-레몬(Joaquín Pérez-Remón)이 생각하는 바가 아니었다. MN I.349(「깐다라까경」 내에서)에서의 발췌문을 보여준 이후, 그는 다음과 같이 논평한다(1980: 117). "그것은 그런 자아는 실재가 아니라 그저 세속적인 명칭에 지나지 않는다는 이 같은 현명한 표현의 마무리로 생각해야만 하기에는 실망스러운 결말이 될 것이다." 또 논평하기를(1980: 118), "'brahmabhūtena attanā viharati'가 사용되는 모든 구절들은 일체의 애착에서 벗어나 열반을 담금질하는 경지에 이르렀던 자아를 나타내는 증거이다. 이 같은 attā(자아) 용례는 절대적 무아설이 초기불교의 근본 가르침이었다고 전적으로 확신했던 이들에게는 기대할 수 없으므로 그 용어는 [더욱] 두드러져 보인다." 필자는 이러한 주장을 인정하지 않는다. 그것은 초기 불교도들이 비유를 사용할 능력이 없었다는 생각에 기반을 둔 것으로 보인다. brahmabhūta 용어는 자아의 존재를 믿지 않는 어떤 이들이 사용했었을 것이라는 점은 의심스럽지만, 이는 그 정반대를 의미하는 것이 아니다—즉 그것의 사용은 어떤 아뜨만(ātman) 교설[=자아론]을 전제로 한다.

월한 것이라고 생각되었기 때문이다. 하지만 이 대화 속에서 붓다의 가르침은 존재론의 범주들을 액면 그대로 수용하지 않았고, 다만 자신의 생애 동안 해탈한 성자에게는 적용할 수 없는 개념들로서만 간주되는 측면으로 인해 「유무가」의 사상과는 구별된다.

8. 「우빠시바 바라문의 질문 경」의 역사적 중요성

우빠시바와의 대화는 다음과 같이 요약할 수 있다.

게송	노먼의 수정 번역
1069-70	우빠시바 존자가 말하길, "석가여, 저는 아무런 도움 없이 홀로 저 [거센] 커다란 급류를 건너갈 수 없습니다. 사방을 두루 보시는 이여, 저에게 제가 이 급류를 건너갈 수 있는 의지처가 되는 (명상의) 대상을 일러 주소서." 세존께서 대답하시길, "우빠시바여, 마음챙김을 지녀서 무소유(처)에 대해 생각하면서, '있지 않다'라는 (믿음)에 의지해 그 급류를 건널지니. 감각적 쾌락을 버리고 (그릇된) 대화를 삼가고 밤낮으로 갈애의 소멸을 살필지니라."
1071-72	우빠시바는 붓다에게 지각으로부터 최상의 해탈을(saññāvimokkhe parame vimutto) 성취했으면서 '해탈된' 사람은 윤회에 종속됨 없이 '거기에서' 머무르는지(anānuyāyī) 묻는다. 붓다는 그렇다고 대답한다.
1073-74	우빠시바는 붓다에게 이 사람의 의식이(viññāṇaṃ) 사라지는 것인지, 또 그가 그 상태에서 '식어가야만'(sītisiyā) 하는지를 물었다. 붓다는 이 사람이 자신의 '정신적 신체'로부터 해탈되고, 그리고 불꽃이 소멸된 것과 같이 그는 헤아릴 수 없게 된다고 답한다.
1075-76	우빠시바는 붓다에게 이 사람이 소멸해버린(n'atthi) 것인지, 혹 아니면 즐거운 조건에서 영원히 존재하는(sassatiyā arogo) 것인지 묻는다. 붓다는 그 사람이 이 해답을 결정할 수 있는 방법을 초월해 갔다고 대답한다. 즉 모든 '현상'(dhamms-s)이 그에게서 끊어졌고, 모든 언어의 길마저 끊어졌기 때문이다.

우빠시바와의 대화는 신 사고를 지닌 종교 스승과 기성 종교의 신봉자 간의 상호작용을 그리고 있다. 그것은 붓다의 명성에 걸맞은 '방편술', 즉 낡은 종교의 사고와 비유가 어떻게 혁신될 수 있었던가를 보여주는 스펙터클한 사례이다. 이 대화의 절반가량(1069-72게)은 붓다와 우빠시바가 거의 같은 수준으로 이야기하고 있다. 우빠시바는 붓다의 가르침 가운데 명상과 마음챙김의 조화를 이해하는 데 곤란함을 겪지만, 초기 브라만전통의 명상 맥락에서 그것이 만들어내는 문제점을 적어도 깨닫는다. 하지만 이 대화 후반부의 우빠시바는 붓다가 행한 말의 의미를 파악하지 못하는 것으로 보이고, 당시의 브라만적 사고에 길들여진 바라문으로서 대화를 계속 이어간다. 짐작컨대 붓다는 우빠시바의 생각에 대한 지식을 갖고 있고, 또 그가 무엇을 행하고 있는지 정확히 안다. 이와 같이 새로운 가르침은 낡은 것의 틀 속으로 능숙히 가미된다.

이 문서의 역사적 가치는 평가절하될 수 없다. 이 인용문의 편찬자/교정자들은 두 개인들이 동문서답하는 이야기 속에서 상당히 주목할 만한 대화를 기록했다. 리즈 데이비스의 말, 본래는 《디가 니까야》의 「까싸빠사자후경」(Kassapasīhanāda Sutta, 迦葉獅子吼經, D8)의 말은 여기에 똑같이 해당된다.

> 고타마는 될 수 있는 한 자기 자신을 질문자의 심리적 위치에 놓았다. 그는 자신의 소중한 신념들을 침해하지 않고서, 자신이 설명하는 시작점을 대론자들이 칭송하는 바람직한 행동이나 상황으로 설정했다. … 심지어 그는 질문자의 어투를 터득하기까지 했다. 그리고 나서 그는 부분적으로 새로운 고차원적 의미를 말로 (불교의 관점으로) 정의하고, 부분적으로 이러한 윤리적 개념들을 그들 사이의 공통분모라고 설득하여 대론자들을 자신의 결론으로 끌고 왔다. 이것은 물론 아라한도阿羅漢道이다. … 이 비법을 사용하기 위해서는 겸손과 위의威儀가 모두 필요하다. 한편 결과를 도출하려면 적지 않은 변증법적 사고와 숙달

된 윤리적 시각을 필요로 한다. … 그가 역사적 인물이었다는 가정하에서《대장경》에 표현된 대로의 훈련과 성격을 가졌다면, 그는 실제로 정확히 이 비법을 따랐을 가능성이 높다. 이 대화를 정리한 이가 누구든 그가 대화하는 방식을 정확하게 기억했고, 특정한 상황이나 사람 또한 기억할 수 있다. … 하지만 그렇더라도 이 방법을 사용한 모든 대화들에는 한 가지 단점이 있다. 집필자들은 상대편의 입장을 수용하고 그의 언어를 받아들이는 과정에서 나타난 고타마의 시각을 이해하려면 횡간 사이의 숨은 뜻을 파악해야 한다고 말한다. 대인 논증 argumentum ad hominem은 어떤 특정 사람을 거론하지 않고 행해진 의견 진술과 동일하게 볼 수 없다. 이는 놀랍게도 현재 경經들이 처해 있는 상황이다.[89]

우리가 '상당량의 행간'을 읽는다는 것은 누군가의 바른 이해를 반드시 요구하게 되고, 「우빠시바 바라문의 질문 경」 역시 그런 현저한 사례에 해당한다. 실제로 이 인용문의 뉘앙스는 집필자들이 붓다가 행했던 특정한 대화에 대한 또렷한 기억을 틀림없이 갖고 있었음을 의미한다. 여기서 제시하는 해석이 정확하다면, 그 대화는 지나치게 복잡해서 후대의 조작 가능성이 거의 없다고 볼 수 있다. 진작부터 필자는 리처드 곰브리치가 (붓다의) 농담에 대한 결집 참여자들의 조작 여부를 문제제기했다고 말한 바 있다. 마찬가지로 우리는 그들이 붓다와 그의 내담자 간의 동문서답하고 있는 가르침의 저술 여부를 물을 수 있다. 양 질문의 답변은 "그들이 통상 하지 않았다."이다. 따라서 그 대화는 정말로 일어났던 사건에 기반하고, "[붓다와] 대화를 나눴던 방식에 대한 충분히 선명한 기억을 지녔을, 심지어 특정 장소와 인물조차 잘 기억했을 수 있는" 이들에 의해 결집되었음에 틀림없다. 이에 따라 필자는 「우빠시바 바라문의 질문 경」

89 「깟사빠사자후경」에 대해서 Rhys Davids(1899), 206-207쪽과 Gombrich(1996), 17-18쪽에 인용되어 있다.

을 붓다의 가르침, 어쩌면 말씀이라고도 할 수 있는 것들을 보존한 역사적 사건의 정확한 기록이라고 생각한다. <피안도품>의 2개 이상의 단편들(「우다야 바라문의 질문 경」과 「뽀살라 바라문의 질문 경」)은 초기불교의 명상을 이해하는 데 중요하다.

9. 「우다야 바라문의 질문 경」(Stn 1105-11게)

우빠시바와의 대화에서 붓다는 브라만전통의 수행과 은유를 채택하는 데 몰두한 스승처럼 묘사된다. 이 대화에서 해탈 단계에 대한 단순한 언급이나 해탈 자체에 대한 기술은 없더라도 붓다의 가르침의 원칙(마음챙김의 필요성, 살아 있는 동안의 해탈(=생해탈), 성자의 표현불가능성 등)은 충분히 유추할 수 있다. 우다야, 뽀살라와의 대화 둘 다 이 점들을 보완하고 있다. 전자는 불교의 길을 구성하고 있는 원리에 대한 상술이고, 한편 후자는 고차원의 명상 수행자를 위한 해탈의 발생 방식에 관한 세밀한 설명이다. <피안도품>에서 우다야 대화는 뽀살라 대화 바로 앞에 위치하고, 7개 게송으로 구성되어 있고, 우빠시바의 대화처럼 일종의 교리 문답 형식을 취한다.

1105게 "저는 좌선에 들어 욕망을 여읜고 해야 할 바를 다 마치고, 번뇌를 여의어 모든 현상의 저 편으로 가신 명상가에게 질문하고자 왔습니다. 앎을 통한 해탈aññāvimokham, 무지의 타파를 일러주세요."

1106게 세존께서 말씀하길, "오, 우다야여! 감각적 쾌락에 대한 희구kāmacchandānaṃ와 [이루지 못한] 불만domanassāna [이] 두 가지를 버리고, 나태thīnassa를 없애고, 회한kukkuccānaṃ을 떨치세요."

1107게 "평정과 마음챙김에 의해 정화되고[=사념청정]upekkhāsatisaṃsuddhaṃ,

정신 현상의 탐구가 앞서게 되면, [이것이] 앎을 통한 해탈[=혜해탈]aññāvimokham, 무지의 타파라고 나는 말합니다."[90]

1108게 "무엇이 세상의 속박이며, 무엇이 그것을 의심[사유]하게 합니까vicāraṇā? 무엇을 버림으로써 열반이 있다고 말하는 것입니까?"[91]

1109게 "세상은 환희로nandī 속박되어 있고, 숙고vitakkha는 그것의 의심입니다. 갈애를 끊어버림으로써 열반이 있다고 말합니다."

1110게 "의식은viññāṇaṃ 마음챙김을 갖고 유행하는 이에게 어떻게 소멸합니까uparujjhati? 우리는 세존께 [이것을] 묻고자 왔고, 당신의 가르침을 경청할 것입니다."

1111게 "안팎 모두의 감각적 느낌에 기뻐하지 않는 이, 즉 이와 같이 마음챙김을 확립해 유행하는 이에게는 의식이 소멸하게 됩니다."[92]

붓다가 정의한 '앎을 통한 해탈, 즉 혜해탈(1107게: aññāvimokham)'은 해탈도解脫道의 요약이다. 일반적으로 진행하는 방식은 마음상태나 가르침(1007게: dhamma),

---

90 Stn 1105-1107게는 AN I.134.10-13에 인용되어 있다.

91 Stn 1108-1109게는 SN I.88 (209-210게)에서 거의 글자 그대로 반복되고 있다. 노먼은 Stn 1108게의 vicāraṇaṃ을 '탐구'로 번역한다(2001: 141). 이에 반해 보디는 SN I.88 (209게)의 그것을 '~에 대한 유행 수단'으로 번역한다(2000: 131). Stn 1108a게를 분석해 보면, 그 용어는 경멸적인 의미를 담고 있어야 함으로 필자는 노먼의 견해에 동의하지 않는다. 보디는 vicāraṇa를 pādāni로 설명한 주석서를 따른다.

92 Stn 1105-11게, "jhāyiṃ virajam āsīnaṃ (icc āyasmā Udayo) katakiccaṃ anāsavaṃ | pāraguṃ sabbadhammānaṃ atthi pañhena āgamaṃ: aññāvimokham pabrūhi avijjāya pabhedanaṃ || 1105 || pahānaṃ kāmacchandānaṃ (Udayā ti Bhagavā) domanassāna cūbhayaṃ | thīnassa ca panūdanaṃ kukkuccānaṃ nivāraṇaṃ || 1106 || upekhāsatisaṃsuddhaṃ dhammatakkapurejavaṃ | aññāvimokhaṃ pabrūmi avijjāya pabhedanaṃ || 1107 || kiṃ su saṃyojano loko kiṃ su tassa vicāraṇaṃ | kiss' assa vippahānena nibbānaṃ iti vuccati || 1108 || nandīsaṃyojano loko vitakk' assa vicāraṇā | taṇhāya vippahānena nibbānaṃ iti vuccati || 1109 || kathaṃ satassa carato viññāṇaṃ uparujjhati | bhagavantaṃ puṭṭhuṃ āgamma taṃ suṇoma vaco tava || 1110 || ajjhattañ ca bahiddhā ca vedanaṃ nābhinandato | evaṃ satassa carato viññāṇaṃ uparujjhatī ti || 1111 || "

그리고 사념청정捨念淸淨 상태를 성취하기 위한 고찰에 앞서서, 종교생활을 가로막는(감각적 욕망, 불만, 나태, 회한 등)의 그러한 요소의 극복을 앞세울 것을 의미한다. 물론 이 해탈도의 요약은 사선 구조에서 더 자세하고 정교해진다(사선에 대해서 122쪽 참조). 이는 심지어 요약 초반에서 확실히 보이고, 『숫타니파타』 1106게에서 붓다가 버리라고 했던 항목은 고전적 사선 체계 속의 장애들과 계합한다. 사선의 5가지 장애들은 감각적 욕망abhijjhā, 악의vyāpāda, 해태와 혼침thīna-middha, 들뜸과 후회uddhacca-kukkucca, 회의적 의심vicikicchā이 그것이다.[93] 이 항목 중 두 개는 『숫타니파타』 1106게에 언급된 것과 동일하고(thīna, kukkucca), 또 항목 중 하나는 의미상 동일한 것이다(kāmacchanda = abhijjhā). 몇 가지 다른 병렬구문이 있다. 이 구성 체계에서 가장 높은 선정 단계인 제4선은 '마음챙김과 평온의 완전한 청정, 즉 사념청정(捨念淸淨, upekhāsatipārisuddhiṃ)'으로 기술된다.[94] 이는 앎을 통한 해탈이 마음챙김과 평온에 의해 청정해지는 것upekhāsatisaṃsuddhaṃ이라는 『숫타니파타』 1107게의 표현과 같다.

사선의 유사점을 좀 더 확장해 보자면, 1107b게의 구절인 dhamma-takka-purejavaṃ이 '일으킨 생각과 지속적 고찰을 지닌 것(sa-vitakkaṃ sa-vicāraṃ)'이라는 초선初禪의 정의에 견주는 것도 가능하다. 이는 브로우Brough에 의해 제시되었다: "따라서 dhamma-takka-purejavaṃ은 이후의 무아지경의 선정 단계들이 '초선의 증득한 이후에(혹은 으로부터 시작)됨'을 단순히 의미한다." 문자 그대로 더 풀이하자면, "현상들의 고찰을 선행한 후"에가 될 것이다.[95] 이 게송이 지나치게 애매해서 명확하지 않지만, 이 점은 일리가 있다.[96] 또한 이 표현은 모든 선

93 예로 DN I.71.21.

94 예로 DN I.75.30.

95 Brough(1962: 208).

96 Brough(1962: 208)에 의하면, "그 결론은 확실해 보인다."

정이 발생하기 이전에 예외 없이 붓다의 가르침에 마음을 집중(해야)한다는 것을 의미한다고도 볼 수 있다.

이 선정들의 주요 특징 중 한 가지가 보여주는 또 다른 암시는 더욱 명확하다. 1109b게에서 붓다는 세간의 '의심vicāraṇā'이 '탐구vitakka'라고 선언한다. 이는 제2선에서 정교화된 원리, 즉 성취된 해탈을 위해서 탐구가 극복되거나 단념되어져야 함을 의미한다.[97] 1109게는 다른 이유를 위해서도 중요하다. 세상은 환희nandī에 의해 속박되어 있다는 표현은 집성제集聖諦, 즉 갈애가 고통의 원인이라는 원리와 일치한다. 이것이 의미하는 바는 우리들의 고통의 원인이 환희나 갈애라는 사실을 파악함으로써 (그만큼) 해탈을 향한 길이 수월해진다는 뜻이다. 붓다가 다음의 뽀살라와의 대화에서 선언한 것과 유사하다. 즉 해탈의 통찰은 무소유의 명상 체험의 원인이 환희라는 이해로 구성된다(Stn 1115게). 그러므로 욕망의 이해와 단념은 우빠시바(Stn 1070게), 우다야(Stn 1109게), 그리고 뽀살라(Stn 1115게)와의 대화들의 주요한 특징이다.

「우다야 바라문의 질문 경」의 마지막 두 게송들은 초기불교 명상의 마음챙김의 중요한 역할을 가리킨다. 감각적 쾌락이 아니라, '안으로나 밖으로 모두'라는 말이 가리키는 가장 그럴듯한 의미는, 타인들의 감각bahiddhā뿐만 아니라 또한 자기 자신의 감각ajjhataṃ에 대한 마음챙김을 말하는 것이 아니라, 내부에서 발생하거나ajjhataṃ 혹은 아무것도 없는 데서 일어난bahiddhā 우리의 감각들, 즉 안팎의 대상들에 의해 조건 지어진 감각들에 대한 고찰을 지칭하는 것이다. 상당한 난제 가운데는 1110ab게에서 제시된 우다야의 질문이 있다. '의식'이 어떻게 '중지'되는가 묻는 것은 설령 upa + √rudh 동사의 정확한 중요성이 명확하지

97 DN II.74.14-15, "… avitakkaṃ avicāraṃ samādhijaṃ pītisukhaṃ dutīyajjhānaṃ."

않더라도 해탈은 어떻게 성취되는가 묻는 것과 대등함에 틀림없다. 만일 그것이 '소멸'이라고 하는 강한 의미로 받아들여진다면, 『숫타니파타』 1111게에서 붓다는 해탈하면서 의식은 사라지는 것으로 인정하는 듯 보인다. 이는 『숫타니파타』 1073-74게에서 우빠시바에게 행한 가르침과 차이가 있는데, 거기서 붓다는 해탈된 이의 의식이 '사라지는(√cu)' 것인지 질문할 수 있음을 부인한다. 이 문제에 대한 다양한 해결책이 있다. 우선, 두 대화 속에서 viññāṇa라는 단어는 상이한 의미로 사용되는 경우가 있을 수 있다. 둘째, 두 대화 속에서 사용된 동사들은 어떤 상이한 의미(Stn 1073게: √cu, Stn 1110게: upa + √rudh)를 갖는 것이 가능하다. 셋째, 이 대화가 우빠시바와의 대화와 다르다는 것도 가능한데, 그 단문이 상이한 것들을 믿었던 사람에 의해서 상이한 시간 속에서 편찬되었기 때문이다. 그리고 마지막으로, 의미상 차이는 없지만 표면상 차이가 있는 것은 시적詩的 자유에서 기인한다는 점도 있을 수 있다.

이 대답들이 맞는지는 확실치 않다. 전반적으로 필자는 두 대화 간의 차이는 중요하지 않으며, 다만 시적 자유의 문제라고 생각한다. 두 대화 속에서 의식에 대한 질문의 일반적인 요지는 차이가 있다—우빠시바와의 대화 주제는 추상적이고 형이상학적인 반면에, 우다야와의 대화는 실천적이고 명상적이다. 심지어 의식의 '중지'와 관련한 우다야와의 대화는 붓다가 행한 방편시설의 한 사례가 될 수도 있겠다. 『숫타니파타』 1110게에서 우다야의 질문은 해탈에 관한 질문이다—그는 의식이 '중지'될 때 해탈이 발생한다고 전제한다. 해탈을 성취하기 위한 수단을 언급하기 위해서 붓다는 아무런 철학적인 함의들을 인정하지 않고서 이 정형구를 수용했을지도 모른다. 하지만 설령 붓다가 해탈에서의 의식viññāṇa의 중지를 수용한다면, 이는 해탈된 이가 무감각하다는 것을 부정하는 게 아니라 해탈은 감각적 쾌락의 단념에 의해 성취된다고 말하기 때문이다. 다시 말해, 사람이 의식한다는 점을 전제하고 있기 때문이다. 그렇다면,

viññāṇa를 '의식'으로 번역하는 것은 옳지 않다. 설령 그것이 우빠시바와의 대화 속에서 일반적으로 유정(체)을 지칭하는 것처럼 보일지라도, 그것은 보다 특수한 무언가, 즉 우다야와의 대화에 나타난, 지각하는 무언가의 특정한 방식임에 틀림없다. 그리고 viññāṇa에 대한 이 상이한 해석들은 다른 동사들이 사용된 데서 드러난다: 우빠시바와의 대화 속에서 √cu는 viññāṇa의 소멸, 즉 그것의 존재 혹은 비존재에 대한 형이상학적 물음을 나타내는 것으로 보이고, 반면 upa+√rudh는 정상적인 의식 작용의 일시적인 중단이나 초월을 의미하는 것으로 보인다.

「우다야 바라문의 질문 경」의 역사적 중요성은 「우빠시바 바라문의 질문 경」의 것만큼 명백하지는 않다. 그것은 붓다의 말씀에 따라서 선정이 무엇인지 요약하고 있지, 브라만적 형이상학과 은유를 미세하게 적용시킨 것에 의존하는 것은 아니다. 이와 같이 그것은 붓다의 진설眞說이라고 암시할 특징들이 결여되어 있다. 오히려 그것은 불교의 길의 원리에 대한 상당히 단도직입적인 언설이다. 그것은 붓다의 말씀으로 귀속할 수 있다. 실제로 필자는 이것이 가장 있을 수 있다고 생각하는데, 왜냐하면 대체적으로 「우빠시바 바라문의 질문 경」과 일치하기 때문이다. 더욱이, 이어지는 대화로 연결된 「뽀살라 바라문의 질문 경」은 상당히 명백하고, 또 이 후자의 대화는 「우빠시바 바라문의 질문 경」의 후속편에 지나지 않는다. 세 개의 대화 모두 동일한 선정의 말씀에 대한 상이한 측면들을 그려내고 있는 것처럼 보인다.

10. 「뽀살라 바라문의 질문 경」(Stn 1112-15게)

이 단문은(일문일답의) 네 개의 게송들로 구성되어 있고 「우빠시바 바라문의 질문 경」의 말씀이 연장된 것이다. 여기서는 해탈이 무소유처정으로부터 어떻게 성취되고, 그리고 붓다의 명상 가르침이 브라만전통의 표준적 방식과 어떻게 달랐는지를 나타낸다. 내적인 집중만으로는 불충분하다고 말해진다. 인지를 요구하는 것과 이와 정반대로 인지적 비활성을 목표로 하는 브라만전통에 대한 이해는 불수불가결하다.[98, 99]

1112게 뽀살라 바라문이 말했다. "모든 정신 현상의 저 너머로 건너가신 분, 욕망에서 벗어나 의혹을 끊고서 해탈된 이에 대해서(atītaṃ, *과거에 대해서) 가르쳐 주시는 분께 질문을 하고자 왔습니다.

1113게 석가여, 모든 물질성을 버려서, 안팎으로 아무것도 존재하지 않다고 보는passato 이, 즉 형상에 대한 지각이 사라져버린 자가 [어떻게] 안다고 하는지 묻겠습니다.[100] 어떻게 그러한 사람이 [더 멀리] 인도되겠습니까neyyo?"[101]

---

98 Stn 1112-15게, "yo atītaṃ ādisati | (icc āyasmā Posāla) anejo chinnasaṃsay | pāraguṃ sabbadhammānaṃ | atthi pañhena āgamaṃ || 1112 || vibhūtarūpasaññissa | sabbakāyapahāyino | ajjhattañ ca bahiddhā ca | n'atthi kiñcī ti passato | ñāṇaṃ Sakkānupucchāmi | kathaṃ neyyo tathāvidho || 1113 || viññāṇaṭṭhitiyo sabbā (Posālā ti Bhagavā) abhijānaṃ Tathāgato | tiṭṭhantam enaṃ jānāti || vimuttaṃ tapparāyanaṃ || 1114 || ākiñcaññāsambhavaṃ ñatvā | nandī saṃyojanaṃ iti | evam evaṃ abhiññāya | tato tattha vipassati | etaṃ ñāṇaṃ tathaṃ | tassa brāhmaṇassa vusīmato ti || 1115 || "

99 위 1112-13게송 번역은 일부 변화를 준 노먼의 번역이다.

100 Vibhūtarūpasaññissa. 훼터는 이러한 "<여덟 게송 품>의 일부 구절은 우리에게 그들 스스로를 목적으로 하는 통각 없는 상태들을 상기시킨다."고 생각한다(1990: 40). 그러나 이 복합어는 모든 통각을 여읜 것이 아니라 다만 형상의 통각을 여읜 상태를 의미한다. 그것은 관념(saññā)을 여읜 해탈 상태에 대한 기술이 아니라 어떤 선정 상태에 대한 기술이다.

101 훼터는 통각을 여읜 상태를 초월해 감이라는 이 요점을 의식의 주처(住處)로의 지적 통찰의 성취일 수 있다고 생각한다(1990: 40). viññāṇaṭṭhiti-s에 대해서 Stn 1114게송과 214쪽 각주 102를 참조하라. 그럼에도 유일하게 남는 의문은 어떤 사람이 통각을 완전히 여읜 상태를 초월해 가는 것보다 오히려 형상의 통각을 여읜 선정 상태를 초월해 어떻게 갈 수 있느냐이다.

1114게[102] 세존께서 말했다. "뽀살라여! 의식의 모든 단계를 아는 여래는 [그와 같은 이가] [무소유 상태인 거기에서] [그것 위에서] 집중하고, 그것에 관해 전념하여 서 있음을 압니다.[103]

1115게[104] 무소유의 근원을 '환희'라는 속박nandīsaṃyojanaṃ으로 알고, 이처럼 그것을 이해한다면, 그는 그것에 통찰력을 갖습니다. 이것이야말로 해탈한 성자의 진실한 앎입니다."

이 논의는 우빠시바와의 대화가 중단한 부분인, '무소유처정'을 성취했던 이가 되는 주체에서 다시 시작한다. sabbakāyapahāyino(1113게)는 명상가의 심적 상태를 지칭하고, viññāṇaṭṭhitiyo(1114게)는 살아 있는 인간에 의해 성취될 수 있는 의식의 선정 상태를 지칭한다고 추측된다. 복합어 sabbakāyapahāyino와 viññāṇaṭṭhitiyo는 viññāṇaññhitiyo로 지칭된 우주론적인 실체들 가운데 하나인 무소유처에 존재하는 비인간적인 신을 지칭하는 것은 아마도 가능한 일이다. 그러나

---

102 훼터는 이 게송이 어떻게 '더 멀리 인도되는지'에 대한 기술이라고 생각한다: "우리는 viññāṇaṭṭhitiyo와 viññāṇa를 알아야 하고, 또 이러한 앎이 viññāṇa와 네 가지 다른 구성 요소들은 무상, 고, 무아라는 통찰로 구성되었을는지도 모른다."(1990: 40). 그렇지만 이 게송은 어떤 이가 해탈의 통찰을 성취할 수 있는 방법을 위한 처방전이 아니라, 즉 이는 단지 붓다가 누군가의 선정 상태를 아는 능력을 기술한 것에 불과하다.

103 노먼은 tiṭṭhantam, vimuttaṃ, tappārāyanaṃ 단어들을 붓다가 알고 있는 조건을 지닌 사람에 대한 대안적 조건들이라고 독해하고, 그리해서 그는 '[이 세상에] 서 있는', '해탈된', '그 [해탈]로 운명이 정해진'으로 각기 번역한다. 그러나 이 형용사들은 전체 구절의 주체—무소유처정(ākiñcañña)을 성취했던 사람—를 규정해야 한다. 따라서 vimuttaṃ은 마치 Stn 1071-72게송에서의 vi + √muc처럼 해탈이라기보다는 출정(出定)을 아마 언급하는 것 같다. 『소의석』(Nidd II)에서는 'dhimuttaṃ으로 독해하고, 「우빠시바 바라문의 질문 경」에서 제기된 쟁점들이 여기에 적용되는 것이다. 즉 vimuttaṃ보다는 오히려 'dhimuttaṃ으로 독해하는 것을 아마도 선호한다. 만일 그렇다면, 위 세 개의 단어들은 동의어가 될 터이고, 아마도 pārāyana라는 단어는 '궁극적 목적'을 의미하는 것이 아니라 다만 무소유처에 몰입된 이 사람의 '명상의 주요 대상'을 지칭하는 의미일 것이다.

104 이어서 노먼은 ⓐ구절에서 PTS본 ākiñcaññā를 대신해서 미얀마본 ākiñcañña-로 독해하고, 또 ⓒ구절에서 미얀마본의 두 번째 evaṃ을 대신해서 미얀마본 etaṃ을 독해한다.

sabbakāyapahāyino는 1113게에서 그것에 곧바로 선행하는 vibhūtarūpasaññissa와 동의어이다. 그리고 viññāṇaṭṭhitiyo는 종말론적 영역이라기보다는 의식의 선정 상태로 아주 쉽게 지칭할 수 있다.[105] 게다가 뽀살라는 이론적인 논의라기보다 차라리 개인적인 종교 지침에 대해서 묻고 있는 중이다. 그는 어떻게 자신이 '무소유' 성취를 초월해 나아갈 수 있을지 알기를 원하고, 붓다는 그러한 지침을 주고 있다. 즉 그가 어떻게 스스로 해탈의 통찰을 성취할 수 있었는지에 대해서 뽀살라에게 대답해 주어야 했다. 그 대화 주제가 명상의 인간 전문가라는 점은 1115게에서 확인될 수 있을 듯 하고, 거기서 brāhmaṇassa vusīmato라는 단어는 인간을 언급하고 있음은 틀림없다.

가장 중요한 게송은 『숫타니파타』 1115게이지만, 『숫타니파타』 1113게에서 이미 붓다의 가르침의 방향을 나타내고 있다. 뽀살라는 우리가 '안으로나 밖으로나ajjhattañ ca bahiddhā' 모두 '아무것도 존재하지 않음'을 고찰해야passato 한다고 이해한다. 이는 마음챙김 수행에 대한 언급이고, 이 경우에 특정한 집중력의 성취에 기반을 둔 인식주체와 인식대상 사이의 주의 깊은 고찰을 함의한다. 예전부터 필자는 이런 생각이 우빠시바에게 낯설게 보였을 것이라는 점에 주목했다. 여기서도 그렇지만, 우다야와의 대화(Stn 1111게) 또한 그것을 전제로 한 것으로 보인다. 다시 말해, 붓다가 우빠시바와 나눈 대화를 우다야와 뽀살라가 귀동냥한 것처럼 보이고, <피안도품>에 포함된 다른 이들도 마찬가지이다. 따라서 『숫타니파타』 1113게에 나타난 관념들은 『숫타니파타』 1070게에서 붓다가 우빠시바에게 설한 가르침과 일치하고, 반면 『숫타니파타』 1111게에서 우다야에게 전한 가르침보다는 덜 일치한다.

105 Collins(1982), 215: "의식의 주처(住處) 개념은 현생에서 마음의 명상 상태와 윤리적 태도 둘 모두에 해당하고, 또 사후에 그것에 대한 운명 역시 정해져 있다."

Stn 1070게	Stn 1113게
ākiñcaññaṃ/natthīti =	natthi kiñcīti
pekkhamāno =	passato (1111게 = satassa)
satimā =	ajjhattañ ca bahiddhā ca (= 1111게)

이 구문들 간의 보편적인 연관성은 부인할 수 없다. 즉 『숫타니파타』 1109게와 1115게에 나타난 nandīsaṃyojanaṃ(환희의 속박) 사이의 연관성 역시 있다. 1115게에서 붓다의 말씀—해탈의 통찰(=解脫知見)에 대한 설명—의 정확한 의미가 전혀 분명하지 않지만, 붓다는 해탈을 성취하려면 무엇을 해야 할지 가르친다. 필자는 (b)구문nandīsaṃyojanaṃ iti을 무소유의 원천인 환희, 즉 속박을 구성하는 환희라는 점 또는 사람을 속박한다는 점을 의미하면서, (a)구문ākiñcaññasambhavaṃ ñatvā에서 선언된 것을 뚜렷이 했다고 생각한다.[106] (c)구문은 (a)·(b)구문에서 기술된 과정에 관한 요약이다: etaṃ은 아마도 -sambhavaṃ을 한정하고, '그것[무소유의 원천인 속박]을 이와 같이[즉 환희라고] 이해함'의 의미를 부여하게 될 것이다. 짐작컨대 (d)구문은 우리가 환희를 무소유 상태의 원천으로 파악하고 난 이후에 일어나는 통찰의 상태vipassati를 그리고 있다. 따라서 그 구문들은 무소유처정을 성취하고서 자신의 마음속의 명상 상태를 마음챙김 수행에 적용해 왔던 어떤 이가 명상 상태에 대한 무언가, 즉 우리의 체험 속의 그 존재가 욕망에 의존하고 있음을 이해해야 한다고 말한다. 이것이 파악될 때abhiññāya, 곧 어떤 이는 그것 안으로tattha '보고vipassati' '해탈한 성자'가 된다. 이 가르침과 초기 브라만전통 텍스트에서 규정된 요가 사이의 차이는 현저하다. 그저 명상 상태만으로 어떤 목적에 도달할 수 없다. 왜냐하면 최고의 명상 상태마저 해탈이 아니기 때문이다. 사유의 완전한 멈춤을 달성하는 대신 어떤 종

106 노먼은 nandīsaṃyojanaṃ을 복합어로 독해하지 않는다(Norman 2001: 141).

류의 심적 활동, 다시 말해 빈틈없는 알아차림의 수행을 바탕에 둔 해탈에 대한 인식이 일어나야 한다.

왜 이 질문들은 「우빠시바 바라문의 질문 경」에 포함되어 있지 않은가? 우리는 교정자들이나 지송자들이 동일 문단에 나타난 모든 관련 지점들과 연계가 가능한 한, 논리적으로 <피안도품>을 구성했을 것이라고 예상할 수 있다. 이는 특히 빠알리 구전 문헌이 해당하고, 여기서 게송들을 필사되지 않고 전승되게끔 도와준 방법은 비슷한 주제의 게송들을 가끔씩 함께 묶는 것이다. 그 좋은 사례가 『법구경』이다. 그렇다면 무엇 때문에 우빠시바와 뽀살라의 질문들을 한 문단으로 병합하지 않았던 것일까? 확실하게도, 우빠시바와 뽀살라라고 불리는 두 명의 다른 이들이 그 질문들을 했기 때문이고, 그 둘 다 붓다를 함께 예방했다. 만일 그렇다면, 우빠시바와의 대화와 마찬가지로 뽀살라와의 대화도 역사적 사건을 기록한 것이 된다. 1113게에서 뽀살라에게 행한 가르침과 1070게에서 우빠시바에게 행한 붓다의 가르침 간의 밀접한 관련성이 심지어 뽀살라가 우빠시바에게 설해진 가르침을(먼저) 들었다는 사실 때문이라고도 할 수 있다. 게다가 앞선 페이지에서 주목했듯이, 우빠시바, 우다야, 뽀살라와의 대화들을 관통하는 사고들은 일목요연하다. 심지어 더 강력한 유사점조차 각각의 대화에서 사용된 어휘, 즉 붓다가 우다야(1109게), 뽀살라(1115게)와의 대화들에서 사용한 이 복합어 nandīsaṃyojana(환희의 속박)마저 보인다. 뽀살라의 질문은 그의 질문에 앞서서 우다야, 우빠시바와 나눈 붓다의 대화를 엿들은 것처럼 읽혀진다.

11. 5장의 결론

우빠시바·우다야·뽀살라와의 대화들은 명상에 관한 중요한 가르침을 담고 있다. 우빠시바·뽀살라와의 대화는 가장 특이한 두 종류의 초기불교 텍스트이고, 특히 전자는 역사적으로 가장 중요한 텍스트에 해당한다. 우빠시바 바라문은 초기 브라만전통의 명상 철학적 인식을 드러내고, 그것은 그에게 직접적인 지식을 주었던 전통임에 틀림없어 보인다. 붓다는 그에게 알라라 깔라마에게서 사사한 명상 수행의 변형된 형태를 가르친다. 이렇게 하려면 붓다는 알라라 깔라마의 가르침뿐만 아니라 이 사상적 흐름의 관념과 용어(예로 sītī-√bhū, viññāṇaṃ 등)에 완벽히 정통해 있어야 한다. 붓다는 구식 용어와 비유를 사용하는 우빠시바에게 소개할 수 있었던 새로운 가르침을 지닌 이라고 묘사된다. 그 두 사람이 나눈 대화 구조는 상당히 복잡 미묘해서 허구라고 단정 짓기는 어렵다. 그것은 아마도 역사적 사건, 즉 붓다가 어떤 사람에게 행한 가르침의 특별한 사례로 기록되었을 것이다.

이 고찰들은 이전 장章들에서의 가설, 이를테면 붓다가 알라라 깔라마와 웃다까 라마뿟따에게서 초기 브라만전통의 명상 형태를 사사했다는 점과 잘 부합한다. 붓다가 우빠시바와 나눈 대화에서 초기 브라만 사상에 대해 정통하고 있었음을 암시한다. 더욱이 붓다는 우빠시바의 브라만 사상을 이해하고 있을 뿐 아니라 심지어 그에게 알라라 깔라마의 명상 수행의 변형된 형태를 가르치고 있기 때문에, 그가 알라라 깔라마 문하에서 이러한 초기 브라만 사상에 대한 이해를 얻었을 가능성은 높아진다. 만일 붓다의 가르침이 초기 브라만전통의 명상 전제들을 반영하고 있고, 그의 스승으로 상정된 이 가운데 한 분의 가르침과 관계된 것이라면, 우리는 성도 이전의 붓다가 이 스승들의 제자였다는 초기 문헌들의 주장과 그 스승들이 초기 브라만전통의 환경에 속해 있었다는 점을 신중하게 다뤄야 할 것이다. 물론 그 증거를 달리 설명할 수도 있다. 예를 들어, 붓다가 그 두 스승의 목표와 이 전통에서 개종했던 자신의 제자들과의 대화를 통해서 초기 브라만 명상의 유용한 지식을 획득했다는 점은 납득이 간다. 다른 시나리오도 상상할 수 있다. <피안도품>에 나타난 그 대화가 어떤 브라만전통을 초기불교의 승가saṅgha로 융합하기 위해서 조작되었다는 점도 있을 수 있다. 그렇지만 이러한 반론들이 불리하게 여겨지는 것은 「성구경」(聖求經, M26)과 「우빠시바 바라문의 질문 경」에 나타난 증거가 정황적이라는 점이다.

필자가 다른 데서 주목했듯이,

> 정황 증거는 모종의 추정을 제공하는 간접적인, 비고의적인 증거이다. 초기 불전의 맥락에 나타난 정황 증거는 불교 문헌에 포함된 직접적인 증거—붓다가 (맞을 수도 틀렸을 수도 있는) 이러이러한 경우의 일을 이러이러하다고 말했다는 것—가 아니라, 다만 다른 사실들이 추론될 수 있는 것으로부터 간접적인 사실들로 구성되어 있다.[107]

「성구경」과 「우빠시바 바라문의 질문 경」은 이런 종류의 간접 증거, 즉 이 텍스트들에서 행해진 주안점 이외의 증거를 담고 있다. 성도 이전의 붓다가 그 두 스승 문하에서 익혔다는 「성구경」의 주장을 인정하기란 선험적으로 어렵다. 그렇지만 다양한 철학적, 서사적, 논쟁적 특이점들—그 텍스트의 정황 증거—로부터 우리는 그것이 매우 초기의 것이자 역사적 사실들을 담지하고 있다고 추론할 수 있는데, 역사적 사실을 기록했다는 점 이외에 그것이 만들어졌다는 어떤 이유를 내세우기란 곤란하다. 우빠시바와의 대화 역시 동일하게 말할 수

107 Wynne(2004: 117).

있다. 언뜻 보기에 그것은 확인할 수 없는 만남과 대화에 관한 이야기인 것처럼 보인다. 하지만 심층 연구를 통하여 그 대화가 가짜가 아니었으리라는 추정을 제공하는 (붓다와 우빠시바가 동문서답을 이야기하는 것처럼 그러한) 비고의적 증거가 되는 특이점들을 포함하고 있음을 알 수 있다. 그러므로 여기에서 역사적 사실을 기록했다는 점 이외에 별도로 그것을 만들어냈다는 근거는 전혀 없다고 볼 수 있다. 그 게송들을 더 깊이 반성하지 않는다면, 붓다가 우빠시바에게 '이러이러한 경우의 일을 이러이러하다고 말했다.'는 점을 수용하기란 물론 불가능하다. 이러한 반론은 그 가르침의 맥락이 불교 규범에 대한 직설적인 묘사에 한에서만 적용된다. 또한 그렇지만도 않다. 그 대화는 고도로 특이하고 또 지나치게 난해해서 가짜가 되거나 조작될 수 없다는 것이다. 이 같은 텍스트들은 결코 창작될 수 없다. 최선의 설명은 그것이 어떤 역사적 사건의 기록이라는 점이다. 또한 초기 브라만전통 사고들과 알라라 깔라마의 목표에 대한 붓다의 지식을 위한 최선의 설명은 「성구경」이 역사적 진경眞經이라는 점이다.

제 6 장

결 론

불교 명상의 기원과 초기불교

제6장

결론_불교 명상의 기원과 초기불교

알라라 깔라마와 웃다까 라마뿟따는 기원전 5세기 북인도에 살았던 종교 지도자들이다. 그들은 초기 브라만전통의 명상 수행을 가르쳤고, 그 목표는 브라흐만의 미현현 상태와 합일하는 불이론적 명상 상태라고 생각된다. 초기 브라만전통의 요가에서 생각하는 해탈은 앎[知]의 가능성을 초월해 지나갔던 명상의 무아지경, 즉 주체/객체 구분이 해체된 상태로 예기된다. 이는 물론 진정한 해탈이 대상을 인식할 어떠한 가능성도 더 이상 없을 때, 즉 사후에만 오직 실현됨을 의미한다. 숙련가는 자신의 명상의 무아지경을 통해서 그가 죽을 때 실현하게 될 것—창조의 불이론적 원천—을 살아서 예측한다고 생각되었다. 알라라 깔라마와 웃다까 라마뿟따는 이 불이론적 목표를 「유무가」(Nāsadīyasūkta, Ṛg 10.129)에 바탕을 둔 초창기 사변 전통에 의해 이해되어야 하는 용어 '무소유처'와 '비상비비상처'로 각기 지칭했다. 초기 운문 우파니샤드들과 <해탈법품>을 통해서 요가의 수행은 기원전 수 세기 동안 이 사변 전통에서 번성했음을 보여준다. 알라라 깔라마와 웃다까 라마뿟따는 더 이른 시기에 그들의 전통에 속하는 인물들이고, 그들의 가르침들은 요가 수행과 사상의 더 이른 단계를 대변한다. 성도 이전의 붓다는 그들에게 사사했지만, 그들의 목표는 해탈에 이르지 못하는 것이라고 생각하고 부정했다. 그는 홀로 해탈을 갈구하는 데 착수한 후 다른 진리로 깨칠 것을 주장했다. 그의 깨침은 사선정四禪定의 성취와 그것들이 인도하는 해탈의 통찰(=解脫知見)과 관련하여 초기불교 집단 내에서 개념화되고 있었다. 만일 그 초기 전기들이 역사적 사건들과 어떤 연관성이 있다면, 붓다에게서 발견된 새로운 길과 목표는 고전 요가 기법들을 마음챙김의 수행과 지견의 성취로 변용하여 구성했음을 의미한다. 따라서 요가 수행들은 알아차림sati으로 이식하기 위해 변용될 때 당연히 급격하게 변형되었다.

고전 요가 기법과 이념을 붓다가 변용한 것은 우빠시바·우다야·뽀살라 바라문들과의 대화에서 엿볼 수 있다. 우리에게 이런 대화들은 붓다가 '무소유' 상태를 해탈이 아니라고 생각했을 뿐더러 그것을 더 이상 '무아지경'의 상태라고도 생각하지 않았음을 말한다. 대신에 붓다는 그것이 오랜 기간 동안 밤낮으로 마음챙김/알아차림의 수행으로 간직되어야 할 어떤 명상 상태라고 가르쳤다. 해탈은 이 명상 상태를 통해서 성취되고 그 명상 체험에 대한 무언가를 이해하는 데서 기인한다. 다시 말해 그 기원을 환희nandī나 즐거움에 두고 있는 것이다. 붓다가 말하는 이것이라는 것도 애매모호하다: 정확히 무엇을 해탈의 통찰이라고 간주하고 있으며, 그것은 어떻게 발생될 수 있는가에 대해서 뽀살라와의 대화(『숫타니파다』 1115게)에서 명확하게 드러나 있지 않다. 적어도 우리는 다음과 같이 말할 수 있는데, 붓다가 말하는 해탈이란 단순히 어떤 명상 체험이 아닌 명상 체험으로서의 통찰이다. 붓다는 명상이 우리의 체험 근거—내·외적 대상들에 의해 조건지워진 감각들—에 대한 세심한 주의와 더불어 실질적으로 이런 명상 체험의 본성에 대한 통찰에 의해 실행되어야 함을 가르쳤다. 해탈은 인지적 통찰 작용을 요구한다는 사고는, 요가수행자는 '통나무처럼' 어떠한 정신 활동도 전무해야 한다고 생각했던 브라만전통의 명상과 상반된 것이었다.[1] 생해탈生解脫이라는 사고는 브라만전통의 요가 수행자에게 낯선 것처럼, 그들에게서 해탈이란 살아서 예고된 불이론적 명상 상태를 죽을 때 실현하는 것이라고 생각했다. 요가 숙련자의 사후 해탈에 대한 낡은 브라만전통의 비유('청량하게 됨'과 '소멸함')는 붓다에 의해서 새로운 의미로 다시 던져졌다. 즉 그 기준점은 살아서 해탈한 성자에 있는 것이다.

붓다가 말한 해탈한 사람의 개념과 초기 브라만전통의 요가 목표는 모두 다른 방식에서 불이론적이라 정의할 수 있다. 초기 브라만전통의 불이론적 목표는 존재론적 측면에서 우리가 죽고 난 이후 출현하는 것, 즉 그 지각 주체가 대상을 인식하는 데 필수적인 존재론적 이원성을 결여한 상태라고 간주되었다. 하지만 붓다에게 해탈이란 주체와 객체 간의 존재론적 이원성으로 분해하지 않고서 성취되는 것이며, 실제로 이 이원성에 의존하는 것은 해탈이 주체의 (명상) 체험에 대한 통찰이기 때문이다. 그럼에도 불구하고 이 통찰 상태는 또 다른, 보다 철저한 측면에서 불이론적이다. 이는 해탈한 성자가 개념적 이원성들을 초월해 나아갔던 이라고 정의되고 있는 우빠시바와의 대화에서 명확해진다. 일상적인 대화에서 어떤 의미를 가질 수도 있는 개념, 이를테면 의식이나 무의식, 존재와 비존재 등은 그 성자에게 적용할 수 없다. 붓다에게 있어 전제(명제)들은 해탈한 사람에게 적용될 수 없다. 왜냐하면 언어와 개념들(Stn 1076게: vādapathā, dhammā)은 모든 종류의 이지적 헤아림saṅkhā과 마찬가지로 해탈한 성자에게 적용할 수 없기 때문이다. 만일 붓다가 함께 한 우빠시바, 뽀살라와의 대화를 옳게 독해한다면, 우리는 붓다가 후자에게 주장했던 통찰이 비非지적이었음에 틀림없다고 결론내릴 수 있다. 이 이론의 진실성은 일부 중요한 텍스트 증거

---

1 105쪽 각주 91을 참조하라.

자료에 대한 필자의 해석에 의존한다. 그 출발점은 「성구경」에 대한 필자의 해석이다. 필자의 입장에서 모든 비판들은 이 경의 특색들이 출가 이후 싯다르타의 고행을 말하는 가장 오래된 이야기라는 신뢰를 주는 충분한 근거가 없음을 논의해야 한다는 점이다. 다시 말해 알라라 깔라마와 웃다까 라마뿟따가 성도 이전의 붓다를 가르쳤다는 확신을 주는 진짜 텍스트인가 하는 점이다. 「마하삿짜까경」을 비롯한 보다 인공적이고 이론적인 전기들이 그것보다 반드시 후대의 것이 아니라는 점 역시 주장될 필요가 있다. 바로Bareau가 우리를 믿도록 했듯이, 필자도 「성구경」의 전기 이야기의 역사적 가치를 의심할 이유가 없다고 주장하는 바이다. 변칙적 철학 형태(hupeyya와 tuvaṃ), 해탈의 통찰에 대한 단순하고 독특한 묘사, '단순한 해탈 인용구'의 사용, 우빠까Upaka와의 만남의 특이한 사건, 그리고 웃다까 라마뿟따와 라마를 차별화하기 위한 통상의 구술 반복의 일탈들: 이 모든 것들은 그 텍스트가 오래된 것이고 상당한 진짜 정보를 포함하고 있음을 암시한다. 그렇다면, 필자는 출가 이후 싯다르타가 그 두 스승들에게 사사했다는 점과(붓다의 깨달음으로 인해 가장 수혜를 받은 인물로 간주되는) 그 스승들의 예우와 그들의 방식들에 맞서는 무제한적 논쟁의 결여로 인해서 강화된 인상을 주장할 것이다. 따라서 필자는 그 텍스트의 특색들은 흥미진진한 역사적 증거를 포함하고 있다고 믿는다. 출가 이후 싯다르타가 알라라 깔라마 문하에서 수련했다는 생각에 대한 보강 증거는 「우빠시바 바라문의 질문 경」에서 발견되고, 그 특이점들은 그것이 매우 오래된 것임을 암시한다. 「우빠시바 바라문의 질문 경」과 「성구경」은 특별한 명상 수행에 대한 학식 있는 어떤 종교 스승을 제시한다. 만일 전자가 붓다의 명상 가르침을 맞게 반영한 것이라면, 그렇게 보이는 것은 그것을 어떤 다른 방식으로 설명하기가 어렵기 때문이다. 우리는 붓다가 무소유처정에 대한 어떤 체험도 하지 않았다면, 그가 그것을 가르칠 리 없을 것이라고 가정할 수 있다. 그는 이런 수행을 사사했음에 틀림없고, 또 그 텍스트들에서 그가 알라라 깔라마에게 그것을 사사했음을 말한다면, 우리는 그것들을 진지하게 다룰 필요가 있다.

알라라 깔라마와 웃다까 라마뿟따의 명상 목표에 대해서 행했던 필자의 어떤 추론들은 필자의 주장에 불가결한 요소들이다. 이런 입장에 맞서는 비판가라면 이 증거가 이들의 목표를 브라만전통의 기원이라고 결론짓기에 충분히 명시적이지 않다고 주장해야 한다. 예를 들어 프라우발너와 나카무라는 이 스승들의 목표가 초기 자이나교에서 발견된다고 주장하지만[2] 이런 주장을 뒷받침할 만한 어떤 문헌 증거도 제시하지 못했으므로, 그들의 견해는 애매한 용어인 ākiñcañña(무소유)와 nevasaññānāsaññā(비상비비상)를 정립하려는 필자의 시도에 어떤 의구심을 갖게 한다. 게다가 요소명상이 불교 이전의 두 스승의 가르침과 연관되었다는 필자의 가설이 의심스럽다고 주장될 수도 있다. 왜냐하면 초기 브라만전통에서 요소명상의 광범위한 존재를 상정하기 위한 충분한 증거가 없기 때문에 불교의 요소명상이 초기 브라만전통에서 흡수되었을 가능성을 생각할 이유가 거의 없다. 필자가 초기불교의 명상 이론(요소명상과 무색[계] [선]정)의 상이한 측면들을 융합하지 않았거나, 또 그것들을 불교 이전으로 다시 투영하지 않았던가? 게다가 『마하바라따』 XII.228에서의 요소명상 수행들은 《경장》에서 보이는 순서와 다른 순서로 나열되어 있다. 그것은 일부 중요한 차이를 지닌 명상 항목들과 연관한 오류가 아닌가?

그 불교적 증거는 달리 제시된다. 무색처정과 요소명상은 여러 번 엮이고 논리적으로도 공속共屬한다: 공무변처정은 자연스럽게 (그것 이전의) 색계 선

2 Frauwallner(1953), 176: "Und dass es sich um entlehnte ältere Vorstellungen handelt, ist auch daraus zu ersehen, dass die Sphäre jenseits von Bewusst und Unbewusst auch in Jinismus wiederkehrt." Nakamura(1979), 272.

정에 뒤따르고 (그것 이후의) 무색계 선정들에 앞선다. 즉 요소들dhātu과 까시나의 영역kasiṇāyatana의 항목들은 요소명상과 무색처정이 공속하고 있음을 보여준다. 더욱이 그 요소들은 논리적으로 초기 브라만전통의 개념적 영역에 속해 있다. 《경장》에서 무색처정과 요소명상이 포함된 항목들은 일부 초기 브라만전통의 우주생성론뿐만 아니라 『마하바라따』 XII.228에서의 요소명상 항목들과도 닮아 있다. 그러므로 그것들은 초기 브라만전통 명상에 대한 철학적인 전제—즉 내적 몰입은 우리 마음속에서 우주 창조 과정을 역행하는 수단임—를 따른다. 무색처정과 요소명상은 어떤 브라만전통의 원천에서 차용된 것임에 틀림없다. 그런 브라만전통의 원천은 초기 브라만전통의 증거와 알라라 깔라마 · 웃다까 라마뿟따의 목표들 사이의 일치로 인해 제기되는 바이다. 알라라 깔라마의 목표(=무소유처)는 미현현의 브라흐만이 '비존재'(asat: CU III. 19.1, CU VI.2.1, TU II.1; naiveha kiṃcana: BU I.2)의 상태라는 브라만전통의 관념과 일치하고, 웃다까 라마뿟따의 목표(=비상비비상처)는 「유무가」에서 미현현의 우주 상태(ṚV X.129.1, "nāsad āsīn nó sád āsīt tadānīm")와 『만두꺄 우파니샤드』에서 자아의 궁극적 상태(MāU 7, "na prajñaṃ nāparajñam")에 대한 기술과 일치하며, "보면서 보지 못한다(passaṃ na passati, DN III.126)."라는 경구는 BU IV.3.23에서 불이론적인 영혼 상태를 묘사하기 위해 사용된 "paśyan vai tan na paśyati"와 일치한다. 이 같은 포괄적 일치를 잘 해명하기란 어렵다. 이 증거는 그 두 사람의 가르침이 초기 브라만전통 사상에서 영향을 받았음을 강력하게 시사한다. 그렇다면, 이 두 사람들이 속했을 것으로 가정되는 초기 브라만전통에서 존재했던 요소명상은 그들의 명상 목표들에 연결된 불교의 주류 명상과 함께 단순한 우연의 산물이던가? 그렇지 않다고 생각한다. 우리는 다음과 같이 그 증거를 설명할 수 있다. 알라라 깔라마와 웃다까 라마뿟따와 관련된 수행들은 초기불교에서뿐만 아니라 비불교적인 환경(x)에서도 역시 계속해서 연마되어 왔다고 예상할 수 있을 뿐이다. 또한 최종적으로 필자는 「우빠시바 바라문의 질문 경」의 증거가 결정적이라고 생각한다: 만일 아주 오래된 어떤 자료에서 붓다가 변형된 형태의 알라라 깔라마의 수행을 어떤 바라문 사제에게 가르쳤다고 말한다면, 그것은 알라라 깔라마의 수행이 바라문 집단에 알려졌음을 시사한다. 이 모든 증거는 지나치게 설득력이 있어서 묵살할 수가 없다. 비평가는 어떤 다른 이론이 그 증거를 더 잘 설명할 수 있게 정형화될 수 있을지 고려해야 한다. 현재 필자는 그 증거를 해석하기에 더 나은 방법을 알지 못한다.

그러나 이 증거에 대한 다른 해석들이 존재해 왔다. 특히 요하네스 브롱코스트J. Bronkhorst는 그의 주요 저작인 *The Two Traditions of Meditation in Ancient India*(『고전 인도의 두 가지 명상 전통』)에서 무색처정을 초기 자이나교에서 차용한 것이었다고 상정했다. 같은 책에서 브롱코스트는 요가에 대한 초기 브라만전통의 일부 증거를 생각해냈고, 『마하바라따』 XII.294.13-18, KaU III.6과 VI.10-11, ŚU II.8-9와 『마하바라따』 XII.304.8-10, 즉 초기 브라만전통의 명상에 관한 중요 증거를 포함한 텍스트에서 요가 관념들은 '명상이 모든 육체적 · 정신적 활동이 중지된 속에서 한층 일반적인 과정의 한 측면일 뿐'임을 보여준다고 결론짓는다.[3] 그렇지만 필자가 보기에 이 견해는 초기 브라만전통 내의 명상의 역할을 과소평가하고 있으며 또 상당히 잘못 가고 있는 인상을 풍기는 것으로 보인다: 이상의 인용문들의 목표는 육체적 활동의 소멸을 끝내는 것을 쉽사리 뒷받침하는 정신 활동의 소멸이다. 초기 브라만전통 명상에 대한 브롱코스트의 평가 기준은 분명히 그가 생각한 다른 텍스트에서 응용한 것이다: 그는 『마이뜨라야니야 우파니샤드』Maitrāyaṇīya Upaniṣad, 『비슈누스므리띠』Viṣṇusmṛti, 『마하

3 Bronkhorst(1993), 53.

우파니샤드』Mahā Upaniṣad, 『묵띠까 우파니샤드』Muktikā Upaniṣad, 『뜨리쉬카브라흐마나 우파니샤드』Triśikhabrāhmaṇa Upaniṣad, 『야즈냐발캬스므리띠』Yājñavalkyasmṛti와 『아빠스땀바 다르마 경』Āpastamba Dharma Sūtra뿐만 아니라 『마하바라따』 I.86.14-16과 I.81.10-16에서 인용한 고행 준수에 대한 사고들은 모두 자이나에서 말하는 고행과 일치하는 일종의 고통스러운 고행주의를 강조한다.[4] 하지만 이상의 텍스트들은 명상에 대해서 초기 브라만전통 문헌에서 기술된 요가 수행과는 꽤 거리가 있는 수행에 관련된 것들이다.

필자는 브롱코스트 이론이 갖는 문제점은 결이 다른 텍스트들의 증거를 융합하는 데 있다고 본다. 그는 극도의 고행주의와 관련이 전혀 없는 문헌(예로 Mbh XII.294.13-18, KaU III.6과 VI.10-11, ŚU II.8-9와 Mbh XII.304.8-10)과 관련이 있는 문헌 간의 차이를 모른다. 『마하바라따』I.81.10-16, 『야즈냐발캬스므리띠』 II.3.50-55, 『아빠스땀바 다르마 경』 II.9.31.1-2에 기술된 단식사斷食死 이념은 앞서 3장에서 연구한 바와 같이 명상에 관한 초기 브라만전통의 어느 문헌에서도 보이지 않는다. 더욱이 초기 브라만전통의 문헌에서 요가에 관한 구절은 쇠약(Mbh I.86.16)[5]이나 고통스러운 숨 참기의 이념들을 언급한 바가 없다. 달리 말하자면, 그 문헌들은 이질적인 해탈론적 수행들이 가치 평가받았던 초기 브라만전통의 상이한 고행주의 흐름이 있었음을 우리에게 알려준다. 어떤 명상 전통, 즉 요가가 즐거운 활동이라고 생각되었던 전통만은 초기 운문 우파니샤드를 비롯한 <해탈법품>을 통틀어 끊임없이 묘사되는 것처럼 필자에게 보인다. 하지만 브롱코스트는 초기 우파니샤드와 <해탈법품>에 나타난 이러한 증거 일부는 아주 상이한 관념들을 표방하는 여타 초기 브라만전통의 문헌에

4 Bronkhorst(1993), 45-53.
5 Bronkhorst(1993), 45.

서 보이는 증거와 나란히 한다고 생각한다. 따라서 그는 다음과 같이 주장할 수 있다: "초기 자이나와 힌두의 경전들이 동일한 전통에 속하는 명상 형태들을 기술한 것에는 의심의 여지가 없다."[6] 필자 자신이 이해하는 바로는 초기 운문 우파니샤드와 <해탈법품>에서 서술된 명상 형태들이 자이나 경전에 기술된 것과 같이 동일한 전통에 속해 있지 않았다는 점이다.

초기 자이나, 브라만, 불교 학파들은 다양한 고행 장면에서 중요한 전통들이었다. 우리가 이 상이한 학파들의 경전에서 어떤 공통 특성을 확인할 수 있을지라도 동일 명상 전통에 대한 거대한 양의 초기 문헌 증거를 추론할 수 있음을 의미하는 것은 아니다. 예를 들어 숨 참기prāṇāyāma는 다른 초기 브라만전통 텍스트에서 다수 포착되고, 브롱코스트의 책 4장에서 합본한 다양한 텍스트들 중 일부와 연계된 아마 유일한 수행이다. 이는 숨 참기를 언급한 이런 텍스트들이 동일한 고행의 실천을 표방한다고 믿게끔 우리를 인도할지 모른다. 하지만 이건 사실이 아니다. 숨 참기에 관한 기타 텍스트에서 중요한 차이가 나타난다. 『쉬베따쉬바따라 우파니샤드』Śvetāśvatara Upaniṣad에는 숨 참기가 완전하지 않은데, 숙련자가 계속해서 코를 통해 호흡한다고 말하기 때문이다(ŚU II.9: nāsikayocchvasīta); 『마이뜨라야니야 우파니샤드』에는 수련자가 입천장에 혀끝을 맞대어 눌러서 말, 마음, 호흡을 억제해야 한다(MaiU VI.20: tālurasanāgranipīḍanāt);[7] 브롱코스트가 주목한 여타 브라만전통 텍스트들은 이빨 서로 갈기를 주창한다;[8] 반면에 숨 참기, 그리고 <해탈법품> 구절은 고통스럽다고 말하지 않는다.[9] 이 중요한 차이들은

6 Bronkhorst(1993), 53.

7 Bronkhorst(1993), 48, 각주 11.

8 Bronkhorst(1993), 48.

9 Mbh XII.178.15-16, 294.8, 304.9. 숨 참기는 IV.29의 『바가바드기따』(Bhagavadgītā)에도 언급되어 있다.

숨 참기에 관한 텍스트들 간의 피상적인 일치만을 보여줄 뿐이지, 그 문헌들이 동일한 명상 전통에 속해 있었음을 입증하지는 않는다.

브롱코스트와 대조적으로 필자는 극단의 육체적 고행주의는 초기 우파니샤드와 <해탈법품>에 기록된 명상 전통에서 한낱 피상적 역할만을 할 뿐이라고 생각한다. 초기 요가 전통에서 단식사와 같은 수행들이 가치 있다고 시사하는 바는 없지만, 필자가 생각하기에 그것은 초기 브라만전통의 고행주의의 '주류 명상'이라고 불릴 수 있다. 브롱코스트는 초기 브라만전통의 어떤 극도의 고행주의 전통, 이를테면 초기 자이나교와 꽤 유사한 고행 전통이 틀림없이 존재했음을 보여준다. 하지만 주류 명상의 목적은 자아실현을 획득함으로써 까르마로부터의 해탈을 성취하기 위함이었다. 일부는 (육체적) 쇠약과 다른 고통 수단들을 수련했지만, 가장 중요한 브라만전통 텍스트에 따르면, 이 수행들은 주변부에 지나지 않는다. 브롱코스트가 브라만전통의 증거를 다루는 끝 무렵에 그는 육체적 핍박과 상관없는 명상이 초기 브라만전통의 자아 인식의 길이 되었음을 인정한다.[10] 그러나 필자는 초기 브라만전통의 거의 대다수 텍스트들에서 제시하는 이것이 초기 브라만전통의 주류 명상의 기본적 사고였다고 본다.

1. 초기불교와 브라만전통 간의 관계

불교 명상에 대한 브라만전통 기원설은 우리로 하여금 초기불교 연구에서 몇 가지 문제를 재평가하게 만든다. 이 문제들 가운데 하나는 초기불교 텍스트

10 Bronkhorst(1993), 60. Mbh XII.232.10-18 참조.

에서 브라만전통 입장들이 출현한다는 점이다. 스타니슬라브 샤어Stanislaw Schayer와 키스A. B. Keith에 의하면, 이 입장들은 다수의 초기 텍스트들에서 확인된 불교 형태와 차이가 있는 '경전 이전의' 불교 형태의 증거라는 점이다. 최근에 이 입장에 대해서 크리스티앙 린드너Christian Lindtner는 다음과 같이 말했다.

> 빠알리 경전은 경전 이전의 불교에 대한 몇 가지 선명한 흔적들을 보여준다. 이러한 종류의 초기불교는 6대 요소들dhātu-s의 신념에 기반 했고, 따라서 일종의 자연 철학인 셈이었다. 존재의 끝자락에서bhūtakoṭi 우리는 열반을 발견했다. 거기서 호흡을 멈췄을지도 모를 정신과도 같이 그것은 영원하고 축복에 차 있다고 여겨졌지만, 우리가 거기에 도달하려면 허공ākāśa과 의식vijñāna을 통과해야만 했다. 우리는 일종의 요가 방식으로 그것을 확실히 성취할 수 있었다.[11] 그것은 범부들을 위한 장소가 아니라, 요가수행자의 이상향이었다. 감각의 세계는 무상하고 고통으로 가득 차 있다고 생각되었다.
>
> 한편 경전 불교는 이런 견해에 대한 반작용이었다. 이제 일체는 무상한 것으로 간주되었다. 열반은 우주의 정상에 있는 어떤 장소가 아니라, 이제 오히려 마음의 상태가 되었다. 경전 불교는 초기불교 혹은 초기불교의 성향에 맞서는 반작용일 뿐 아니라, 자이나교와 우파니샤드의 절대주의적 성향에 맞서는 것이기도 하다.[12]

린드너에 따르면, 이 초기 혹은 '경전 이전' 불교 형태에서의 사고들은 초기 브라만전통 요가의 이론적 배경을 형성했던 것들과 유사했다고 본다. 이 일 이후 얼마 지나지 않아 이 낡은 관념들에 대한 반작용이 있었고, 이 반작용 형태의

11 여기에 삽입된 '아니다'라는 부정어는 확실히 오류이다.

12 Lindtner(1997), 129.

불교는 이러한 '경전' 시대의 불교도들에 의해 결집된 초기 빠알리 경전 대부분을 지닌 성전화된 종교, 즉 주류에 편입되었다. 달리 말하자면, 경전 불교는 수천 년 동안 남아시아 및 동남아시아에서 존재해 온 상좌부 불교와 아주 흡사한 어떤 것이고, 반면에 경전 이전 불교는 초기 베단따Vedānta와 훨씬 흡사한 형태였다. 이 견해를 뒷받침하는 증거는 《경장》에서 초기 브라만전통의 이념을 반영하는 이상한 단편으로 구성되어 있다. 샤어Schayer[13]는 「6요소경」Ṣaḍdhātu Sūtra과 더불어 '의식'viññāṇa이 궁극적 실재나 토대/기체인 것처럼 나타나는 《경장》구절(예 AN I.10)을 참조했고,[14] 또 어떤 경전 출처에도 나타나지 않지만 기타의 불교 문헌에 인용되어 있다—거기서 인격(pudgala, 뿌드갈라)은 지·수·화·풍·허공·의식의 6대 요소들dhātu로 구성되어 있다고 말하고, 샤어는 그것이 다른 고전 인도식 관념들과 연관된 것임에 주목했다.[15] 키스Keith의 주장 또한 「6요소경」에 바탕을 둘 뿐만 아니라,[16] '궁극적 실재와 관련하여 우파니샤드식 관념들을 연상시켜 열반을 설명하는 구절들'도 마찬가지이다.[17] 그 역시 대중부Mahāsāṅghika에서 말하는 "의식은 본래 청정하지만 우발적인 불순물에 의해 오염되었다."[18]는 교설을 참조하였다. 그가 주목한 것은 《앙굿따라 니까야》 I.10에 일치한 점이다. 이 주장을 근거로 린드너 자신은 경전 이전의 열반 개념을 다음과 같이 제시했다.

---

13 Schayer(1935), 125, 131.

14 예로 AN I.10.5: "pabhassaram idaṃ bhikkhave cittaṃ tañ ca kho āgantukehi upakkilesehi upakkiliṭṭhan ti."; MN I.329.30 (DN I.223.12), "viññāṇaṃ anidassanaṃ anantaṃ sabhatopabhaṃ."

15 Schayer(1935), 125.

16 Keith(1936), 6: "그러나 6대 요소들(dhātu)은 우리가 그 요소들 각각의 이전의 것보다 덜 미묘하게 파생되는 근원인 의식을 형성했다는 견해에 대한 유산을 가짐을 암시한다."

17 Keith(1936), 6.

18 Keith(1936), 6.

(《디가 니까야》I.223, 『우다나』 80 등에 표현된) 낡은 개념은 우리가 실제로 지향할 수 있는 장소 중 하나이다. 그것은 열반계涅槃界, nirvāṇadhātu라 불리며, 경계 표식도 없으며animitta, (흙에서 시작해서 의식으로 끝나는) 여타의 육계六界를 초월한 어느 곳에 위치하고 있지만, 허공 및 의식에 가장 가깝다. 우리는 그것을 볼 수 없고 표현도 불가능anidarśana하다. 하지만 우리에게 우리의 발아래 확고한 토대를 제공하는 그것은 두루바dhruva이다. 일단 거기서 우리는 되돌아 갈 수 없으며, 그것은 acyutapada이다. 이 세계와는 대비되는 그것은 극락이요, 지복이요, 만사형통이다.[19]

린드너가 그것을 실현하든 안 하든 상관없이, 열반을 이처럼 묘사하는 것은 『마하바라따』 XII.224에서 보듯이 「유무가」에서 진화한 초기 브라만전통의 사고들과 정확히 일치한다.[20] 하지만 《경장》에서 이런 식의 설명 자료는 어디에도 찾기 어렵다. 다만 린드너가 언급한 『우다나』 구절만이 다음과 같이 이를 언급하는 듯 보인다.

비구들이여! 한 세계āyatanaṃ가 있으니, 거기에는 땅도 없고, 물도 없고, 불도 없고, 바람도 없고, 공무변처도 없고, 식무변처도 없고, 무소유처도 없고, 비상비비상처도 없고, 이승도 없고, 저승도 없고, 태양도 없고, 달도 없다. 비구들이여! 거기에는 오고 감도 없고, 머무는 것도 없고, 소멸하는 것도 없고, 생겨나는 것도 없다고 나는 말한다. 그것은 의처가 없어 근거가 없고appatiṭṭhaṃ 연관된 바가 없다appavattaṃ. 이것이야말로 괴로움의 종식이다."[21]

---

19 Lindtner(1997), 116-117.

20 136-137쪽 참조.

21 Udāna 80.9 (Vagga VIII.1: pāṭaligāmiyavaggo), "atthi bhikkhave tad āyatanaṃ | yattha n'eva paṭhavī | na āpo na tejo na vāyo | na ā kāsānañcāyatanaṃ | na viññāṇāñcāyatanaṃ | na ākiñcaññāyatanaṃ |

위 구절은 초기 브라만전통의 브라흐만 개념에 대해서 아주 가깝게 드러냈다. 다음의 우파니샤드 게송도 마찬가지이다.

거기서 태양은 빛나지 않는다. 달도 별들도 마찬가지이다. 번개도 빛나지 않으니 하물며 여기서 이런 불 따위는 [더 말해서 무엇하리요] …[22]

또 린드너는 『아비달마구사론』Abhidharmakośabhāṣya I.5에 대한 야소미트라 Yaśomitra의 주석서 Sphuṭārthavyākhyā에 인용된 출처 불명의 경전 단편을 인용한다.

"오 고타마여, 땅은 무엇을 근거로 하고 있습니까?"
"땅은 물의 구체를 근거로 하고 있습니다."
"오 고타마여, 물의 구체는 무엇을 근거로 하고 있습니까?"
"[그것은] 바람을 근거로 하고 있습니다."
"오 고타마여, 바람은 무엇을 근거로 하고 있습니까?"
"[그것은] 허공을 근거로 하고 있습니다."
"오 고타마여, 허공은 무엇을 근거로 하고 있습니까?"
"당신은 너무 멀리 나갔습니다. 위대한 브라만이여,

---

na nevasaññānāsaññāyatanaṃ | nāyaṃ loko, na paraloko | na ubho candimasūriyā || tatrā p'āhaṃ bhikkhave | n'eva āgatiṃ vadāmi | na gatiṃ na ṭhitiṃ | na cutiṃ na upapattiṃ | appatiṭṭhaṃ appavattaṃ | anārammaṇam eva taṃ | es'ev'anto dukkhassā ti || ." ubho canimāsuriyā tad amhaṃ을 대신해서 no ubho candimāsuriyā tatrā p'āhaṃ으로 읽는다. (텍스트 정오표 참조) 이는《경장》에서 viññāṇānañcāyatana 형태가 중음(重音) 탈락 때문에 viññānañcāyatana가 되지 않은 유일한 곳인 것처럼 보인다. 그러나 미얀마본은 후자로 독해한다.

22 KaU V.15 (= ŚU VI.14, MuU II.2.11), "na tatra sūryo bhāti na candratārakaṃ nemā vidyuto bhānti kuto 'yam agniḥ."

당신은 너무 멀리 나갔습니다. 위대한 브라만이여,
허공은 근거가 없으니, 토대가 없습니다."
그러므로 문법학파Vaibhāṣika에 따르면, 허공은 존재한다.[23]

린드너는 이것을 TU II.1의 요소들 발생에 대한 구절과 결부시킨다. 사실상 이상의 고전 논서 상의 단편과 TU II.1 사이의 약간의 관련성은 부인할 수 없다. 따라서 린드너, 샤어, 키스가 제시한 증거를 통해서 다양한 신념들이 명상의 주류 이론과 부합하고 또한 초기불교에서 통용되고 있었음을 보여준다. 그러나 필자는 이 입장들이 '경전 이전' 불교를 특징짓고 있다고 생각할 이유는 없다고 본다. 이 이론이 갖는 문제점 중 하나는 서로 다른 신념의 증거들이 '경전 이전 불교' 대對 '경전 불교' 사이의 이분법이라는 단순화된 형태로 제시되고 있다는 점이다. 이 이분법은 무엇을 의미하는가? 초기의 빠알리 경전은 왓타가마니Vaṭṭagāmaṇī 왕의 통치 기간인 기원전 1세기 경 스리랑카에서 필사되어 경전화 되었다.[24] 린드너는 이보다 선행하는 약 4세기 동안의 기간을 '경전 이전 불교' 시기라고 분명히 생각하지 않는다. 그가 이해하는 바로는 자신의 증거가 매우 초기 단계(혹은 제일 오래된 시기의) 불교와 연관된 것이고 그것과 상충하는 어마어마한 양의《경장》자료도 이보다 후대의 경전 이전 시기에 제작되었다는 것이다. 간단히 말해 그의 이론은 대다수 초기불교의 문학 작품과 철저히 다른 인

23 Vyākhyā on Akbh I.5 (Śastri 1981: 20), "pṛthivī bho gautama kutra partiṣṭhitā ? pṛthivī brāhmaṇa abmaṇḍale pratiṣṭhitā. abmaṇḍalaṃ bho gautama kutra pratiṣṭhaṃ ? vāyau pratiṣṭhitaṃ. vāyur bho gautama kutra pratiṣṭhitaḥ ? ākāśe pratiṣṭhitaḥ. ākāśaṃ bho gautama kutra pratiṣṭhitam. atisarasi mahābrāhmaṇa, atisarasi mahābrāhmaṇa. ākāśaṃ brāhmaṇa apratiṣṭhitaṃ anālambanam iti vistaraḥ. tasmād asty ākāśam iti vaibhāśikāḥ." Qvarnström(1989), 120 참조.

24 콜린스에 따르면(Collins 1990: 89), 이는 기원 후 첫 천 년의 초반 세기 동안 스리랑카에 있었던 대사파(大寺派) 계열의 스님들에 의한 합법화 전략의 일환이었다.

용문들은 상당히 이른 시기의 것임에 틀림없으며, 실제로 초기에 속한 것이라고 확정할 수 있다는 것이다.

하지만 필자는 그 문헌 증거로부터 어떻게 이와 같은 결론에 도달하는지 알지 못한다. 그것은 일부 초기 불교도들이 그들의 바라문 동료들로부터 영향을 받았음을 확실히 보여준다. 하지만 그 어디에도 열반계nirvāṇadhātu가 '우리가 실제 갈 수 있는 곳'이라고 생각하는 사례는 없다.『우다나』의 구절은 그런 열반관을 제시하고 있지만, 몇몇 초기 불교도들이 우파니샤드적 신념들을 견지했음을 보여주는 사례에 지나지 않는다. 다시 말해 이런 식의 견해가 붓다에게 귀속된다거나 혹 심지어 불교의 최고층기에 존재했다는 사실마저 의미하는 것은 아니다. 이와 반대로 필자가 제안하는 초기불교 이론이 맞는다면, 이 견해들이 붓다에게 회귀할 수 없음을 의미한다. 필자는 붓다가 알라라 깔라마와 웃다까 라마뿟따의 초기 브라만전통의 가르침을 거부했고, 그가 바라문들에게 설했을 때 그의 가르침은 브라만의 낡은 전통적 신념에서 급격한 이탈이 있었던 것처럼 보인다는 점을 구명하고자 했다. 필자가 본 바와 같이 붓다가 마음챙김과 해탈의 통찰을 강조함으로써 주류 명상의 목표를 거부했다면, 그는 분명 초기 우파니샤드, 즉 초기 유가 수행의 대론자들의 전형적인 실체론 신념을 부정했을 것이다. 생生 해탈의 개념, 그리고 사후에 무엇이 일어날지에 대한 의문을 생각하는 것에 대한 거부는 우파니샤드식의 존재론을 부정하는 것이다. 이런 종류의 가르침은 아마도 린드너가 '경전 불교'의 특성이라고 분류했던 것이지만, 필자는 그것이 붓다 자신에게로 회귀해야 한다고 주장한다. 간단히 말해 린드너는 그의 증거를 가지고 최고층기最古層期 불교로 귀속시키기 위한 기준점을 전혀 제시하지 못하고 있다.

그럼 우리는 어떻게《경장》에 나타난 초기 우파니샤드식 신념들을 해명할 수 있을까? 필자는 그 문제를 다음과 같이 언급하곤 했다. 만일 붓다가 베단따적 환경의 바라문들에게 초기 브라만전통 요가의 변양된 형태를 가르쳤다면, 불교로 개종한 일부 초기 바라문들은 자신들의 예전 신념 중 일부를 틀림없이 간직했을 것이다. 만일 어떤 신종교가 주류 종교와 밀접한 접촉 속에서 탄생하고 또 거기서 개종한 이들을 받아들였다면, 거기서 줄곧 이어지는 영향은 쉽게 예상할 수 있을 것이다. 그러므로 린드너 등이 인용한 구절들은 초기 브라만전통에서 영향을 받았던 일부 초기 불교도들의 문학 작품처럼 봐야 할 필요가 있다. 이 입장을 견지했던 불교도들은 아마도 자신들의 요가 수행에 기여했던 예전의 신념 일부를 간직한 초기 브라만교에서 개종한 이들이었을 것이다. 하지만 이 초기 브라만전통의 신념들은 독창적인 불교 명상 및 그 비실체적 함축들과 양립할 수 없었다.

이 증거는 필자가 이 책 서두에서 지적했던 사실인, 《경장》이 동질적이지 않다는 점에서 암시된다. 초기불교 문헌에 나타난 명상이 이질적이라고 하는 점은 오래 전에 루이스 드 라 발레 뿌쌍Louis de La Vallée Poussin의 저명한 논문 "Musīla et Nārada"에서 제기되었다.[25] 모든 학자들이 발레 뿌쌍의 견해를 수용하지는 않지만,[26] 린드너 등이 인용한 그 텍스트는 발레 뿌쌍의 의견을 인정하

---

25 La Vallée Poussin(1937).

26 예로 Rupert Gethin(2001), xiii: "bodhipakkhiyā dhammā에 대한 나의 연구는 발레 뿌쌍과 프라우발너의 전철을 밟은 것들에 의해 제기된 모든 특정한 점들을 직접적으로 언급하지 않는 대신, 그것은 적어도 내가 생각하기에 텍스트들(빠알리 《니까야》, 아비달마, 그리고 주석서들)이 불교 명상 이론을 제시했던 방식에서 '모순'과 '불일치'를 일부 주장하는 것들에 대한 물음표를 던지고 있다." 우리가 동질적 항목들로 구성되어 있는 어떤 리스트를 연구한다면, 이것이 그 결론으로 귀결되는 것에 반대할 수 있다. 게틴의 연구는 bodhipakkhiyā dhammā 리스트의 개별 항목들이 이질적 성질의 어떤 것도 포함하고 있지 않음을 보여준다. 상대적으로 후기 37조도품(助道品)은 '발레 뿌쌍과 프라우발너의 전철을 밟은 것들에 의해 제기된 모든 특정한 점들'을 다루는 어떤 것을 가지고 있지 않다는 사실이다. 그것은 《경장》의 명상 정형구들을 상당히 잘 체계화하고 있고, 그러나 이건 놀라운 사실이 아니다—그것은 전체 《경장》의 명상 정형구들을 대표하는 것이 아니다. 이 리스트로부터의 한 가지 주목할 만한 누락과 그것의 확장

는 것으로 보인다. 필자는 이 텍스트들이 브라만전통의 불교 명상 기원설과 일맥상통할 수 있다고 주장한다. 발레 뿌쌍이 주목한 일부 일탈 사례도 마찬가지인 것 같다. 이 자료는 불교학자들을 당혹시켜 왔지만, 필자가 생각하기에 이제 적어도 그 중 일부가 초기 브라만전통의 주류 명상에 의해 영향을 받았던 초기 불교도들의 저작으로 볼 여지가 생겼다.

2. 초기불교의 논쟁: 선정주의인가 지성주의인가?

발레 뿌쌍은 인도불교 문헌에서 그려진 서로 다른 두 유형의 길을 주장했다. 하나는 해탈이 지적 수단에 의해 성취될 수 있다는 입장(=지성주의)이고, 다른 하나는 해탈이 모든 심적 활동의 점진적인 억제, 즉 마음집중만으로 성취될 수 있다는 입장(=선정주의)[27]이다. 고전 자료와 관련하여 그는 두 개의 텍스트를 바탕으로 이런 주장을 행하고 있다. 먼저, '선정에 전념하는 비구들'jhāyī bhikkhū과 견해를 달리하는 '[붓다의] 교설에 전념했던 비구들'(dhammayogā bhikkhū: 현자들)[28]에 대한 이야기가 전해지는 「마하쭌다경」(Mahā-Cunda Sutta, AN III.355-6 = 제6집 46번째 경)이 있다. 우리는 그 경의 말미에 그들의 견해가 담긴 단문을 볼 수 있다. 현자들은 다음과 같은 이유로 명상가들을 찬탄해야 한다고 말한다. "그러한 자들

은, 브롱코스트가 주목했듯이(1985: 306), 4무색처정(無色處定)의 리스트이다. 이는 브롱코스트로 하여금 무색처정이 최고층기의 불교에서 수용되지 않았다는 결론에 이르게 했다(Bronkhorst 1993: xiii).

27 역주 _ 초기불교에서 선정주의(禪定主義)라는 용어는 고행주의(苦行 主義)와 상반되는 용어로 쓰이고, 일본 학계에서는 수정주의(修定主義)라는 표현으로 종종 사용된다. 한마디로, 명상 제일주의라고 할 수 있다. 붓다가 양 극단을 벗어난 중도(中道)를 설할 때, 그 양 극단은 선정주의와 고행주의를 일컫는 것이다.

28 PED yoga s.v.: 'one who is devoted to the *dhamma*'(담마에 전념한 자).

은 경이롭습니다. 존자들이시여, [그리고] 신체를 갖고서 불사의 영역에 접촉ammataṃ dhātuṃ kāyena phusitvā하는 자는 이 세상에서 참으로 희유합니다."[29] 반대로 명상가들은 다음과 같은 이유로 '교설에 전념하는' 자들을 찬탄해야 한다고 [말한다]. "저 존자들은 경이롭습니다. [그리고] 이해를 갖고서 교설의 풍부한 말들을 꿰뚫음으로써 통찰을 지닌 이들은 이 세상에서 참으로 희유합니다."[30] '교설에 전념하는' 자라는 표현은 그들이 담마dhamma에 대한 지적 이해에 가치를 두었음을 의미한다. "통찰을 갖고서 꿰뚫는paññāya ativijjha"이라는 표현을 인용하는 여타의 모든 언급들은 사실상 명상을 배제한 어떤 지적 이해를 의미하는 것으로 보인다.[31]

발레 뿌쌍의 논문에서 제명이 부여된 「꼬삼비경」(Kosambi Sutta, SN II.115 = 『인연상응』 68, <대품>)도 유사한 방식이다. 무실라Musīla는 "연기의 모든 순환 고리를 그 역순으로paṭiloma 그 발생samudaya과 소멸nirodha의 양 방향에서 그 스스로paccattaṃ

---

29 AN III.356.14, "acchariyā h'ete āvuso puggalā dullabhā lokasmiṃ, ye amataṃ dhātuṃ kāyena phusitvā viharanti."

30 AN III.356.20, "acchariyā h'ete āvuso puggalā dullabhā lokasmiṃ, ye gambhīraṃ atthapadaṃ paññāya ativijjha passantī ti."

31 'paññāya ativijjha(통찰을 갖고서 꿰뚫는)' 구절은 항상 2행 대구(對句)의 절반처럼 등장한다. 나머지 항목은 kāyena phusitvā 또는 kāyena paramaṃ saccaṃ sacchikaroti이다(MN I.480.10, II.173.24; SN V.227.1, 230.10; AN II.115.12). 달리 말해 그 2행 대구에 따르면, 해탈은 「마하쭌다경」의 다른 관점들과 결합해야만 한다. 즉 그 2행 대구의 'paññāya ativijjha'는 명상과는 다른 어떤 지적 통찰을 가리킨다. 실제로 그것만 단독으로 등장할 때는 일종의 이해를 의미한다. 예를 들어, MN II.112.1에서 paññāya ativijjha라는 표현은 붓다의 이해를 의미하고, 또 AN I.265.12에서 paññāya ativijjha는 해탈이 없는 지적 이해를 의미하고, 또 AN IV.362.2에서 gambhīraṃ atthapadaṃ paññāya ativijjha passati는 담마-설법자의 이해를 의미하고, 또 AN II.178.28에서 paññāya cassa atthaṃ ativijjha passati는 해탈한 사람과는 차별화되는 제자(paṇḍito mahāpañño)의 사성제 이해(sutavā)를 의미한다. 더욱이 CPD에서 주어진 atthapada의 의미는 '바르고 유익한 말'이고, 또 PED에 따르면 '유익한 격언, 현명한 말, 텍스트, 모토'이다. 그것은 일반적으로 교리적 정형구를 의미한다고 봐야 한다.

알고 본다etaṃ jānāmi etaṃ passāmi."고 표현되어 있다.[32] 이것은 우리의 믿음saddhā, 지적 경향이나 신념ruciyā, 그리고 전통 교설anussavā과 너무나 동떨어진 이해이다. 사빗타Saviṭṭha는 '열반nibbāna을 생성의 지멸bhavanirodho이라는' 것을 알고 보는 것인지 무실라에게 질문받자, 알고 본다고 답한다. 그렇다면 사빗타가 무실라에게 그가 번뇌를 소멸한 아라한arahant인가 물을 때 그는 침묵하였고, 또 그 결론은 그가 정말로 아라한이라는 것이다.[33] 그럼에도 불구하고 나라다Nārada는 무실라가 하는 것을 정확히 알고 본다고 주장하지만, 그는 자신이 해탈되었음을 부정한다.[34] 그는 자신의 상황을 우물에서 물을 찾을 수 있지만 자신의 신체를 갖고서 그것을 만질 수 없는 목마른 이의 상태에 비유한다na kāyena phusitvā vihareyya. 나라다는 (열반은 무엇이거나 무엇이어야 함을 아는) 정확한 지적 이해를 가질 것을 주장하지만, 그는 이를 해탈이라고 생각하지 않는다. 우물에서 물을 구하지만 신체를 가지고 그것을 만질 수 없는 것에 대한 직유直喩는 해탈을

---

32 12연기의 순환 고리에 대해서 역순으로(paṭiloma) 발생(samudaya)과 소멸(nirodha)을 보는 통찰 방식은 SN II.5.7(<인연품>, 인연상응編IV-X)에서 붓다를 포함한 과거칠불(過去七佛)의 독창적인 발견이라고 말한다. 그렇지만 《율장》<대품>에 나타난 전기 이야기에서 12연기의 통찰은 성도 이후에 발생한 일이고, 성도 이전의 사문 고타마의 해탈의 통찰 내용으로 구성된 것이 아니다. 그러므로 우리는 두 개의 서로 다른 해탈의 통찰 이론을 갖는 셈이다. 즉 SN II.115에서의 무실라(Musīla)에게 있어 해탈의 통찰 내용은 SN II.5.7ff에서 강하게 제시된 이론인 12연기의 리스트이다. 그러나 <대품>의 전기 작가에게 해탈의 통찰 내용은 붓다가 이후에 발견한 연기의 통찰과 더불어 사성제이다(Vin I.11.1ff.). 만일 연기에 대한 통찰이 『율장』에 기술된 것처럼 성도 이후 붓다에 의해서 발견된 것이라고 생각되면, 이는 모든 비구가 해탈을 증득하기 위해서 실현해야 하는 것이어야 한다는 생각이 어떻게 발생했는지 알기가 용이해진다. 만일 이것이 맞는다면, 무실라의 해탈의 통찰 이론은 바로 그것—어떤 이론—이었고, 또 어떤 이론은 사성제의 통찰이 사문 고타마의 해탈에 영향을 주었던 <대품>에서의 이론을 앞세우고 등장했음을 의미한다.

33 SN II.117.15, "tenāyasmā Musīlo arahaṃ khīṇāsavo ti. evaṃ vutte āyasmā Musīlo tunhī ahosī ti."

34 SN II.118.1, "bhavanirodho nibbānan ti kyo me āvuso yathābhūtaṃ sammapaññāya sudiṭṭhaṃ, na c'amhi arahaṃ khīṇāsavo."

성취하지 않은 앎을 가진 상태만을 가리킬지도 모른다. 그렇지만 "그가 자신의 신체를 가지고 그것을 만지지 못한다."라는 표현은 통찰paññā에 대한 반대와 결부된다. 그 표현은 나라다의 견해를 교설에 대한 단순한 지적 이해와 차이가 있는 해탈은 신체를 가진 불사의 영역의 '접촉'과 연루된다고 말하는 『마하쭌다경』의 명상가들의 견해에 비유된다. 나라다에게 해탈이란 어떤 명상 상태에 있는 동안 불사의 영역을 접촉하는 것amataṃ dhātuṃ kāyena phusitvā, 그것이 무엇이 되어야 할지에 대한 사고를 가짐과는 상관없는 무언가를 의미했다고 보인다.

우리는 여기서 어떤 중대한 문제—불교에 대한 두 개의 다른(『마하쭌다경』에 따르면) 적대적인 판본들—에 직면한다. 이 두 텍스트에서 가장 모호한 부분은 일부 명상 전문가들이 신체를 가지고kāyena 어떻게 '불사의 영역amatā dhātu'을 '접촉하는가phusitvā'를 묘사하는 표현이다. 이는 무엇을 의미하는가? 그것은 확실히 해탈의 성취를 나타내고, 또《경장》에서 '불사의 영역'이라는 기타 표현의 출현도 이 견해를 뒷받침한다.[35] 하지만 어떤 유형의 명상이 그 곳으로 가는 길인가? kāyena phusitvā 표현이 등장하는 단 두 개의 흔한 문맥이 있고, 그리고 이 문맥 중 단 하나만 담론 주제인 명상 상태를 언급하고 있다.[36] 이 명상 상태는 알라라 깔라마/웃다까 라마뿟따와 연계되는 '무색정(無色定, ārupā vimokkhā)'이고,《경장》의 여기저기에서 '신체에 의해 접촉되는' 것이라고 설해진 상태이다.[37]

이는 일부 초기 불교도들이 신체를 가지고 '불사의 영역'의 접촉을 성취하

---

35 MN I.435.36ff. (=AN IV.423.2ff.), AN I.282.17.

36 그것이 달리 출현하는 곳은 선정을 수습하기에 앞선 예비 단계로 있는 감관 억제에 대한 설명 속에 늘 있다. 예로, DN I.70.15, "kāyena phoṭṭhabbaṃ phusitvā phusitvā."

37 MN I.33.34, 477.26; SN II.123.14, 127.18; AN II.87.9, 89.36ff., 91.1, IV.316.2ff., V.11.23ff. AN IV.451.29ff에서 kāyena phusitvā 표현은 무색처정에만 적용될 뿐만 아니라, 또한 사선정에도 마찬가지로 적용된다. 이런 단독 출현은 다소 늦은 발전을 나타낼 확률이 크다.

는 방법으로써 무색처정 수행을 활용했다는 의미인가?《경장》에 열거된 것처럼 무색처정이 '불사의 영역'의 성취로 나아간다고 말하지 않지만, 이 결말에 도달하는 것이 자연스러워 보인다. 그것들(=4무색처정)은 '상수멸(想受滅, saññāvedayitanirodha)'의 성취로 항상 이어지게 되어 있다. 하지만 이것은 의문만 제기할 뿐이다. 다시 말해 상수멸의 성취는 어떤 비구가 자신의 신체를 가지고 불사의 영역을 접촉하는 방법을 묘사하는 또 다른 방식이 될 수 있을까? 발레 뿌쌍은 다음과 같은 결론에 도달했던 것으로 보인다. 그는(통찰의 방법이라기보다) 마음집중의 방법에 따라서 해탈은 상수멸이라는 자신의 생각을 뒷받침하기 위해 「마하쭌다경」의 'jhāyī bhikkhū'(선정에 전념하는 비구들)라는 표현을 사용했다.[38] 또 발레 뿌쌍의 견해를 뒷받침하는 문헌 증거도 있다. 『이띠붓따까』Itivuttaka의 두 군데에서 게송들은 멸진정(滅盡定; 상수멸정)과 신체의 의한 불사의 영역에 대한 접촉을 동일시한다.

색계를 완전히 알고, 무색계에 머물지 않으며,
소멸한 가운데nirodhe 해탈한 그 사람들은
죽음에서 벗어난다.

신체를 가지고 불사의 영역에amataṃ dhātuṃ 접촉하여
취착 없이nirūpadhiṃ [모든] 취착의 여읨을 실현하여
번뇌를 여위게 됨으로써 완전히 깨달은 이는

38 La Vallée Poussin(1937: 191), "Cette voie about it, par une graduelle purification, par la graduelle suppression des idées (*saṃkalpa*), à un état d'inconscience—cessation de la pensée sous tous ses modes, *saṃjñāvedayitanirodha ou simplement nirodhasamāpatti*—qui met l'ascète en contact avec une réalité transcendante qui est le *Nirvāṇa* (ancienne doctrine) ou qui est semblable au *Nirvāṇa* (scholastique Sarvāstivādin)." 이어서 그는 이것을 뒷받침하는 증거로 AN III.355를 사용한다.

슬픔이나 번뇌가 없는 곳을 가르친다.[39]

두 항목 'nirodha(소멸)'와 'amatā dhātu(불사의 영역)'는 동격을 나타내는 것이 아니라, 그것들이 같은 일을 가리킴을 함의한다. 필자는 우리가 일종의 해탈로 인도했던 그 두 스승의 비불교적인 요가 방법을 일부 초기 불교도들에게는 '신체를 가지고 불사의 영역을 접촉하는 것' 혹은 '상수멸정'으로 이해했다는 결론에 도달할 수 있다고 본다. 발레 뿌쌩이 논평하기를, "이 방식은 그것에 대해서 특별히 불교적이라 할 만한 것은 아무 것도 없다."[40] '상수멸정' 혹은 '불사의 영역'으로 정형화된 명상 목표는 요가수행자들의 브라흐만과의 신비적 합일과 차이가 있다고 보이지 않는다. 사실상 슈밑하우젠은 신체를 가지고 불사의 영역을 접촉하는 개념을 "(사후에 결정적으로 성취되는) 열반 상태에 대해서 이번 생에서 아직 시간적으로 기다리고 있는 [상태]"라고 지적했다.[41] 이는 정확히 초기 브라만전통의 주류 명상에서 해탈에 대해 개념화한 것이다. 확실히 그것은 요가의 주류 관념에 의해 영향을 받았던 불교도들에 의해 견지된 베단따식 신념이었다.

일부 초기 불교도들이 불교 이전의 알라라 깔라마와 웃다까 라마뿟따의 요가 수행을 계속했다는 점은 놀라운 일이 아니다. 왜냐하면 붓다가 우빠시바와 뽀살라와 나눈 대화에서 이를 허용했던 것으로 보이기 때문이다. 설명을 더 어

---

39 『이띠붓따까』 45.25ff.(=It 62.8), "rūpadhātupariññāya | arūpesu asaṇṭhitā | nirodhe ye vimuccanti | te janā maccuhāyino ‖ kāyena amataṃ dhātuṃ | phassayitvā nirūpadhiṃ | upadhippaṭinissaggaṃ | sacchikatvā anāsavo | deseti sammāsambuddho | asokaṃ virajaṃ padan ti ‖"

40 La Vallée Poussin(1937: 191), "En principe, sinon en fait, ce chemin n'a rien qui soit spécifiquement buddhique; la 'vue des vérités' n'y a pas de place; la connaissance spéculative (prajñā) n'y est pas mise en œuvre."

41 Schmithausen(1981), 214.

렵게 하는 것은 불교도들 중 일부가 주류 명상의 요가적 이념과 관련하여 해탈을 생각했다는 사실이다. 이는 붓다가 우빠시바, 뽀살라와 나눈 대화에서 설한 해탈의 통찰에 대한 견해와 완전히 상충하는 듯하다. 여기서 정형화된 이론에 따르면, 붓다는 이렇게 발전하게 된 데 대한 책임을 물을 수 없게 되었다. 그는 해탈이 심적 활동을 결여한 심오한 명상의 황홀경으로 성취된다고 가르치지 않았다. 만일 우빠시바, 뽀살라와의 대화에서 기술된 명상과 통찰에 대한 접근법이 최고층기의 불교 형태로 확정된다면, '신체를 가지고 불사의 영역을 접촉하는 것', '상수멸(想受滅, saññāvedayitanirodha)' 그리고 '구차제정(九次第定, anupubbavihāra-s: 색계 4선 위에 4무색처정을 더해서 상수멸정으로 인도하는 것)'과 같은 그러한 관념들은 후대의 사상으로 지정되어야 한다.

3. 초기불교에서 지적 성향

이해를 더 어렵게 하는 것은 「마하쭌다경」에서 명상하는 비구들의 대론자들에 의해 견지된 견해이다. 만일 '통찰을 가지고 꿰뚫는paññā ativijjha'이라는 표현이 명상을 결여한 이해를 지칭하다면,[42] 그것은 일부 초기 불교도들이 생각했던 해탈의 통찰이 명상을 필요하지 않았던 어떤 지적인 문제였음을 의미한다. 곰브리치에 의하면, 이런 성향은 「수시마경」Susīma Sutta에서 기인하고,[43] 거기서 어떤 비구들이 색계 4선(일명 '사선')에서 이어지는 무색계 4처정(일명 '사무색정')이나 초자연적인 힘없이도 해탈할 수 있다고 주장한다.[44] 그 빠알리

42 241쪽 각주 31을 참조하라. 2행구로 있는 paññāya ativijjha는 명상과는 다른 어떤 지적인 통찰을 가리킨다.

43 SN II.119.16(<인연품>, 인연상응編 70 = <대품> IX).

44 이 비구들의 Susīma 인터뷰는 SN II.121.8에서 시작한다. Gombrich(1996), 96-134, 특히 123-127

텍스트를 독해할 때, 다섯 비구 집단, 즉 그들이 색계4선의 성취 후 뒤따르는—해탈을 초래하는 삼명三明 가운데 첫 두 개를 포함하는[45]—초자연적인 힘을 성취하지 못했다는 표현은 그들이 색계4선을 성취하지 못했음을 암시한다. 비록 그들의 해탈이 명상 없이 성취된 것이라는 명시적인 표현이 없을지라도 이러한 결론은 피할 수 없을듯하다. 이 입장은 필자가 말했던 바가 붓다에 의해 설해진 명상의 종류였다는 말과 확실히 상충한다. 비록 뽀살라와의 대화에 나타난 해탈의 통찰에 대한 성질을 결정하기가 어렵더라도 그것은 명상에 의존하는 것으로 보이고, 우리가 그것을 우빠시바에게 한 가르침과 함께 읽는다면 우리는 통찰이 언어를 초월한 상태vādapatha라고 이해해야 한다.

지성주의를 향한 성향은《경장》을 통틀어 명백하다. 물론 극단적인 견해는 「마하쭌다경」에 언급되어 있으며, 「수시마경」에도 "명상은 필수적이지 않다."와 같이 강하게 제시되어 있다. 하지만 보다 덜 극단적인 견해도 다섯 비구들의 해탈 이야기를 다루는 「무아상경」(無我相經, Anattalakkhaṇa Sutta)의 결말에 언급되어 있다: "이 대화가 진행되는 중에 다섯 비구들의 마음은 집착을 여의고 번뇌로부터 벗어났다."[46] 이 요점은 교리적 가르침을 숙고하는 것이 해탈에 직접적인 결과를 초래할 수 있다는 점이다. 이런 견해는 명상이 해탈을 위해서 불필요하다는 극단적인 입장을 취하지 않는데, 그 이유는 이 구절의 편찬자들은 다섯 비구들을 고행/선정 수행에 충분히 정통했던 이들이라고 의심 없이 가정

을 참조하라.

45 이를테면, 전생에 대한 앎(pubbenivāsānusatiñāṇa)과 욕망의 법칙에 따르는 여타 존재들의 죽음과 재생에 대한 앎(cūtūpapātañāṇa).

46 SN III.68.27(=Vin I.14.34), "imasmiṃ ca pana veyyākaraṇasmiṃ bhaññamāne pañcavaggiyānam bhikkhūnam anupādāya āsavehi cittāni vimucciṃsū ti." 상좌부《율장》과 대중부『대사』(Mahāvastu)에 나타난 대등한 에피소드에 대해서 47-48쪽 각주 73를 참조하라.

했기 때문이다. 그러나 최종적인 해탈은 어떤 초개념적 명상의 성취를 통해 매개된 통찰에 의해서가 아니라, 개념적 사고를 요구하는 불교 교설에 대한 직접적인 마음집중에 의해서 영향을 받고 있음을 의미한다. 게다가 이 다섯 비구들의 해탈 이야기는 명상 체험을 한 이후의 붓다가 그들에게 담마를 가르치고 그들은 그것을 수행하고서, 마침내 자신들의 해탈을 성취하는 것으로 예정된 기간으로 설정된 「성구경」의 이야기와 아주 다르다.[47] 우리는 동일 사건에 대해 두 개의 대안적 견해를 제시할 수 있을 듯하다. 하지만 어느 것이 최초의 원형인가?

2장에서 제시된 이유로 인해, 필자는 「성구경」이 가장 오래된 전기 자료 중 일부를 포함하고 있을 것으로 생각하고 또 그럼으로써 다섯 비구들의 해탈 이야기는 「무아상경」의 이야기보다 더 이를 것 같다. 후자는 해탈이 지적 수단에 의해 성취될 수 있을 것이라고 폭넓게 수용되었던 시기를 가리키고 있음에 틀림없다. 그것은 우빠시바, 뽀살라와의 대화에서 표현된 견해—명상은 그 자체로 어떤 목적이 아니라 통찰로 이끄는 [수단]이다—와 전적으로 불일치하는 것은 아니다. 하지만 뽀살라에게 설한 해탈의 통찰이 지적이라고 할 수 없으며, 또 우빠시바에게 행한 가르침에 따르면 그것은 비-지적인 상태를 초래한다. 적어도 「무아상경」과 우빠시바, 뽀살라와의 대화는 그들과는 완전히 다른 느낌을 가지고 있다. 붓다는 우빠시바에게 '대화가 없는' 삶을 말한다(Stn 1070게: virato kathāhi)—그것은 그가 그렇게 하면서 그의 마음은 번뇌로부터 벗어나게 될 것이고 희망하면서 그가 이야기 하는 동안 주의 깊게 듣도록 말하지 않는다. 순간적인 해탈은 붓다가 우빠시바, 우다야 혹은 뽀살라에게 설한 바가 아니다. 「무아상경」·「마하쭌다경」·「수시마경」은 붓다에게로 회귀시킬 수 없는 지성주의

47 153쪽 각주 2를 참조하라.

적인 성향을 보인다. 또 이 지성주의적인 성향은 초기불교 승가saṅgha의 모든 구성원들에 의해 수용된 것도 아니었다. 필자는 해탈의 통찰에 대한 지성주의와 선정주의 사이의 논쟁이 발레 뿌쌍이 주목했던 것보다 훨씬 광범위하게 회자되고 있다고 다른 곳에서 지적했다. 그것은 사성제의 이해에서 이끌어지는 해탈의 통찰과 같은 관념들, 그리고 '양편[극단]을 여읜ubhatobhāgavimutti' 관념의 상이한 개념들을 망라하고 있다.[48]

통찰을 배제한 선정주의의 존재에 대한 쉬운 설명이 있는 반면(주류 명상과의 긴밀한 접촉), 해탈의 통찰이라는 이 지성주의의 기원에 대한 쉬운 설명은 없다. 곰브리치에 의하면, 지성주의는 '승가 변증론에서 기인한 일종의 서사적 우연'이었을지 모른다는 것이고,[49] 슈밑하우젠은 '진리와 앎의 특별한 힘에 대한 베다전통의 신념은 여전히 초기 불교도 사이에서 영향력을 발휘했을 것이'라고 제시했다.[50] 양쪽의 이 의견들은 지성주의를 어느 정도까지는 설명한다. 지성주의를 설명하는 또 다른 시도는 해탈의 통찰이 갖는 필연을 말하는 붓다의 가르침에서 의도하지 않았던 결과였다는 것이다. 필자는 붓다가 순수한 명상과 인지적 수행 간의 '중도'를 가르쳤다고 주장했었다. 명상에 의해 유도된 몰입 상태는 유용하고 필수적인 것이라고 생각되지만, 그 주류 명상과의 차이 면에서 그들의 궁극적인 목적은 통찰이었다. 붓다에게, 명상 전문가가 그의 집중 상태를 마음챙김 수행에 적용시켜야 하는 것(Stn 1070게: satimā; Stn 1111게: ajjhattañ ca bahiddhā ca vedanaṃ nābhinandato; Stn 1113게: ajjhattañ ca bahiddhā ca natthī ti passato)과 통찰

48 Wynne(2002) 참조.

49 Gombrich(1996), 127. 동시에 그는 다음과 같이 지적한다. "그러나 나는 우리에게 전승된 빠알리 「수시마경」(Susīma Sutta)의 저자가 [저작 연대를] 앞당기는 문제에 관한 견해가 있었을 가능성을 배제할 수 없다."

50 Schmithausen(1981), 211.

의 성취를 향해 정진해야 하는 것은 엄청나게 중요한 일이었다. 이 견해에 따르면, 단지 명상만을 행함으로써 주류 명상의 목표로 삼는 것은 최고층기 불교에서 냉혹한 비판을 받았을 것이다. 「감관 수행의 경」(Indriyabhāvana Sutta, M152)은 이를 완벽히 표현하고 있다.[51] 여기서 웃따라Uttara 바라문은 그의 스승 빠라사리야Pārāsariya한테 다음과 같이 '감관의 수행indriyabhāvana'을 사사한 것을 붓다에게 고백하고 있다.

우리는 눈으로 형상을 볼 수 없고, 또는 귀를 갖고 소리를 듣지 못한다.[52]

빠라사리야의 가르침은 주류 명상의 목적과 잘 부합한다. '빠라사리야'라는 이름이 흥미가 없는 것은 아니다. 유사한 범어 '빠라샤르야Pārāśarya'는 <해탈법품>에서 수차례 나온다. 몇몇 사례에서 신화에 나오는 현자를 지칭하지만,[53] 단 한 군데서는 자나까Janaka 왕의 스승인 빵짜쉬카Pañcaśikha 비구를 빠라샤르야와 같은 종성 출신pārāśaryasagotra이라고 말하고 있다.[54] 이 이야기가 어떤 진실을 보존해 왔을 가능성도 있다. 다시 말해 초기 브라만전통의 스승인 빠라샤리야와 빵짜쉬까(Mbh XII.211-12에서 일종의 원형－수론학파의 스승인 그 자신) 간의 관련성이 전설적이기는 하지만, 그 이름들이 어떤 중요성을 갖고서 역사적 인물로 회귀하는 것도 가능하다. 그렇다면 「감관 수행의 경」은 빠라사리야/빠라샤르야에 대한 유일한 역사적인 정보를 보존해 온 사례가 될 수 있겠다. 만

51 이는 그 경을 반드시 최고층기의 것이라고 추정함을 의미하는 것은 아니다. 필자는 아마 그렇다고 생각하더라도 말이다.

52 MN III.298.13, "cakkhunā rūpaṃ na passati, sotena saddaṃ na suṇāti."

53 Mbh XII.314.23, 30에서 그것은 Vyāsa를 지시하고, 또한 Mbh XII.316.48에서 그것은 Śuka를 지시한다.

54 Mbh XII.308.24.

일 그렇다면, 빠라사리야는 정말로 초기 브라만적-요가적 전통의 스승이었고, 그럼에도 붓다가 다음과 같이 조롱했던 가르침을 행한 인물인 것이다.

만일 그렇다고 한다면, 웃따라여! 시각장애인도 그의 감관들을 계발했을 것이고, 청각장애인도 그의 감관들을 계발했을 것이다.[55]

이 경은 계속해서 우리의 감각의 새김과 관련한 마음챙김이 우리의 감각 기능을 계발하기 위한 바른 길이라고 가르친다. 이는 마음챙김의 중요성에 대해서 강조하고 있다고 볼 수 있다. 즉 비인식이라는 명상의 목표를 대신해서 우리의 인식과 관련한 바른 태도를 주입하려 함은 특히 「감관수행의 경」에서 명상만을 홀로 수행하는 것을 냉혹하게 비판함으로써 사실상 지성주의를 초래했다. 만일 우리가 요가의 목표인 '알지 못함not knowing'을 성취하기보다 차라리 무언가를 인식해야 할 필요가 있다면, 특히 슈밑하우젠이 말한 '진리와 앎의 특별한 힘에 대한 베다전통의 신념'이 초기 불교도들 사이에서 영향을 끼쳤다고 가정하는 게 맞는다면, 그 인식의 내용이 다른 방식으로 정형화되기 시작했다는 점은 전혀 놀랍지 않다. 지성주의는 붓다가 설한 바가 없었다는 사실에도 불구하고, 그저 일어나기를 기다리고 있는 중이었다.

4. 색계 4선과 그 발전

명상과 앎 사이의 '중도'는 색계4선 체계에서 가장 간결하게 표현된 듯하지

55 MN III.298.16, "evaṃ sante kho, Uttara, andho bhāvitindriyo bhavissati, badhiro bhāvitindriyo bhavissati."

만, 필자는 이 구성 체계가 이해가 잘 안 된다. 예를 들어 사띠sati, 삼빠자노sampajāno, 우뻭카upekkhā 등과 같이 알아차림이 들어간 표현들은 오역되었거나 혹은 명상 상태의 특정 요소라고 이해된다.[56] 사띠를 '마음챙김', 우뻭카를 '평정'으로 번역하는 것은 이 용어가 가진 정의에 충실하지 못한 것이다. 이들은 제3선과 제4선을 일종의 표현할 수 없는 내적 고요로 인해서 특성화된 명상의 몰입 상태로 격상된 것이라는 그릇된 인상을 주고 있다. 하지만 이 용어들은 초기 불교 텍스트에 나타난 의미와는 상당한 거리가 있어 보인다. 그것들은 (불교적 분석에서 심적 대상들을 포함하는) 감각 대상들을 지각하는 특정한 방법을 가리킨다. 따라서 제3선의 sato sampajāno라는 표현은 제2선의 명상 몰입cetaso ekodibhāva과는 다른 어떤 알아차림의 상태를 의미한다. 그것은 그 주체가 어떤 명상 상태를 유지하는 것과 상관없는 무언가를 하고 있음, 즉 그가 자신의 몰입 상태에서 출정해, 거듭하여 다시 대상들에 대해 알아차리고 있음을 암시한다. 'upek(k)hā'(우뻭카)라는 단어도 마찬가지이다: 왜냐하면 동사 upa + √ikṣ의 어근 의미가 "~에 대해 살펴보는 것, … 간과하고, 무시하고, 소홀히 하고, 포기하는 것"이어서 어떤 추상적인 '평정'을 의미하지 않는다.[57] 바꿔 말해 그것은 무언가에 대해 알아차리면서도 그것에 대한 무념無念을 의미한다. 《경장》에서

56 예로, 제4선의 기술에 대한 냐나몰리 비구와 보디 비구의 공역(Ñāṇamoli & Bodhi 1999: 105): "나는 제4선에 들어가 머무르고, 불고불락(不苦不樂)과 평온으로 인한 마음챙김의 청정[捨念淸淨]을 지닌다."(MN I.22.7, "adukkhaṃ asukhaṃ upekhāsatiparisuddhiṃ catutthaṃ jhānaṃ upasampajja vihāsiṃ"). 이에 대한 문제점은 번역자들이 adukkhaṃ, asukhaṃ, upekhāsatiparisuddhiṃ과 같은 단순 형용사들을 명상 몰입의 '요소들'로 이해하는 것처럼 보인다는 점이다. 복합어 adukkhaṃ, asukhaṃ, upekhāsatiparisuddhiṃ은 마치 실제의 '사물들'이 어떤 '실제의' 명상 상태에 객관적으로 포함된 마냥 제4선 안에/의 '요소들'을 가리키지 않는다. 이 복합어들은 명상 수행가가 체험할 수 있는 어떤 특정 심적 상태, 즉 마음챙김과 사념청정의 체험이라고 묘사될 수 있는 것을 한정하는 데 사용된다.

57 MMW s.v. √upekṣ.

'upekkhā' 단어가 수없이 다르게 등장하고 있다는 것만큼은 확실하다. 필자는 다만 「감각 기능 수행의 경」 만을 참조하고 있다.[58] 필자가 보듯이, 제3선과 제4선은 대상들에 대한 빈틈없는 알아차림을 향한 명상의 직접적인 몰입 상태 과정을 묘사하는 것이다.[59] 물론 이 과정의 정점은 해탈의 통찰에 있다.

색계4선 체계는 붓다가 우빠시바, 뽀살라, 특히 우다야와의 대화에서 설한 가르침과 일치하는 것으로 나타난다. 짐작컨대 이 체계는 실체 면에서 붓다에게로 회귀해야 할 것으로 보인다. 그러나 이 경우조차 불교의 후속 세대로의 전승은 최초의 원형이 변하지 않은 채 왔을 것 같지 않다. 색계4선의 목표인 해탈의 통찰과 관련한 한 가지 특정한 문제가 있다. 《디가 니까야》의 <계온품戒蘊品> 여기저기서 가장 주목받는 이야기인 해탈은 사성제와 번뇌(āsava; 漏)의 통찰에 의해 영향을 받는다. 이는 어떤 종류의 지적인 통찰인 것처럼 보인다. 즉 슈밑하우젠은 그것이 심리학적으로 믿기 어렵고,[60] 또 "[붓다의] 정각의 원형 이야기에 해당하는 것으로 인정될 수 없다."고 주장했다.[61]

---

58 upekhā의 의미를 '감각 대상을 향한 무념'으로 표현하는 MN III.299.15, 299.19, 299.24, 299.29 등을 참조하라. 특히 MN III.301.17에는 upekhako가 sato sampajāno와 묶여 있다.

59 리처드 곰브리치는 이에 대해 밝혔다(1997: 10). 그는 다음과 같이 썼다. "나도 이것이 논란이 많다고 알고 있지만, 그럼에도 제3선과 제4선은 제2선과는 상당히 다른 것으로 나에게 보인다. 나는 우리가 특별히 어떤 것에 대해 알아차림 없이 '알아차리고 인지할' 수 있다고 가정한다: '알아차리고 인지하는' 이라는 용어는 아마도 현행의 사고라기보다 잠재적인 것, 어떤 감수성의 상태라고 기술할 수 있겠다. 하지만 나는 이를 불만족스러운 논의라고 생각한다. 우리는 실제 명상가에게 그의 주변에서 일어나는 번쩍이는 불빛[번개]이나 큰 소음[천둥]을 알아차릴 수 있는지 없는지 물어야 봐야 한다. 내 입장에서 그 텍스트의 설명은 제3선과 제4선에서 그는 알아차릴 수 있지만, 제2선에서 그는 알아차리지 못한다고 하는 게 자연스럽다. 만일 그게 맞는다면, 선정에 대한 이러한 설명은 두 개의 꽤 다른 인지 상태들을 묘사하고 (또한 규정하고), 그리고 후대의 전통은 집중되고 고요한 종류의 명상 전형으로 그것들을 분류하고, 나머지—더욱이, 고차원의—요소를 무시함으로써 그 선정을 조작해왔다.

60 Schmithausen(1981), 207-208.

61 Schmithausen(1981), 205.

일부 초기 불교도들이 무엇 때문에 해탈의 통찰을 사성제에 대한 바른 앎이라고 여겼는지 쉽게 납득이 간다. 왜냐하면 이 목차는 가장 일목요연하고 간결한 방식으로 불교를 압축하기 때문이다. 더욱이 붓다가 뽀살라에게 설한 통찰의 내용은 환희nandī를 '무소유'의 명상 체험의 원인이라고 이해하는 것으로 구성되어 있다. 이 통찰은 두 번째 고귀한 진리, 즉 고苦의 원인이 갈애(渴愛/taṇhā)라는 진리의 통찰과 가깝다. 이 밖에 「근본 법문의 경」(Mūlapariyāya Sutta, M1)에 따르면, 여래는 해탈의 지식 내용을 '고통의 근본이 환희임nandī dukkhassa mūlanti'[62] 이라고 이해한다. 가장 먼저 등장한 해탈의 통찰은 이러한 사실에 대한 비개념적이고 실존적인 파악으로 간주했을 것이라는 점은 쉽게 상상이 간다. 이러한 초기 이후 일련의 점진적인 이동들은 분명 있었을 것이고, 이는 사실상 사성제의 통찰이 해탈에 영향을 끼친다고 여겨질 때까지 해탈의 통찰 내용을 세밀히 다듬었을 것으로 생각된다. 일들은 거기서 멈추지 않았다: 마치 《율장》의 사문 고타마의 정각 이야기나[63] 번뇌에 대한 통찰 개념과 같이 이전보다 훨씬 정교해진 이론들이 정형화되었다.

사실상 번뇌의 통찰, 그것의 일어남과 소멸, 그리고 그것의 소멸로 이르는 길이 어떻게 그 이론적인 정형구를 복잡하고도 일관성 없게 했는지 보여준다. 슈밑하우젠이 지적했던 바와 같이, 번뇌의 기원과 같은 개념은 정말 어처구니가 없다: "두 개의 서로 다른 구절에 따르면,[64] 그것은 무지(無知; avidyā)이지만, 무지 그 자체는 다른 두 구절뿐 아니라 우리의 텍스트에서도 병폐 중 하나로 열거된다!"[65] 달리 말해, 번뇌의 목록은 인간 조건의 문제를 요약하는 것이다. 그것

62 MN I.6.11.

63 Vin I.10ff (=SN V.422.3ff); Schmithausen(1981), 202 참조.

64 MN I.55.11과 AN III.414.13.

65 Schmithausen(1981), 205.

들은 정상적인 인간의 경험을 특징짓고 또 해탈을 체험하기 위해 없어져야 하는 것들로 정의된다. 그러나 그것들의 제1 원인을 규명하려는 시도는 상식에 맞지 않다. 그것들의 기원에 대한 지식이 해탈의 통찰 내용의 일환이라는 이론은 그러므로 믿기 어렵다. 따라서 색계 4선 체계는 상이한 유형의 지적 통찰을 위한 토대가 되었다. 즉 명상은 갈수록 더 정교해지는 일련의 심적 수련을 위한 수단이 된 것이다.[66] 또 결국 일부 불교도들은 명상과 함께 할 것을 생략했다. 이렇게 나아가게 된 것은 아마도 오로지 명상만 하려는 극단적인 태도, 해탈의 통찰에 대한 효율성, 그리고 초기 불교도들이 그들 자신들을 차별화시켜 자신들의 철학적 정체성을 확립할 필요성 등과 같은 복합적인 요인들이 원인이 되었을 것이다.

초기불교 사상의 교리 발전에 관련된 과정들은 의심할 나위 없이 복합적이었다. 이상의 대강은 필자가 생각하는 가장 그럴듯한 사건들의 진행이었을 근사치이다. 설령 이런 식의 대강이 맞지 않더라도, 필자는 지금 우리가 초기 문헌을 계층화하고 초기 교리의 정형들의 역사적 발전을 복원하기 위해 더 나은 입장에 처해 있다고 생각한다. 우리는 텍스트 혹은 색계 4선과 같은 특정한 가르침을 붓다에게 귀속시킬 수 있는 수단으로써 우빠시바, 우다야, 뽀살라와의 대화들를 활용할 수 있다. 따라서 필자는 우리가 가장 시원적인 개념인 해탈의 통찰을 사성제의 통찰이었다고 보는 관념을 무시할 수 있다고 생각한다. 가장 오래된 교설인 해탈의 통찰 내용은 불명확하다. 비록 그것이 붓다가 뽀살라와의 대화 속에서 그려진 것과 유사한 어떤 것이라고 틀림없이 생각할지라도, 이 가르침은 모호하다. 추구해야 할 보편적 원리는 해탈의 통찰에 대한 더 간결하고

66 리피스가 인용하듯이(Griffiths 1981: 616), 색계 4선은 일종의 "마음 수련을 위해 준비 운동하는 것, 즉 우주의 실상으로의 통찰을 얻는 데 필요한 노력을 위해 그것을 유연하게 만드는 방식이자 그것을 준비하는 방식이다."

비非지적인 판본들이 가장 오래된 것일 확률이 높다는 점이다. 이러한 바탕 위에서 초기불교 문헌에 대한 간단한 계층화는 가능하다. 「성구경」에서 기술된 것들은 최고층기最古層期에 해당하고, 거기에는 성도 이전의 사문 고타마가 두 스승 문하에서 명상을 수련하고서 그들의 목표가 바른 깨달음으로 이끌지 못한다고 거부한 점, 그리고 최초의 다섯 비구들에게 가르침을 전한 내용들을 전하고 있다. 우빠시바, 우다야, 뽀살라와의 대화들은 붓다의 명상 가르침을 보다 상세하게 기술하고 있고, 색계 4선도 마찬가지이다. 아무튼 최초의 근본분열이 있었던 불멸 후 대략 60년 이전의 초기에도[67] 일부 불교도들은 여전히 초기 브라만의 명상 이념을 수용하기 시작했다. 아마도 이는 그들이 브라만전통의 요가학파에 속했거나, 아니면 사전에 그들에게서 영향을 받았기 때문일 것이다. 동 시기에 사성제가 해탈의 통찰이라는 지성주의를 향한 성향과 같은 이론들이 있었다. 부분적으로는 한낱 명상만을 실행하는 데 대한 불교의 비판을 보충하는 것에서, 또 다른 측면에서는 주류 명상의 영향에 대한 반작용에서 비롯되었다. 해탈의 통찰에 대한 내용은 연기의 가르침을 포함하기 위해 한층 정교해졌고, 결국 일부 불교도들은 명상과 더불어 있는 것마저 생략했다.

5. 붓다의 진설眞說에 대한 식별

3장 및 4장의 증거는 무색처정이 초기 브라만전통의 출처에서 차용되었음을 보여주는 듯하다. 하지만 필자는 그 이상으로 주장했다. 필자는 이러한 차용

67 47-48쪽 각주 73과 247쪽 각주 46을 참조하라. 해탈의 통찰에 대한 동일한 이지적인 판형은 상좌부와 대중부 원전에서 발견된다. 상좌부와 대중부는 아마도 불멸 후 60년경 제2차 결집 이후 얼마 지나지 않아 쪼개졌다(Gombrich 1992: 258).

이 붓다 자신에게 거슬러 올라가야 한다고 주장했고, 그가 초기 브라만전통의 명상 수행을 연마한 후에 이 수행들을 자신의 추종자들에게 사용하도록 허락했다고 하였다. 게다가 필자는 이 이론이 우리로 하여금 초기 문헌에 나타난 붓다의 진설眞說을 식별하게끔 한다고 주장해왔다. 이러한 주장에서 요구되는 기준점은 무엇인가? 필자가 붓다의 진설을 확립하기 위해 시도했던 방법은 원칙적으로 꽤 단순하다. 그것은 우선 초기불전으로부터 역사적 사실들을 추론하는 데 의존한다. 필자가 「성구경」으로부터 추론할 수 있다고 주장하는 사실들은 붓다의 초반 생애에 대한 특정한 지적 배경을 제시한다. 이 사실들을 통해 우리는 붓다의 가르침의 어떤 측면에 대한 이론, 즉 초기불전에 포함된 교설의 일부와 그것을 비교함으로써 시험대에 올려 질 수 있는 이론을 형성한다. 이 이론을 확정할 수 있을 듯 보이는 텍스트—「우빠시바 바라문의 질문 경」—는 따라서 역사적 사실에 기반을 두고 있으며, 역사적으로 가장 진짜일 것 같기도 하다.

이 방식의 한 가지 약점은 추론된 역사적 사실들의 출처인 「성구경」이 붓다가 무엇을 가르쳤는가에 대해서 말할 게 아무 것도 없다는 점이다. 다시 말해서, 필자가 (「성구경」에서) 역사적 사실이라고 주장하는 것은 필자가 (「우빠시바 바라문의 질문 경」에서) 붓다의 진설이라고 확인했던 것과 직접적으로 관련이 없다는 점이다. 초기불전의 구술적인 성격은 교리적 정형구, 인용문, 그리고 심지어 장문(예로 붓다와 내담자 사이의 전체 대화)마저 상이한 텍스트들을 마음대로 들락날락 이동했을 수 있음을 의미한다.[68] 이는 어떤 텍스트에 포함된 역사적 사실들과 이에 인접한 교리적 정형구 간의 직접적인 연관성을 추측할 수 없음을 의미한다. 후자는 후대에 쉽게 덧붙여질 수 있었을 테지만, 그 반대를 증

68 필자는 그러한 과정이 즉흥적이지 않았고, 다만 개인적인 암송자들이 아닌 초기불교의 공동체에 속한 결집위원들에 의해서 시행되었던 계획된 연습이었음을 다른 곳에서 주장했었다.

명하는 수단은 매우 적다. 따라서 추론된 역사적 사실들과 그것들이 적용되는 목적 간의 간접적인 연관성은 예상만 할 뿐이다. 중요한 이슈는 붓다의 특정 교설이 진짜임을 증명하는 데 역사적 사실들이 어떻게 이용할 수 있는가에 관한 것이다.

필자는 역사적 사실에서 추론된 붓다의 지적 발전의 측면들을 가설화함으로써 이 질문에 대답하려고 시도했다. 만일 텍스트들에서 주장된 것처럼 붓다에게 진실로 두 명의 명상 스승들이 있었다면, 우리는 그 스승들의 지적 환경에 대한 어떤 이론을 세울 수 있을 것이다. 이 같은 추론은 붓다의 지적 역사에 대한 사고를 형성하는 데 이용될 수 있고, 그의 가르침의 몇 가지 측면들을 가설화하는 데에도 이용할 수 있다. 따라서 붓다가 특정 사고에 노출되어서 어떤 식으로든 그들에게 답해야 했던 지식들은 불설로 확정되는 진위성을 확립할 수 있는 특정 기준점을 제공한다. 초기 텍스트에 기록된 붓다의 가르침 가운데 특정 사례들은 이러한 가설 덕분에 판단될 수 있다. 예를 들어, 붓다의 대화 상대방이 표방하고 있는 대화가 붓다의 전법 행적 이전에 거부되었던 사고들로 확인된다면, 어찌 되는 것인가? 또 만일 붓다가 그 대화 상대방에게 한 대답에서 문제의 그 사고에 대해서 이미 정통해 있으며, 예전에 거부했던 것처럼 사실상 그것들을 거부하는 듯이 보인다면, 어찌 되는 것인가? 우리가 붓다에 대해서 확립해 온 것과 같은 그러한 훈련과 지적 배경 중에서 그는 자신의 낡은 신념들을 옹호하는 지지자에게나 정확히 예상될 수 있는 대답을 할 것으로 보인다. 그러한 사례에서 필자는 이것이 우연의 일치가 아니라고 주장할 것이다: 붓다의 인격에 관한 역사적 정보가 신뢰할 수 있을 정도라면, 그 연관성은 붓다의 진설을 아마도 가장 잘 드러낼 것이다. 텍스트들을 붓다에게 귀속시키는 이 방법은 다음과 같이 요약될 수 있다.

1. 붓다의 생애에 대한 역사적 사실 가운데, 특히 그의 지적 발전과 관련된 이들을 먼저 확정할 필요가 있다.
2. 이런 사실에 대한 지적 내용은, 연구 방법이 사실 그 자체에 의해 제시되는 한에 있어 무엇이든지 정교화될 필요가 있다. 이는 우리에게 붓다의 지적 발전에 대해서 보다 자세한 이해를 허용한다.
3. 초기 문헌에 나타난 대화들은 논의된 사고들이 붓다의 지적 발전에서 중요했을 것으로 보여지는 것들이라는 점에서 확인될 필요가 있다. 만일 그 대화에서 붓다의 가르침이 그가 이러한 사고들을 완벽히 이해하고서 자신의 지적 발전 이론과 부합하는 방식으로 대답하는 것처럼 보인다면, 그 텍스트는 역사적으로 진짜일 가능성이 높다.
4. 만일 텍스트가 그것의 유물 및/혹은 진위성을 제시하는 그 자신의 증거를 포함하고 있다면, 문제의 텍스트(들)의 진위성은 한층 더 강화될 것이다.

앞서 살펴본 것처럼, 이 가설은 어떤 추론 방식에 기반을 둔다. 1단계에서 붓다의 생애와 관련 있는 사실의 추론, 이어서 2단계에서 이 사실에 의해 제시된 지적 배경의 추론. 이 추론을 바탕으로 필자는 성도 이전(그가 아직 보살Bodhisatta이었을 때) 붓다의 지적 역사에 대한 이론을 만들어냈다. 이를테면, 필자는 붓다가 특정 명상 수행과 그 철학적 배경에 대해 정통하고 있었다고 가정했다. 즉 필자는 우빠시바와 붓다 사이의 모호한 대화가 추론된 역사적 사실로부터 가설화됨에 따라 그의 지적 배경에 대해 정확히 부합하는 방식으로 후자를 묘사한다는 것을 보여주려고 시도해왔다. 달리 말하자면, 이상의 방식은 다음과 같이 붓다의 가르침 중 일부를 확립하는 데 사용되어왔다.

1. 필자는 「성구경」에서 표현하는 듯 사문 고타마가 알라라 깔라마와 웃다까 라마붓따 문하에서 사사했음을 보여주려고 시도했다.

2. 필자는 '사문 고타마(=Bodhisatta)'의 스승들이 초기 운문 우파니샤드와 <해탈법품>에 기록된 것과 유사한 종류의 명상을 가르쳤다고 주장한다. 이는 초기 베단따적인 환경에서 등장한 붓다가 그것의 해탈론적 목표에 대한 그의 반대가 우리로 하여금 그가 거부했던 종류의 사고들에 대한 어떤 가설을 형성하게끔 하고, 그것의 해탈론적 수단에 대한 암묵적 묵인이 그러한 방식들을 붓다의 가르침에서 허용하게끔 상정되었음을 의미할 수 있다. 가장 중요하게, 우리는 붓다가 초기 브라만전통 사상의 철학적 전제에 대해서 상당히 정통했다는 것을 가정할 수 있다.
3. 우빠시바에 대한 붓다의 대답은 그가 우빠시바 질문에 대한 브라만적인 전제—즉 명상은 세계에 대한 자각이 없어야 하는 내적 집중이라는 점과 해탈은 사후에 성취된다는 점—를 완벽히 잘 이해하고 있음을 보여준다. 더욱이 붓다가 이러한 사고들을 거부한다는 사실은 그의 두 스승들의 목표를 거부한 것과 일치한다. 이는 그가 「성구경」에서 제시된 것처럼 그러한 훈련과 지적 배경을 정말로 가졌음을 암시한다.
4. 우빠시바와의 대화는 후대에 거의 조작했을 수 없을 정도의 성질을 가지고 있다. 붓다와 우빠시바는 대부분 동문서답하고 있고, 이는 붓다의 '방편시설方便施說'로도 볼 수 있다. 주고받는 두 사람의 대화는 너무 절묘해서 그것을 만들어낸 것이라고 보기는 힘들 것 같다. 따라서 그것은 그 역사적 진위를 제시하는 우발적인 증거를 포함하고 있고, 이런 도움들은 그 주장의 1단계와 2단계에서 정교해진 이론을 확증시킨다.

요약하자면 「성구경」에서 도출한 추론들이 맞다면, 붓다가 우빠시바에게 설한 가르침을 정확히 예측할 수 있다고 말할 수 있다. 이와 같이 필자는 초기 문헌에서 추론된 역사적 사실에 근거하여 붓다의 진설眞說을 정립하고자 시도했다. 이러한 붓다의 진설을 식별하기 위한 접근법은 사실상 새로운 것이 하나도 없다. 여기에서 추종하는 일반적인 추론 방식은 앞서 리즈 데이비스가 《디가 니까야》에 담겨 있는 붓다의 긴 대화의 진위성을 검토해 진행했던 내용이다.

> [붓다가] 역사적 인물이었다는 가설상, 그는《대장경》에서 그러한 훈련과 성격을 가졌다고 표현되고 있다. 그 방식은 정확히 가장 있을 것 같은 것을 그가 실제로 추종했을 것이라는 점이다.

요약문으로 표현된 리즈 데이비스의 주장은 다음과 같다:《대장경》은 특정한 인물의 배경과 성격을 제공한다. 즉《대장경》에 나타난 붓다의 배경과 성격은 우리로 하여금 붓다의 설법 방식을 가정할 수 있게끔 한다. 따라서 우리가 붓다의 교설 방식이라고 추론했던 것과 일치하는 불설佛說의 특정 사례들은 역사적으로 진짜일 가능성이 높다. 이는 여기서 따르는 방식보다 더 간단한 공식이다. 필자는 역사적 사실에 대해서 보다 더 정교히 확인함으로써 붓다의 '수련과 특징'을 확립하고자 시도해왔다. 하지만 실체 면에서 그 두 방식들은 차이가 없다. 우리는 필자의 방식이 리즈 데이비스의 직관보다 더 정교하다고 말할 수 있다.—이것이 적어도 필자가 주장하고 있는 바이다.

옮긴이의 말

"나는 집 짓는 자를 찾기 위해 수많은 생에 걸쳐 생사의 흐름을 헛되이 보냈다. 저생과 이생을 되풀이하면서 태어나는 것은 괴로운 일이었다. 집 짓는 자[慾望]야, 너의 정체는 발각되고 말았구나. 너는 이제 집을 짓지 못할 것이다! 너의 대들보는 모두 부서졌고 집의 지붕은 파괴되고 말았구나. 나의 마음은 열반에 이르렀고 욕망은 완전히 소멸되어 버렸도다(流轉非一生 走去無厭足 正覓屋住處更生生辛苦 今已見汝屋 不復更作屋一切脊肋骨 碎折不復生 心已離煩惱愛盡至涅槃)."

<선견율비바사> 중에서

이 책은 알렉산더 윈이 2003년 영국 옥스퍼드대에서 수여받은 박사학위논문을 수정하여 2007년에 발간한 단행본이다. 이후 그는 지도교수였던 리차드 F. 곰브리치 교수가 정년 후 설립한 옥스퍼드불교학연구소OCBS의 상임연구원으로 재직하고 있다. 나는 2012~13년 사이에 곰브리치 교수님 초청으로 그 연구소에서 1년간 방문 연구를 진행한 바 있다. 이러한 개인적 인연은 이 책에 대한 한국어판 번역서를 내는 것과 연관이 있을 것이라고 생각할 수 있다.

아주 사적인 변명을 보태자면, 필자의 30년 불교학 이력에서 그 전반부를 차지했던 초기불교 숙제에 대한 갈망, 이를테면 "붓다는 진짜로 무엇을 제자들에게 가르쳤을까? 그리고 그가 말하는 수행 방법은 과연 무엇이었으며, 왜 그는 성도 이전 자신의 궁극적 목표를 성취하는 데 조금도 도움이 되지 않는다고 과감히 선언하고 버렸던 '무소유처정'이나 '비상비비상처정'을 포함하고 있는 구차제정(九次第定)과 같은 명상 수행을 제자들에게 가르쳤을까?" 등은 나에게는 여전히 풀리지 않는 화두였다. 이 의문들을 조금이나마 해소하도록 도움을 준 원서가 바로 이 책이다.

옥스퍼드의 곰브리치나 스위스 로잔의 요하네스 브롱코스트 교수 등은 서구뿐 아니라 우리나라에도 꽤 정평이 난 연구자들이지만, 그들의 연구는 하나의 가설일 수밖에 없고, 시간이 지나면서 그 역시 수많은 오류가 있음이 밝혀지고 있다. 그동안 한국의 초기불교 연구 현황은 고익진 선생의『아함법상의 체계성 연구』에서 비로소 붓다의 원형이 담긴 아함/니까야의 중요성이 대두되었다. 필자 역시 이 책을 30년 전에 동국대 중앙도서관 1층의 구석진 불교학자료실에서 읽고 또 읽었다. 이제 세월이 흘러, 한국 불교학계에도 초기불교 관련 연구자들이 많이 배출되었고, 아울러 일반인들도 쉽게 언어의 장벽을 넘어서 아함이나 니까야를 혼자서 탐독할 수 있는 훌륭한 번역서도 시중에 많이 나와 있다. 정말로 다행스러운 일이 아닐 수 없다. 동시에 초기불교의 원전 자료는 불멸 후 긴 세월 동안 가감첨삭 된 온갖 부파의 산물임을 잊어서는 안 된다. 즉 그것이 붓다의 원음이라고 믿는다면 엄청난 오산이고 착각이다.

다시 사설로 돌아가서, 번역은 자신을 시간의 울타리에 가두고 그것을 좀먹는 괴물과 같다. 때때로 번역의 고단함 가운데 창밖의 투명한 햇살을 바라보며, 누군가의 좋은 번역서를 사서 보는 것이 정신 건강, 아니 육체 건강에 훨씬 이롭다는 것을 새삼 아로새기게 된다. 그럼에도 불구하고 양질의 불교 학술서가 턱없이 부족한 국내 실정에서 어쩔 수 없이 외국학자들의 원서를 찾지 않을 수 없다. 그 일부는 소논문 등에서 약간씩 소개되고 있지만, 우리가 외국학자들의 연구 성과를 쉽게 공유하고 그 전모를 전체적으로 이해하려면 누군가의 번역의 수고로움이 반드시 있어야 한다. 물론 이것은 그 노고에 비해 성과가 극히 미미하고 아주 비생산적인 일이다. 왜냐하면 다른 건 다 제쳐두고서라도, 소속이 없는(정규트랙에 있지 않은) 연구자에게 있어 엄청난 시간을 먹는 하마인 학술서적 번역은 상대적으로 KCI나 SCI 논문에 집중하는 것보다 모든 면에서 도움이 되지 않는다. 그렇지만 동시대의 학자로서 그 분야의 발전을 위해서는 조금씩 자기 희생해야 할 공동의 몫임에는 틀림없다는 도덕군자 같은 말을 하지 않을 수 없다. 나는 지금도 누군가의 그 지루하고 고단한 번역서들의 신세를 크게 지고서 연구를 진행하고 있다. 따라서 이 말은 꼭 해두어야겠다. 누군가의 번역을 보았으면 보았다고 밝히는 것이 공부하는 사람의 자세이지, 마치 그것을 보고도 원서를 처음부터 읽고 연구한 것처럼 번역 출처를 밝히지 않는 것은 일종의 자기기만이고 사기이다. 학자에겐 부끄러움과 염치가 있어야 한다!

이 번역서를 내기까지 많은 분들의 도움이 있었다. 우선 불가의 인연을 맺게 해 주신 금강정사 회주 벽암 지홍 큰스님께 구배를 올린다. 아함과 초기불교의 중요성을 일깨워 주셨던 故 고익진 선생님, 인도에서 갓 오셔서 빨래줄 글씨를 옹알옹알 가르쳐주셨던 故 이지수 선생님, 초기불교의 빠알리어 연기4구게를 보여주셨던 박경준 선생님, 불교인식논리학에 눈을 뜨게 해 주신 우제선 선생님께 감사를 올린다. 아무런 대가없이 영국 옥스퍼드대에서 연구를 할 수 있게 초청해 주셨던 리처드 곰브리치 교수께도 감사드린다. 특히 한글 교정을 꼼꼼히 봐주신 동국대 불교학술원 HK연구교수이신 김제란 선생님께 감사 의 말씀을 드린다. 또한 일일이 호명할 수 없지만, 전생의 지중한 연(緣)이 없다면 누구나 갈 수 없는 고귀한 인도학·불교학 연구를 하고 계신 동학들에게도 감사를 드리고 싶다. 최근의 열악한 출판 환경 속에서도 꾸준히 불교 철학서들을 내주시고 특히 경제성이 없을 것 같은 이 책의 출판을 허락해 주신 씨아이알 김성배 대표님께 큰 감사를 올린다. 긴 시간 너그럽게 기다려주면서도 면도날 같은 예리한 교정 실력을 맘껏 쏟아 부어주신 홍민정 편집장님께도 깊은 고마움을 전한다. 몇 해 전, 세연을 다하신 나의 아버님 영전에 이 책을 바치며, 마지막으로 이 책의 번역상 과실과 오류는 전적으로 역자의 몫임을 밝히며 너그러이 용서를 부탁드린다.

선정에 들어 달빛과 같은 붓다의 미소와 지혜에 젖어드네.

반야와 쁘라마나를 성취하여 벗들과 담소하네.

자신과의 약속을 지키는 사람은 밤하늘의 별처럼 그의 삶을 비추리라.

코로나-19가

우리 몸을 숙주로 떠나지 않겠다고 아등바등하는

마왕 파순처럼 느껴지는

2021년 늦가을 남산 기슭에서,

이산동광(伊山東光) 합장

참고문헌

Almond, Philip C.(1988) *The British Discovery of Buddhism*, Cambridge: Cambridge University Press.

Apte, Vaman Shivaram (1998) *The Practical Sanskrit-English Dictionary* (revised and enlarged edition; first compact edition), Delhi: Motilal Banarsidass.

Bareau, André (1963) *Recherches sur la bilgrapie du Buddha dans les Sutrapitaka et les Vinayapitaka anciens I:De la quête de l'êveil á la conversion de Sariputra et de Maudgalyayana*, Paris: École française d'Extrême-Orient.

___________ (1970-71) *Recherches sur la biographie du Buddha dans les Sutrapitaka et les Vinayapitaka anciens II: Les derniers mois, le Parinirvana, et les funérailles*, Paris: École française d'Extrême-Orient.

Barnes, Michael Anthony (1976) *The Buddhist Way of Deliverance: A Comparison Between the Pali Canon and the Yoga-Praxis of the Great Epic*, Oxford: unpublished M. Litt. thesis.

Beal, Samuel (1906) *Si-Yu-Ki: Buddhist Records of The Western World*, London: reprinted, Delhi: Motilal Banarsidass (1981).

Bedekar, V. M. (1963) 'The place of japa in the *Mokṣadharma* (Mbh 12. 189-193) and the *Yoga* Sūtra: a comparative study', *Annals of the Bhandarkar Oriental Research Institute* 44, pp. 63-74.

Belvalkar, S. K. (1951-53) *Mahābhārata, Śāntiparvan: Mokṣadharma; fascicules 22-24 of the Critical Edition*, Poona: Bhandarkar Oriental Research Institute.

Bodhi, Bhikkhu (2000) *The Connected Discourses of the Buddha. A New Translation of the Saṃyutta Nikāya* (vol. I), Oxford: Pali Text Society.

Böhtlingk, Otto and Roth, Rudolph (1855-75) *Sanskrit-Wörterbuch herausgegeben von der Kaiserlichen Akademie der Wissenschaften*, St. Petersburg: K. Akademie der Wissenschaften.

Brereton, Joel (1990) 'The Upanishads', In *Approaches to the Asian Classics*, eds. William Theodore de Barry and Irene Bloom, pp.115-135, New York: Columbia University Press.

__________ (1999) 'Edifying puzzlement: *Ṛgveda* 10.129 and the uses of enigma', *Journal of the American Oriental Society* 119(2), pp.248-260.

Bronkhorst, Johannes (1985) 'Dhamma and Abhidhamma', *Bulletin of the School of Oriental and African Studies* 48, pp. 305-320.

__________ (1986) *The Two Traditions fo Meditation in Ancient India*, Stuttgart: Steiner Verlag; reprinted, New Delhi: Motilal Banarsidass (1993).

__________ (2000) 'Die Buddhistische Lehre', *Der indische Buddhismus und seine Verzweigungen: Die Religionen der Menschheit*, Stuttgart: W. Kohlhammer, 24(1), pp. 23-213.

Brough, John (1962) *The Gāndhārī Dharmapada*, London: School of Oriental and African Studies; reprinted, Delhi: Motilal Banarsidass (2001).

Cabezón, José Ignacio (1995) 'Buddhist studies as a discipline and the role of theory', *Journal of the International Association of Buddhist Studies* 18(2), pp.231-268.

Chaṭṭha Saṅgāyana: CD-ROM version of the Burmese Tipiṭika, Rangoon 1954, Dhammagiri: Vipassana Research Institute, version 3.

Chau, Bhikku Thich Minh (1991) *The Chinese Madhyama Āgama and the Pāli Majjhima Nikāya: A Comparative Study*, Delhi: Motilal Banarsidass.

Collins, Steven (1982) *Selfless Persons; Imagery and Thought in Theravāda Buddhism*, Cambridge: Cambridge University Press.

__________ (1987) 'Review of Bronkhorst 1986', *Journal of the Royal Asiatic Society of Great Britain and Ireland*1987(2). pp.373-375.

__________ (1990) 'On the very idea of the Pali Canon', *Journal of the Pali Text Society* XV, pp.89-126.

Cone, Margaret (2001) *A Dictionary of Pali, Part I*, Oxford: Pali Text Society.

Cousins, L. S. (1991) 'The Five Points and the Origins of the Buddhist Schools'. In *the Buddhist Forum, vol. II*, ed. T. Skorupski, pp.27-60, London: SOAS, University of London.

De Jong, J. W. (2000) 'The Buddha and His Teachings', In *Wisdom, Compassion, and the Search for Understanding. The Buddhist Studies Legacy of Gadgin M. Nagao*, ed.

Jonathan A. Silk, pp.171-80, Honolulu: University of Hawaii Press.
Dutoit, Julius (1905) *Die Duṣkaracaryā des Bodhisattva in der buddhistischen Tradition*, Strassburg: Karl J. Trübner.
Edgerton, Franklin (1965) *The Beginnings of Indian Philosophy: Selections from the Rig Veda, Atharva Veda, Upaniṣads, and Mahābhārata, Translated from the Sanskrit with an Introduction, Notes and Glossarial Index*, London: George Allen & Unwin.
______________ (1994) *The Bhagavad Gītā, translated and interpreted, Cambridge: Harvard Oriental Series; reprinted*, Delhi: Motilal Banarsidass (1994).
Eliade, Mircea (1954) *Le yoga. Immortalité et liberté*, Paris; trans. Willard R. Trask
__________ (1969) *Yoga, Immortality and Freedom*, London: Routledge & Kegan Paul.
__________ (editor in chief) (1987) *The Encyclopedia of Religion*, New York, London: Macmillan.
Frauwallner, Erich (1953) *Geschichte der indischen Philosophie Band I: Die Philosophie des Veda und des Epos, der Buddha und der Jina, das Sāmkhya und das Klassische Yoga-system*, Salzburg: O. Müller: Instituto Italiano per il Medio ed Estreme Orientale.
______________ (1956) *The Earliest Vinaya and the Beginnings of Buddhist Literature*, Rome: Instituto Italiano per il Medio ed Estreme Orientale
Geiger, Wilhelm (1994) *A Pāli Grammar*, Oxford: Pali Text Society.
Gethin, R. M. L. (2004) 'He who sees dhamma sees dhamms: dhamma in early Buddhism', *Journal of Indian Philosophy* 32, pp. 513-524.
____________ (1992) *The Buddhist Path to Awakening: A Study of the Bodhi- Pakkhiya Dhamma*, Leiden: Brill; reprinted, Oxford: One-world (2001).
Gnoli, Raniero (1978) *The Gilgit Manuscript of the Saṅghabhedavastu, Being the 17th and Last Section of the Vinaya of the Mūlasarvāstivādin, Part II*, Rome: Istituto Italiano per il Medio ed Estremo Oriente.
Gombrich, Richard F. (1988) 'The History of Early Buddhism: Major Advances since 1950', In *Indological Studies and South Asian Bibliography —a Conference*, Calcutta: National Library Leeds: University of Leeds.
________________ (1990) 'Recovering the Buddha's Message', In *The Buddhist Forum:*

Seminar Papers 1987-1988, ed. T. Skorupski, pp.5-20, London: SOAS.

______ (1992) 'Dating the Historical Buddha: A Red Herring Revealed', In *The Dating of the Historical Buddha, Part 2*, ed. Heinz Bechert, pp.237-259, Göttingen: Vandenhoeck & Ruprecht.

______ (1996) *How Buddhism Began: The Conditioned Genesis of the Early Teachings*, London: Athlone Press.

______ (1997) 'Religious experience in early Buddhism?', *Eighth Annual British Association for the Study of Religion Lecture.*

Goudriaan, Teun (1978) *Māyā Divine and Human: A Study of Magic and its Religious Foundations in Sanskrit Texts, with Particular Attention to a Fragment on Viṣṇu's Māyā preserved in Bali*, Delhi: Motilal Banarsidass.

Griffiths, Paul (1981) 'Concentration or insight: the problematic of Theravāda Buddhist Meditation-theory', *The Journal of the American Academy of Religion* 49(4), pp.605-624.

Hacker, Paul (1961) 'The Sāṃkhyization of the Emanation Doctrine (shown in a critical analysis of texts)', *Wiener Zeitschrift für die Kunde Süd- und Ostasiens und Archiv für indische Philosophie* 5, pp.75-112.

Halbfass, Wilhelm (1988) *Indian and Europe: An Essay in Understanding*, Albany New York: SUNY Press.

______ (1995) *Philology and Confrontation: Paul Hacker on Traditional and Modern Vedanta*, Albany New York: SUNY Press.

Hallisey, Charles (1995) 'Roads Taken and Not Taken in the Study of Theravāda Buddhism', in *Curators of the Buddha: The Study of Buddhism under Colonialism*, ed. D. Lopez, pp.31-61. Chicago: University of Chicago Press.

Hopkins, E. W. (1901a) '*Yoga* technique in the Great Epic', *Journal of the American Oriental Society* 22, pp.333-379.

______ (1901b) *The Great Epic of India*, New York, London.

Horner, I. B. (1954) *The Collection of Middle Length Sayings*, vol. 1: The First Fifty Discourses, London: Luzac.

Hultzsch, E. (1925) *Corpus Inscriptionum Indicarum, vol. 1: Inscriptions of Aśoka*, Oxford:

Clarendon Press for the Government of India; reprinted, New Delhi: The Director General Archaeological Survey of India (1991).

Hume, Robert Ernest (1931) *The Thirteen Principal Upanishads* (2nd revised edition), Oxford: Oxford University Press.

Jayatilleke, K. N. (1963) *Early Buddhist Theory of Knowledge*, London: George Allen & Unwin; reprinted, Delhi: Motilal Banarsidass (1998).

Johnston, E. H. (1935-36) *Aśvaghoṣa's Buddhacarita, or Acts of the Buddha. Complete Sanskrit Text with English Translation* (PartsI-III), Calcutta: Baptist Mission Press; reprinted, Delhi: Motilal Banarsidass (1984).

Jones, J. J. (1949-56) *The Mahāvastu: Translated from the Buddhist Sanskrit (Sacred Books of the Buddhists, volumes. 16, 18, 19)*, London: Luzac.

Jurewicz, Joanna (1995) 'The Ṛgveda 10.129—an attempt of interpretation', in *Cracow Indological Studies, vol. 1: International Conference on Sanskrit and Related Studies, September 23-26, 1992 (Proceedings)*, Cracow: The Enigma Press.

Kashyap, Bhikkhu J. (1959a) *Khuddaka Nikāya, vol. I: Suttanipāta (Nālandā-Devanāgarī-Pāli-Series)*, Bihar: Pāli Publication Board.

____________ (1959b) *Khuddaka Nikāya, vol. IV, part II: The Cullaniddesa (Nālandā- Devanāgarī-Pāli-Series)*, Bihar: Pāli Publication Board.

Keith, A. B. (1936) 'Pre-Canonical Buddhism', *Indian Historical Quarterly* XII, pp.1-20.

King, Richard (1999) *Orientalism and Religion: Postcolonial Theory, India and 'The Mystic East'*, New Delhi: Oxford University Press.

Lamotte, Étienne (1958) *Histoire du Bouddhisme Indien, des origines à l'ère Śaka*, Louvaine: Bibliothèque du *Muséon*; trans. Sara Webb- Boin (1988) *History of Indian Buddhism, from the Origins to the Śaka Era*, Louvaine: Université Catholique de Louvain.

La Vallée Poussin, Louis de (1917) *The Way to Nirvāṇa: Six Lectures on Ancient Buddhism as a Discipline of Salvation*, Cambridge: The Hibbert Lectures, 1916.

____________ (1937) 'Musīla et Nārada', *Mélanges chinois et boudhiques* 5, pp.189-222.

Lefmann, S. (1902-08) *Lalitavistara: Leben und Lehre des Śākya-Buddha. Textausg., mit Varianten-, Metren-, und Wörterverzeichnis*, Halle: Buchhandlung des Waisenhauses.

Limaye, V. P. and Vadekar, R. D. (1958) *Eighteen Principal Upaniṣads*, vol. 1 (Gandhi Memorial Edition), Poona: Vaidika Saṃśodhana Maṇḍala.

Lindter, Christian (1997) 'The problem of precanonical Buddhism', *Buddhist Studies Review* 14(2), pp.109-139.

Macdonell, A. A. (1917) *A Vedic Reader For Students*, Oxford: Oxford University Press; reprinted, Delhi: Motilal Banarsidass (1999).

Nakamura, Hajime (1979) 'A Process of the Origination of Buddhist Meditation in Connection with the Life of the Buddha',In *Studies in Pali And Buddhism (A Homage Volume to the Life of the Memory of Bhikkhu Jagdish Kashyap)*, ed. Dr. A. K. Narain, pp.270-277, Delhi: B. R. Publishing Corp.

Ñaṇamoli, Bhikkhu and Bodhi, Bhikkhu (1995) *The Middle Length Discourse of the Buddha: A Translation of the Majjhima Nikāya*, Boston, M. A.: Wisdom Publications.

Norman, K. R. (1970) 'Some aspects of the phonology of the Prakrit underlying the Aśokan Inscriptions', *Bulletin of the School of Oriental and African Studies* XXXIII, pp.132-143 [reprint, *Collected Papers*, vol. I, Oxford: Pali Text Society, pp.93-107].

__________ (1978) 'The Role of Pāli in early Sinhalese Buddhism', In *Buddhism in Ceylon and Studies on Religious Syncretism*, ed. Heinz Bechert, Göttingen: Vanderhock and Rupert, pp.28-47 [reprint, *Collected Papers*, vol. II, Oxford: Pali Text Society, pp.30-51].

__________ (1990-2001) *Collected Papers*, vols. I-VII, Oxford: Pali Text Society.

__________ (1990) 'Aspects of Early Buddhism', In *Earliest Buddhism and Madhyamaka*, eds. David Seyfort Ruegg and Lambert Schmithausen, Leiden: Brill, pp.24-35 [reprinted, *Collected Papers*, vol. IV, Oxford: Pali Text Society, pp.124-38].

__________ (1991) 'Death and the Tathāgata', In *Studies in Buddhism and Culture (In Honour of Professor Dr. Egaku Mayeda)*, Tokyo: Sankibo Busshorin, pp.1-11 [reprinted, *Collected Papers*, vol. IV, Oxford: Pali Text Society, pp.251-263].

__________ (1997) *A Philological Approach To Buddhism: The Bukkyo Dendo Kyokai*

Lectures 1994, London: School of Oriental and African Studies.

____________ (2001) *The Group of Discourses (Sutta-Nipāta)*, 2nd edition, Oxford: Pali Text Society.

Oberhammer, Gerhard (ed.) (1983) *Inklusivismus: Eine indische Denkform*, Vienna: Publications of the De Nobili Research Library.

Oberlies, Thomas (2001) *A Grammer of the Language of the Theravāda Tipiñaka*, Berlin, New York: Walter de Gruyter.

Oldenberg, Hermann (1879) *The Vinaya Piṭakaṃ: One of the Principal Buddhist Holy Scriptures in the Pāli Language, volume I, the Mahāvagga*, London: Williams and Norgate.

Olivelle, Patrick (1986) Review of Oberhammer 1983, *Journal of the American Oriental Society* 106, pp.867-868.

____________ (1998) *Early Upaniṣads*, Oxford: Oxford University Press.

Pérez-Remóm, Joaquín (1980) *Self and Non-self in Early Buddhism*, The Hague: Mouton Publishers.

Qvarnström, Olle (1989) *Hindu Philosophy in Buddhist Perspective: The Vedāntattvaviniścaya Chapter of Bhavya's Madhyamakahṛdayakārikā*, Lund: Plus Ultra.

Reynolds, Frank E. (1976) 'The Many Lives of Buddha. A Study of Sacred Biography and Theravāva Tradition', In *The Biographical Process. Studies in the History and Psychology of Religion*, eds. Frank E. Reynolds and Donald Capps, The Hague, Paris: Mouton, pp.37-61.

Rhys Davids, T. W. (1870) *Buddhism: Being a Sketch of the Life and Teachings of Gautama, the Buddha*, London: Society for Promoting Christian Knowledge; reprinted, New Delhi: Asian Educational Services (2000).

____________ (1899) *Sacred Books of the Buddhists vol. II (Dialogues of the Buddha Part I)*, London; reprinted, Oxford: Pali Text Society (1995).

____________ (1903) *Buddhist India*, London T. Fisher Unwin; New York: G. P. Putnam's Sons.

____________ (1908) *Early Buddhism*, London: Archibald Constable & Co.;

reprinted, New Delhi: Asian Educational Services (2002).

______________ and Stede, William (1921-1925) *Pali-English Dictionary*, London: Pali Text Society.

Said, Edward W. (1978) *Orientalism*, London: Routledge & Kegan Paul; reprinted, London: Penguin Books (1995).

Salomon, Richard (1999) *Ancient Buddhist Scrolls from Gandhara: The British Library Kharosthi Fragments*, London: British Library.

______________ (2003) 'The senior manuscripts: another collection of Gandhāran Buddhist Scrolls', *Journal of the American Oriental Society* 123(1), pp.73-92.

Śastri, Swāmī Dwārikādās (1981) *Abhidharmakośa and Bhāṣya of Ācārya Vasubandhu with Sphuñārthā Commentary of Ācārya Yaśomitra, Part I (I to IV Kośasthāna)*, Varanasi: Bauddha Bharati.

Schayer, Stanislaw (1935) 'Precannoical Buddhism', *Archiv Orientální* VII, pp.121-32.

Schmithausen, Lambert (1981) 'On Some Aspects of Descriptions or Theories of "Liberating Insight" and "Enlightenment" in Early Buddhism'. In *Studien Zum Jainism und Buddhism*, eds. Klaus Bruhn and Albert Wezler, Wiesbanden: Franz Steiner, pp.199-250.

______________ (1990) Preface to *Earliest Buddhism and Madhyamaka: Panels of the 6th World Sanskrit Conference*, eds. Lambert Schmithausen and David Seyfort Ruegg, Leiden: Brill.

______________ (1992) 'An Attempt to Estimate the Distance in Time between Aśoka and the Buddha in Terms of Doctrinal History', In *The Dating of the Historical Buddha Part 2*, ed. Heinz Bechert, Göttingen: Vandenhoeck & Ruprecht, pp.110-147.

Schopen, Gregory (1985) 'Two problems in the history of Indian Buddhism: the layman/monk distinction and the doctrines of the transference of merit', *Studien zur Indologie und Iranistik* 10, pp.9-47 (= Schopen(1997), 23-55).

______________ (1997) *Bones, Stones and Buddhist Monks. Collected Papers on the Archaeology, Epigraphy, and Texts of Monastic Buddhism in India*, Honolulu: University of Hawaii Press.

Senart, É. (1881-1897) *Le Mahāvastu, texte Sanscrit publié pour la première fois et accompagné d'introduction et d'un commentaire*, Paris: L'Imprimerie nationale.

Skilling, Peter (1981-82a) 'Uddaka Rāmaputta and Rāma', *Pāli Buddhist Review* 6(2), pp.99-105.

__________ (1981-82b) 'The three similes', *Pāli Buddhist Review* 6(2), pp.105-113.

Sutton, Nicholas (2000) *The Religious Doctrines in the Mahābhārata*, Delhi: Motilal Banarsidass.

Tambiah, Stanley Jeyaraja (1984) *The Buddhist Saints of the Forest and the Cult of Amulets*, Cambridge: Cambridge University Press.

__________ (1992) *Buddhism Betrayed. Religion, Politics and Violence in Sri Lanka*, Chicago, IL: The University of Chicago Press.

Thomas, E. J. (1927) *The Life of Buddha as Legend and History*, London: Kegan Paul.

Tillemans, Tom J. F. (1995) 'Remarks on philology', *Journal of the International Association of Buddhist Studies* 18(2), pp.269-277.

Trenckner, V. (1924) A *Critical Pali Dictionary*, continued and eds. Dines Andersen, Helmer Smith and Hans Hendriksen, Copenhagen: Royal Danish Academy of Letters and Sciences.

van Buitenen, J. A. B. (1957a) 'Dharma and Mokṣa', *Philosophy East and West* 7, pp.33-40.

__________ (1957b) 'Studies in Sāṃkhya II: Ahaṃkāra', *Journal of the American Oriental Society* 77, pp.15-25.

Vetter, Tilmann (1988) *The Ideas and Meditative Practices of Early Buddhism*, Leiden: E. J. Brill.

__________ (1990) 'Some Remarks on the Older Parts of the *Suttanipāta*', in *Earliest Buddhism and Madhyamaka: Panels of the 7th World Sanskrit Conference*, Schmithausen, Lambert and Ruegg, 1990, Leiden: Brill, pp.36-56.

Wynne, Alexander (2002) 'An interpretation of "released on both sides" (*ubhatobhāga-vimutti*), and the ramifications for the study of early Buddhism', *Buddhist Studies Review* 19(1), pp.31-40.

__________ (2004) 'The oral transmission of early Buddhist literature', *Journal of the International Association of Buddhist Studies* 27(1), pp.97-128.

______________ (2005) 'The historical authenticity of early Buddhist literature: a critical evaluation', *Wiener Zeitschrift für die Kunde Südasiens/Vienna Journal of South Asian Studies*, Bd. XLIX/2005, pp.35-70

Zafiropulo, G. (1993) *L'illumination du Buddha: de la quête à l'annonce de l'Éveil: essais de chronologie relative et de stratigraphie textuelle*, Innsbruck: Institut für Sprachwissenschaft der Universität Innsbruck.

찾아보기

[ㅂ]

[ㅇ]

[ㅈ]

[ㅊ]

[인명]

저자 및 역자 소개

알렉산더 윈(Alexsander Wynne)

영국 리버풀 출생. 브리스톨대학 학부에서 폴 윌리엄스(P. Williams) 교수와 루퍼트 게틴(R. Gethin) 박사로부터 불교의 기본 교육을 사사하고, 2006년 옥스퍼드대학의 리처드 곰브리치(R. Gombrich) 교수의 지도로 박사학위를 취득했다. 2012년 11월 성철 스님 탄신 100주년 기념 국제학술포럼 참가. 현재는 옥스퍼드대학 불교학연구소(약칭 OCBS)의 총괄업무 및 교육을 담당하고 있다.

주요 논문으로 "The Oral Transmission of Early Buddhist Literature"(IABS Vol 27, 2004); "The Historical Authenticity of Early Buddhist Literature: A Critical Evaluation"(Vienna: *Journal of South Asian Studies* XLIX, 2005); "On the Sarvastivadins and Mulasarvastivadins"(*Indian International Journal of Buddhist Studies* 9, 2008); "Early Evidence for the "no-self" doctrine? A note on the second *anātman* teaching of the Second Sermon"(*Thai International Journal of Buddhist Studies*, 2009); "Miraculous Transformation and Personal Identity: A note on the First *anātman* Teaching of the Second Sermon"(*Thai International Journal of Buddhist Studies*, 2009) 등이 있다.

박대용(伊山東光)

경북 김천 출생. 동국대학교 불교학과 학부·석사·박사 졸업(지도교수: 전호련(海住)). 연구분야는 디그나가의 아포하론을 중심으로 한 불교인식논리학이다.

2010년 미국 국립자살예방센터 전문가 과정 수료 및 2012~2013년 영국 옥스퍼드대학 불교학연구소 초청연수(지도: 리처드 곰브리치), 2017년 캐나다 토론토대학에서 열린 제18회 세계불교학회 참가. 2019년 3월 대만 국립정치대학에서 열린 '현상학과 중국철학' 컨퍼런스 참가. 동년 8월 덴마크 코펜하겐대학 주관성연구소 여름학교 수료. 現) 2022년 제6회 국제다르마끼르띠학회 집행위원. 現) (사)한국불교학회 법인이사 겸 편집이사. 現) 동국대 불교학술원 연구초빙교수(2021~2026년 한국연구재단 A유형 인문사회학술연구교수).

최근 논문으로 「한국 초기불교 연구의 현황과 과제, 전망—1980년대 이후, 학문영역을 중심으로—」(2017), 「불교인식론에 있어 비인식 이론의 전개(I)」(2018), 「라뜨나까라샨띠의 *Prajñāpāramitopadeśa*의 문헌학적 검토」(2018), 「디그나가의 아포하론에 있어 '말의 의미'」(2018), 「바르뜨리하리의 브릿띠삼웃데샤」(2018), 「쁘라마나삼웃짜야(브릿띠) 1.21-24에서 디그나가의 바이쉐시까 지각론 비판」(2020), 「'구차제정'(九次第定)을 통한 붓다의 반般열반은 사실일까 허구일까?」(2020), 「디그나가의 미망사학파 지각론 비판」(2021), 「디그나가의 니야야학파 지각론 비판」(2021) 등이 있다.

불교 명상의 기원

초판인쇄 2021년 11월 8일
초판발행 2021년 11월 15일

저 자 알렉산더 윈(Alexsander Wynne)
역 자 박대용(伊山東光)
펴 낸 이 김성배
펴 낸 곳 도서출판 씨아이알

책임편집 홍민정
디 자 인 쿠담디자인, 윤미경
제작책임 김문갑

등록번호 제2-3285호
등 록 일 2001년 3월 19일
주 소 (04626) 서울특별시 중구 필동로8길 43(예장동 1-151)
전화번호 02-2275-8603(대표)
팩스번호 02-2265-9394
홈페이지 www.circom.co.kr

I S B N **979-11-5610-995-2 93220**
정 가 **18,000원**